Y SI HABLA MAL DE ESPAÑA...
ES ESPAÑOL

FERNANDO SÁNCHEZ DRAGÓ

Y SI HABLA MAL DE ESPAÑA...
ES ESPAÑOL

 Planeta

© Fernando Sánchez Dragó, 2008
© Editorial Planeta, S. A., 2008
   Diagonal, 662-664, 08034 Barcelona (España)

Primera edición: enero de 2008
Segunda impresión: febrero de 2008
Tercera impresión: febrero de 2008
Depósito Legal: M. 9.296-2008
ISBN 978-84-08-07697-1
Composición: Víctor Igual, S. L.
Impresión y encuadernación: Brosmac, S. L.
Printed in Spain - Impreso en España

Índice

Si soy Nemo, Ulises frente al Cíclope, hombre ya sin etiquetas, aunque todavía con atributos, ¿a quién puedo dedicar este libro, si no es a nadie?

Oyendo hablar a un hombre, fácil es
acertar dónde vio la luz del sol.
Si os alaba Inglaterra, será inglés,
si os habla mal de Prusia, es un francés,
y si habla mal de España, es español.

JOAQUÍN M. BARTRINA

Este libro consta de tres partes. La primera, que le sirve de introducción, fue escrita entre el 29 de julio y el 15 de agosto de 2007. La segunda, que se titula, significativamente, «A contraespaña», se escribió de un tirón durante el verano de 2006: es un bufido de fiera herida y refleja la necesidad de desahogo y el estado de cólera y resentimiento al que me condujo el proceso de creación de la novela en la que reconstruí y conté el asesinato de mi padre al comienzo de la guerra civil y sus fatales consecuencias para mí y para toda su familia. Terminé ese libro —Muertes paralelas— en el invierno de 2006. La tercera parte de éste, escrita en los meses de agosto, septiembre y octubre de 2007, lleva, en el momento de redactar esta nota, el título —provocador, sin duda, y, acaso, provisional, porque es posible que no me atreva a mantenerlo o que el editor me obligue a cambiarlo— de «¡Arriba España!» Todo ello, si las cosas van como deben ir, verá la luz en la segunda semana de enero de 2008. Esa fecha no es casual, porque muy poco tiempo después, a finales de marzo de ese mismo año, España acudirá a las urnas y el resultado de la consulta podría ser crucial para nuestro futuro. Vivimos una época difícil en la que el mañana es incierto, el ayer está patas arriba y el hoy es un rosario de dislates. No nos distraigamos ni nos equivoquemos. En lo que a mí respecta, siempre cabrá la fuga. Éste es, en todo caso, el último libro que dedico a España.

De la España Mágica
a la España Hortera

CAPÍTULO PRIMERO
Excusatio non petita

Y, por ende, *accusatio manifesta*.

Recurro al latín para poner título a este lance inicial de un libro que no me apetece escribir a sabiendas de que cuanto se dice en ese idioma muerto desde hace siglos, tras una larga agonía, y rematado por Juan XXIII y por la LOGSE, parecerá jerigonza ininteligible, además de insufrible pedantería, al grueso de los lectores.

Y, sin embargo, existe, junto al de mi real gana, al menos otro motivo poderoso para que yo resucite, en el preámbulo de una obra que aspira a ser de lectura fácil y casi de latiguillo, una lengua tan muerta, tan rancia, tan en desuso, como lo es el latín. Justifica, sin embargo, esa contradicción mi propósito de escribir un libro que trate de España —de la idea de España, del concepto de España, del ser y el sentirse (o no) español— y de todos esos valores éticos y estéticos, pues otros no hay ni nunca hubo, que poco a poco, y por muchas cosas y causas concomitantes, han dejado de ser punto de referencia, norma común y pauta de consenso entre mis compatriotas en este año de 2007 en el que escribo.

¿España? ¿Valores? ¿Atreverse a hablar de eso aquí y ahora, al este del Atlántico y al oeste del Mediterráneo, al sur de los Pirineos y al norte de Gibraltar, en el último tramo de la primera década del siglo XXI?

Mejor sería, en efecto, renunciar al castellano y recurrir al latín, pues pocos, supongo, me llevarán la contra si afirmo, dándolo por sentado, que en desuso, rancio y no ya meramente enfermo o viejo, sino rematadamente muerto, está todo aquello —España y los valores— sobre lo que me dispongo a escribir.

Vaya por delante la confesión de la confusión con que lo hago. Estoy a oscuras, camino a ciegas. Desenfocada y anubarrada, por no decir aborrascada, es la imagen que en este momento contemplan mis pupilas. Y esa incertidumbre —la de lo movedizo y turbio— vale tanto para el país al que me refiero como para los valores, principios, arquetipos y supuestas leyes universales de la conciencia suplantadas y derogadas por el deterioro de la sociedad en que vivimos.

Este libro es para mí una búsqueda. Lo juro. Dese, en consecuencia, mi humildad por buena. Como búsqueda lo concibo, como búsqueda lo escribo, como búsqueda dubitativa y compartida, prudente, voluntariosa y respetuosa, sin prejuicios, apriorismo ni sectarismo alguno (aunque pueda tomar partido a posteriori), lo planteo y lo deseo, y con él aspiro no tanto a encontrar y suministrar respuestas cuanto a formular y dejar en el aire preguntas que inciten a la reflexión y, acaso, nos ayuden a recuperar, *entre todos*, por una vía que sólo permitirá el libre tránsito por ella si lo es de conciliación y reconciliación, ese sentido común que, al decir de muchos (yo entre ellos), hemos perdido.

Común, señores, ese sentido, subrayado quede, porque de poco sirve que yo lo tenga, o que lo tenga otro, si no lo tienen también nuestros vecinos.

Hasta aquí, la *excusatio non petita* o lo que tanto, en román paladino, monta: disculpa no solicitada, inculpación manifiesta... Ésa en la que incurro al poner en este prologuillo, sabedor de las costumbres de mis compatriotas y escarmentado por algunos lances anteriores de ingrata memoria, el alcohol, la gasa y el tafetán por delante de la herida.

Reitero, como recordatorio de la intención y falsilla de esta obra, los dos asuntos y líneas de fuerza que la justifican, sostienen, recorren y delimitan. Son, por una parte, los valores —su definición, su adulteración, su sustitución, su decadencia— y, por otra, la decadencia, la sustitución, la adulteración y la definición de España.

¿España? ¿Valores? ¿Hablar de todo eso a estas alturas, en el verano y otoño de 2007, en medio del triple vendaval originado por la reforma de los estatutos de autonomía, la Ley de la recuperación de la memoria histórica y la decisión de incorporar —por si la LOGSE y la LOE no bastasen— la asignatura de Educación para la Ciudadanía a los planes de estudio, a punto ya de terminar la primera legislatura del político más destrozón o innovador, según se mire, de la historia de España —nadie, con anterioridad, se había atrevido a hacer en España y *con* España lo que Zapatero, de modo acaso irreversible, ha hecho— y en vísperas, como quien dice, de unas elecciones generales en las que, tal como van las cosas y si los votantes, ya in extremis, no lo impiden, podría hacerse de nuevo con el poder ese mismo político?

Ya son ganas... Las mías, digo.

Y lo son, entre otras cosas, porque quien esto escribe es, a cuento de aquello sobre lo que escribe, escéptico, receloso, pesimista... ¿España? ¿Valores? ¿Significa algo lo primero para quienes —aún, hoy, niños, adolescentes o muy jóvenes— regirán este país, si es que para entonces no se ha roto, ha quedado subsumido y diluido en una institución más amplia (federal, continental, global y, en todo caso, transnacional) o se ha convertido, pasando no sé si a mejor o a peor vida, en cualquier otra cosa que hoy por hoy sería prematuro imaginar?

Y en cuanto a lo segundo, los valores, *las palabras viejas* que, según Antonio Machado (y, muy recientemente, así lo ha dicho en Francia Sarkozy), *bueno es recordar*, pues *han de volver a sonar*, tampoco estoy nada seguro de que esos jóvenes, esos adolescentes y esos niños los consideren positivos, necesarios para el funcionamiento de la sociedad y, en consecuencia, deseables.

De la pérdida de valores —dejemos lo de España para luego— habla y se queja todo el mundo, los ateos, los agnósticos y los creyentes, los de derechas, los de izquierdas y los que no son de izquierdas ni de derechas, y no digamos los de centro, pero son casi siempre personas de cierta edad, y casi nunca jóvenes, quienes lo hacen. Con lo de *cierta edad* no me refiero a la mía, ya avanzadísima, puesto que nací cuando estalló la guerra del 36, pero sí, sin necesidad de llegar a tanto, a la de quienes conocieron, y en él vivieron durante más o menos años, un mundo en el que aún imperaban, por nadie discutidos, aunque no por todos practicados, esos valores: los mismos, grosso modo, que desde los tiempos de la Hélade, de Roma y del paganismo, se entendían como tales por doquier.

Ya no cabe decir lo mismo. Esa armadura vertebral, ese entramado de principios morales, esa definición del vicio y la virtud, del mérito, el pecado y la culpa, en la que todos, aunque fuera a título meramente teórico, filosófico, utópico, coincidían, se ha venido abajo. Ya no existen, urbi et orbi, valores absolutos por todos admitidos. El relativismo y el multiculturalismo, para mal o para bien, que eso ya depende del gusto o el disgusto de cada uno, se los han llevado por delante. Otro mundo es posible, cierto, como gritan ahora nuestros mozos, tan posible que, de hecho, en muchas de sus vertientes, aspectos y aristas, ya lo tenemos aquí, pero no es ésa la cuestión. La cuestión, que nadie en el mocerío relativista, multiculturalista, buenista, solidario, antiglobalizador y protestón parece plantearse, es si ese otro mundo, jacobino, igualitarista, justiciero, distributivo, copartícipe —solidario, ¡vaya! ¿Cómo no iba a salir la palabreja con la que todas las opciones políticas vigentes martillean día y noche nuestros tímpanos?— y radicalmente distinto, en todo caso, al de ayer (aunque no tanto al de hoy como ellos creen), es, además de posible, deseable. ¿Será, si por fin llega ese mundo, mejor que el de ahora o habrán cubierto esos galopines y los evangelistas adultos que los sermonean, pastorean y aguijonean el tantas veces trillado y ya minado camino que conduce de Guatemala a Guatepeor?

Receloso, escéptico, decía... Cuando alguien me habla de un mundo mejor, acaricio, por si acaso, las cachas de mi pistola y la amartillo con disimulo. Las utopías han devastado la historia convirtiendo en piltrafa al ser humano y en basura la naturaleza. Que no me vengan con ninguna de tan sobadas y pegadizas coplas, porque las he estudiado, cantado, propuesto, vivido y sufrido todas.

Fui catequista de la congregación de María Inmaculada, comunista, trotskista, anarquista, socialdemócrata, creyente, ateo, agnóstico, gnóstico...

Ahora soy Nadie.

O sea: soy lo único que racionalmente, sin infringir la moral ni atentar a la estética, ateniéndome a las directrices del sentido común y obedeciendo el imperativo categórico promulgado por todos los sabios que en el mundo han sido, puede ser una persona sensata y decente.

¿Debo aclararlo? Soy, en toda la extensión del adjetivo, liberal.

—¿Pero no era usted Nadie, Dragó?

—Lo uno no quita lo otro, amigo, sino que lo reafirma. Ser liberal es no ser nada...

—¿Para poder serlo todo?

—No, no. Para permitir que el río de la historia universal y los afluentes de las vidas personales fluyan sin que nada los desvíe, canalice, contamine, represe o deseque, irrigando así lo que tienen que irrigar y desembocando donde tienen que desembocar.

—¡Manriqueño estáis!

—Más bien taoísta.

—Demostradlo.

—Son los hechos y no las palabras los que demuestran algo. Pero, aun así, escuchad esto:

Gobiérnase un Estado con normas permanentes;
úsase en la guerra de tácticas cambiantes;
el mundo se conquista no dándose a los negocios.
¿Cómo sé que es así?
Cuantas más prohibiciones en el mundo,
mayor es la miseria de las gentes.
Cuantas más herramientas tiene el pueblo,
mayor desorden reina en el Estado.
Cuanta más inteligencia tiene el pueblo,
más productos extraños surgen por doquier.
Cuanto más patentes las leyes y decretos,
más abundan bandoleros y ladrones.
Por eso dice el sabio:
«No actúo, y el pueblo se acomoda por sí mismo;
gusto de la quietud, y el pueblo se reforma por sí mismo;
de nada me ocupo, y el pueblo se enriquece por sí mismo;
es mi deseo no tener deseos,
y el pueblo se torna simple por sí mismo.»[1]

---

1. Lao Zi, *El libro del Tao* (traducción de Iñaki Preciado Idoeta), Círculo de Lectores, Madrid, 1996, p. 102.

—¡Justo lo contrario de lo que sucede en España!

—Pues sí. Somos el segundo país del mundo en número de leyes y aún se atreven a hablar quienes nos gobiernan de vacíos legales. ¡Qué obsesión leguleya la de esos abogaduchos! No son políticos. Son picapleitos. Todo, además, lo judicializan. Decía Montesquieu que las leyes inútiles debilitan las necesarias.

—¿Dónde y cuándo se escribió lo que me habéis leído? ¿En la Inglaterra de los siglos XVII, XVIII y XIX? ¿En las Cortes de Cádiz de 1812? ¿En el Chicago de los felices cincuenta y sesenta?

—¡Qué va! Fue en China, hace alrededor de dos mil quinientos años.

—¡Pues ya es afinar!

—Cierto. Pero no olvidéis que la sabiduría es por definición perenne y que nunca surge nada nuevo bajo el sol.

Fin del excurso.

Sigamos, y hagámoslo —sin perder el buen humor, pues lo que ahora voy a contar se presta a ello— metiendo en danza el curioso resultado de un par de encuestas, organizadas y tabuladas por mí con propósitos mucho menos sociológicos que festivos, que no por ser mínimas, marginales, anecdóticas y de nulo valor científico, dejan de ser significativas. A mí, en todo caso, me lo parecieron.

La primera se llevó a cabo en los días previos a las últimas Navidades —las de 2006— y su escenario fue el plató de Telemadrid donde suelo grabar el programa literario «Las Noches Blancas». Intervinieron en él ese día varios escritores —Carmen Posadas, Vicente Muñoz Puelles, Agustín Cerezales y quizá algún otro al que pido perdón por no recordarlo— y una caterva de niños, serían diez o doce, de edades comprendidas entre los siete y los catorce años, hijos todos de personas ilustradas y, en algunos casos, prestigiosas, conocidas por su actividad cultural, intelectual, empresarial o docente e implicadas de uno u otro modo en el quehacer político y administrativo del país. Entre esos niños estaban, incluso, mis dos nietos.

Todos los años, desde hace cosa de cinco, organizo por los mismos días, en televisión, una tertulia como la descrita, en la que los protagonistas no son los autores que tangencialmente, en calidad de testigos o de actores secundarios, intervienen en ella, sino los niños, escogidos por ser —sine qua non— aficionados a la lectura, lo que no es habitual en estos tiempos, y a menudo hijos, además, de escritores.

Hablo con ellos —y hablan entre ellos— de libros, meten baza en la conversación los artistas invitados, después de haber sido interrogados con brevedad acerca de la literatura infantil propia y ajena, y van saliendo a relucir, por entre los vaivenes de la tertulia, asuntos de actualidad y relativa seriedad más propios de adultos que de párvulos o de adolescentes aún lindantes con la infancia.

Pues bien... Se me ocurrió esa vez, en mala hora, sacar el tema de las banderitas —que si la rojigualda, que si la de los vascones, que si la de los catalanes—, por haber sido el año que terminaba profuso en vivaces y pintorescas (por no decir grotescas) discusiones a cuento de las mismas y de la unidad, o no, de la patria, y ante mi sorpresa, y la de todos, menos ellos, ninguno de los impúberes presentes —*ninguno*, digo— tuvo prácticamente nada —digo *nada*— que decir sobre España, sobre los separatismos e independentismos, sobre los etarras en particular o los terroristas en general, sobre la Constitución y los dimes y diretes que la misma genera ni, por supuesto, sobre las dichosas banderitas que, según mis ingenuos cálculos, hubieran debido servir de suculento cebo para que mis interlocutores, alegremente, lo mordieran.

¡Y pensar que nosotros, los de mi quinta, jugábamos en el

cole a carlistas e isabelinos, a monárquicos y franquistas, a madrileños y gabachos, y asistíamos con ilusión y fruición a los desfiles de la Victoria celebrando con salvas de vivas y aplausos el paso de las banderas!

Nadie nos obligaba a hacerlo. No nos impartían instrucciones, ni nos pasaban lista, ni nos pedían cuentas. Nuestro patriotismo infantil era, sin duda, eso, pueril, irreflexivo, cándido, pero espontáneo, de igual modo que era sincero el ardor que lo acompañaba, el entusiasmo que nos embargaba y la emotividad que la visión, marcial, sacramental, de las banderas nos producía.

Mentiría si no dijese que la glacial indiferencia exhibida con el impudor característico de su edad por los niños de «Las Noches Blancas» —espabiladísimos todos y, por lo general, atentos y sensibles a cuanto el mundo les proponía— me dolió, además de sorprenderme y desconcertarme, e incluso me estremeció, aunque lo oculté, sonreí, engañé a las cámaras y pasé a otra cosa. El abismo entre ellos y yo, entre mi generación y la suya, era, a todas luces, insalvable. Sentí en aquel momento el peso de la edad y percibí el acre olor de la entropía. Inútil era invitar a mis interlocutores, como en parecida circunstancia hiciese Cristo, a que se acercaran a mí. Yo, a sus ojos, era un marciano, y viceversa. La naturaleza nos tornaba semejantes, pero eso era todo. Había nacido yo en el seno de algo —la historia— que, para ellos, dando razón —aunque por razones distintas a las suyas— al tonto de Fukuyama, había terminado. Comprendí de sopetón que ninguno de los niños allí presentes, por mucho que la lectura les gustase, leería mis libros en el futuro. Y éste que ahora escribo, menos que cualquier otro. *Fahrenheit 451.* La posteridad, sueño absurdo y fuego fatuo de no pocos escritores, había dejado, en lo tocante a mi obra, de existir. También, me temo, en lo tocante a la obra de mis colegas. ¿Quién lee, de hecho, hoy en día, a los difuntos? Cuatro gatos, que mañana serán tres.

Patria viene de *padre*, y forzoso es matar simbólicamente a éste con el incruento puñal del rito, pero ignorar su existencia es caer en orfandad, y eso, paradójicamente, impide o ralentiza el crecimiento. Nuestros hijos y los hijos de nuestros hijos —hablo sólo de España; no sé lo que sucede en otras partes— están condenados al raquitismo mental.

Siete meses después se cruzó en mi camino la segunda encuesta, de índole muy distinta, pero de resultado no menos sorprendente. Fue el 18 de julio de 2007. Dirigía y presentaba yo entonces, en Telemadrid, un informativo nocturno, y tuve la ocurrencia de enviar a un redactor al kilómetro cero de la Puerta del Sol, a eso de las nueve de la noche de tan elocuente fecha, para que preguntase a quienes por allí pasaban qué les decía, si es que les decía algo, la efeméride —por tantos denostada y por muchos, en otros tiempos, celebrada— del 18 de julio.

Lo hizo, escogió —siguiendo mis instrucciones— a los encuestados, un varón por aquí, una mujer por allá, un joven ahora, después un anciano, volvió a la redacción, montó las imágenes y respuestas recogidas sin seleccionarlas ni, por supuesto, manipularlas, incorporó el reportaje al telediario sin que yo lo revisara previamente, no me avisó de su contenido y...

Me quedé, cuando le llegó el turno, ya en directo, y apareció en el monitor del estudio frente a mí, literalmente clavado por el asombro en la silla donde me encontraba. Nadie —*nadie*, digo, como lo dije en el caso de los niños— sabía nada —*nada*— acerca de lo que la fecha en cuestión significaba ni de lo que el 18 de julio de 1936 había supuesto en la historia de la España contemporánea.

Ni los varones, ni las mujeres, ni los jóvenes, ni los ancianos... Todos in albis.

¿Para eso —habrían dicho en otros tiempos los franquistas— hemos ganado una guerra?

O la hemos perdido, puntualizarían los antifranquistas.

No exagero. Fue así, y lo fue, para agravar el caso, después de que durante meses y meses —todos los anteriores— hubieran discutido hasta la extenuación los unos y los otros, los de la derecha y los de la izquierda, los del Gobierno y los de la oposición, y los todólogos de las tertulias de la radio, la prensa escrita y la visual, desgañitándose, crispando el país, aburriéndonos, exasperándonos, todas las vertientes, detalles, entresijos y notas a pie de página de la Ley de la memoria histórica y de sus numerosos corolarios, estrambotes y círculos concéntricos.

A lo largo de 2006, por añadidura, se había celebrado con gran pompa y singular despliegue de fuegos de artificio el septuagésimo aniversario del comienzo de la guerra civil. Ya se sabe cómo nos las gastamos los de por aquí cuando las campanas tocan a conmemoración, exequias y fúnebre rebato. Nos perecemos (nunca mejor dicho) por tales cosas, nos volcamos, tiramos los ahorros por la ventana, volvemos del revés los refranes: el vivo al hoyo —leña, hasta que la espiche, a quien destaque— y el muerto al bollo. Cundió el llanto y cundieron —recíprocas— las recriminaciones, hubo festejos y ceremonias de todo tipo, se despepitaron los historiadores, se rasgaron las vestiduras los de un bando y se mesaron las barbas los del otro, se convocaron premios, se publicaron decenas de novelas (una mía, entre ellas, pero fue por *causualidad* y no de intento) y libros o libelos de denuncia o de lo que fuere, se abrieron fosas, se trasladaron despojos, se honró y se insultó a los muertos, se irguieron obeliscos, se derribaron estatuas, se escribieron e inscribieron epitafios, se desempolvaron lápidas, se emitieron series de televisión y todo el mundo, los rojos y los azules, los republicanos y los nacionales, los de

Pompeyo y los de César, la cristiandad y la morisma, disfrutó de lo lindo.

Los socialistas, mientras tanto, maestros siempre en la esgrima del *agitprop*, no perdieron comba, barrieron con todo para dentro, pusieron un lustro de desórdenes y desmanes (el comprendido entre el 31 y el 36), tres años de guerra civil y treinta y seis de franquismo —por casi todos los españoles entusiásticamente apoyado— al servicio de sus intereses palaciegos, en tanto los elefantes del PP se movían por el ring de la política y los medios de comunicación como boxeadores sonados y acomplejados —no tienen remedio, son así, está en su naturaleza— y Bambi sacaba pecho, fruncía los morritos, encampanaba las pezuñitas, lloriqueaba, sermoneaba, impartía bendiciones o repartía maldiciones desde el púlpito de su cargo, mentía aún más de lo que acostumbra, se hacía fuerte en su revanchismo criminal y agitaba como un avechucho el sudario de su santo abuelo.

¿Y para qué, tendremos que preguntarnos, ha servido todo eso, tanta memoria histórica, tanto aniversario de la guerra civil, tanto chuntatachún, tanta lagrimita de cocodrilo, tantas batallitas de nuestros antepasados y tanta leche agria, si nadie, en plena Puerta del Sol y malecón machadiano de todas las Españas posibles o imposibles, vertebradas o descoyuntadas, a eso de las nueve de la noche del 18 de julio de 2007, sabía, ¡maldita sea!, qué carajo había sucedido en tal día como ése setenta y un años atrás?

Así estamos, así andamos, ésa es la España que tenemos y ésos, mayormente, y con alguna que otra excepción, los españolitos de pura cepa que dentro de muy poco, a finales del mes de marzo, desfilarán mansamente hacia las sedes electorales y decidirán cuál va a ser el futuro del país deslizando papeletas por las ranuras de las urnas.

Luego, con la conciencia tranquila, después de haber

cumplido con su deber de ciudadanos, se irán tan contentos a ver durante varias horas, como lo hacen todos los días, su programa favorito de telecaca. Tienen donde elegir.

Que Dios, amigos, nos proteja, pues de gentes así sólo cabe esperar lo peor, mientras yo, ahora, en capilla, a la espera y con la cachaza propia de quien, por su edad, lo ha visto casi todo, me pregunto por qué diablos escribo un libro —éste— que no tengo ganas de escribir y que nadie, entre los niños de hoy que no lo serán mañana y los adultos que a eso de las nueve de la noche pasan por el kilómetro cero de la Puerta del Sol, va a leer.

Pero lo escribo. Misterios, y suspiros, de España.

CAPÍTULO SEGUNDO

Razón de ser de este libro

Nación viene de *nacer*, y la nación donde yo nací está, la pobre, hecha unos zorros.

¿Unos zorros? Pues sí, y no sólo en la acepción figurada de esa frase, sino también en su estricta literalidad.

Vale decir: España se ha convertido en «tiras de orillo o piel que, unidas al extremo de un mango, sirven para sacudir el polvo».

El polvo o la badana: en su nombre, el de mi país, para honrarlo o para zaherirlo, se zurran eso, la badana, demediados, partidos por la fisiparidad (como si fuesen amebas), enfrentados y abiertos en canal (como si fuesen carneros), los españoles.

Las metáforas que esgrimo no son ociosas, por más que parezcan, y lo sean, odiosas.

Las tiras de los zorros son las autonomías, los localismos, los aldeanismos, los nacionalismos. Perdón por la redundancia: aldeanismo y nacionalismo son sinónimos. Sinónimos de estupidez.

La badana, curtida por el ciego sol que se estrella en las duras aristas de las armas, agrietada por la deforestación, la desertización y la sequía, momificada por las guerras civiles y otros incendios provocados, y acecinada —esto es: asesinada con ceceo (o con zezeo de Zapatero)— por la envidia, pecado capital de los españoles, es esa supuesta *piel de toro* que caprichosamente, como una mancha de Rorschach, dibuja, según voces de antigua data, el perfil de esta Península.

Las amebas son protozoos. Muchos españoles, por su conducta histórica e histérica, lo parecen. Aviso: ya puede ir cerrando este libro todo aquel al que la comparanza, cuya intención es alegórica y, por lo tanto, comedida, moleste. No deseo tener lectores que carezcan de sentido del humor.

Por cierto: los protozoos son asexuales y, por ello, estériles (tanto como las milenarias disputas entre los animales del bestiario ibérico). Los españoles, para reproducirse, también se tronchan por la mitad, y no precisamente de risa, sino a golpes de insulto, crispación y palo. Se niegan a sí mismos y, a la vez, reniegan de sus paisanos. Entran, a menudo, en batalla cantando estrofas horrísonas cuyo estribillo reza: «bendita sea la rama que al tronco no sale». Les gusta desgajarse. Su deporte favorito es el odio entre hermanos.

El mejor retrato robot que hasta ahora se ha hecho de España es el mil veces repetido dibujo de Goya en el que dos sujetos enterrados hasta la cintura se miden recíprocamente las costillas a garrotazos.

Conocidísimo, repetidísimo, celebradísimo y exactísimo es también el epitafio según el cual yace bajo él media España, muerta de la otra mitad.

¿Y lo de los carneros? Tienen éstos la costumbre de toparse entre sí. Nadie negará que los españoles también suelen hacerlo.

Ya sé, ya sé que nada de lo dicho vale para *todos* los que aquí nacieron. No valía, por ejemplo, para mí, cuando aún me sentía español, ni vale —espero— para quienes están leyendo este libro, pero seguro que valdrá para muchos de los que nunca leen nada, ni mío ni ajeno. Son mayoría, y tienen derecho a voto.

Y también valdrá, por desgracia, para algunos de los que sí leen, y votan, pero lo hacen en ambos casos —el de la urna y el libro— contra algo o contra alguien, a favor de nadie o de nada, henchidos de ideología, tocados con orejeras, parapetados tras sus prejuicios.

No se me tache de injusticia. Soy más ecuánime de lo que parezco. No me olvido de quienes no son así. Admito, incluso, la posibilidad de que los españoles sensatos y bienintencionados sean mayoría, aunque no absoluta, en la nómina del censo y escribo sólo, en todo caso, para ellos y en su nombre, que es el mío.

Españoles que no estén marcados por el estigma de Caín ni sean portadores del virus de la rabia, españoles bondadosos y, por lo general, silenciosos, españoles ajenos a la envidia, españoles cultos, asendereados y con sindéresis, bien criados y bien educados, españoles de la tercera España, españoles sin partido, esto es, españoles *enteros* que nada saben ni quieren saber de guerras civiles: a vosotros me dirijo, soy de los vuestros, conmigo vais, mi corazón os lleva.

En la narración se particulariza, se singulariza, se individualiza y, todo lo demás, se simboliza o se ejemplifica, mientras en la reflexión, a viva fuerza, se generaliza. Y este libro, acaso por desgracia (para mí, se sobrentiende), lo es de reflexión, no de narración.

No sólo eso. Lo es por añadidura, y a mayor abundamiento, de circunstancias y desahogo, lo que me lleva a exagerar, a recalcar, a cargar las tintas y la suerte, y a ser y parecer, por ello, aún más injusto y menos ponderado en el ya de por sí inicuo abuso de la generalización.

Obra ésta, decía, de circunstancias —las que me rodean en la recta final de la primera legislatura del régimen, pues régimen es, instaurado por Zapatero y las que, a falta de unos meses, se avecinan— y de desahogo, por no decir de despecho, cabreo y hartazgo, frente a lo que el hoy me brinda y lo que el mañana, allá por marzo, a rebufo del equinoccio de primavera, me deparará.

Es la primera vez —artículos aparte— que escribo así: apremiado por la necesidad de desahogo y sometido a la presión de lo circunstancial y cercano. Me sucede lo que a Bartleby: preferiría no hacerlo. No me siento cómodo, no me gustan las prisas ni los condicionamientos, no casa con los unos ni con las otras mi concepción de la literatura, disfruto cuando ésta lo es *sub specie aeterni*, me interesa muy poco la actualidad, que suele ser lo contrario de la historia, aunque desagüe en ella, y para colmo, desmarcándome de Ortega y acogiéndome a Miguel Hernández, creo que soy más yo cuando estoy solo, a palo seco, que cuando camino en compañía de mi circunstancia.

¿Por qué, entonces, lo hago? ¿Por qué escribo así, a rastras, a regañadientes y, en definitiva, a la contra, presionado, condicionado, apresurado, estresado, cuando podría dedicar mi tiempo a trajines de pluma más placenteros y, seguramente, más agradecidos por los lectores, si los hubiere?

No puedo responder con certeza a esa pregunta ni despejar esa ecuación, esa contradicción... Algo, oscuro y misterioso, pero inexorable, me obliga a ello, y aquí, resignado, estoy. Quizá sea el peso de la tierra, de la sangre, de las tribus y las genealogías, de la memoria ancestral, del subconsciente común, del inconsciente colectivo. Impulso —ése— generoso, en definitiva, e imbuido de dignidad. O quizá no. Quizá sea sólo vanidad de vanidades, ramplona petulancia, teatro de ilusiones y de sombras o instinto —mecánico, reflejo— de mera conservación.

España, sea como fuere y pinte yo lo que pinte en ese lance, si es que pinto algo, se enfrenta ahora a una crisis de formidable envergadura, pareja en sus proporciones a las de la muerte sin descendencia del último de los Austrias, el Desastre del 98 y el fratricidio del 36, y no cabe, ante ello, cruzarse de brazos a no ser que optemos —lo que me parece legítimo e incluso aconsejable, pero no es aún mi caso— por la abierta fuga. Haga, por supuesto, cada españolito lo que de cara a tal crisis juzgue oportuno, pero yo voy a posponer mi decisión y a seguir pisando el ruedo ibérico, con cautela, a pasitos y sin perder de vista el toro, hasta el día siguiente al de la fecha de las próximas elecciones generales. Serán éstas, si Zapatero las gana —lo que hoy por hoy me parece más que probable—, de consecuencias buenas o malas, según el juicio de quien las mire, pero marcarán un punto de inflexión irreversible y, por ello, determinante en la andadura, evolución, balance y finiquito de la crisis en la que estamos. El futuro del país, a partir de ese instante, quedará escrito y tardará mucho tiempo en volverse pasado. Más, desde luego, de lo que durará mi vida. Será, por ello, entonces, si las cosas vienen como las auguro, cuando habrá sonado para mí —harto ya de estar harto (Serrat *dixit*)— la hora de sacudirme el polvo de las alpargatas y desentenderme definitiva e irrevocablemente de cuanto concierna a España.

Conste, por cierto, y por si acaso, antes de seguir, que al mentar hace unas líneas la bicha del 36 no me animaba el propósito de establecer paralelismo alguno entre el belicoso 18 de julio de aquel año, que le costó la vida a mi padre y anonadó la felicidad de mi madre, y los idus del próximo mes de marzo. Pasó, y ya nunca, por suerte, regresará, la época —larga época, secular constante histórica— en la que las crisis de las Españas se resolvían a cañonazos.

¿*Las* Españas, he dicho? Pues, diciéndolo, he puesto, sin buscarlo, el dedo en la llaga del problema. Sólo sé, en todo el ancho mundo, de otro país cuyo nombre también se declina en plural, y no es el suyo ejemplo recomendable ni antecedente agradable. La historia de ese país ha sido tan turbia y absurda, tan agitada e incoherente, tan cerril e iracunda, como la nuestra. Me refiero a *las* Rusias, topónimo colectivo de una nación ferozmente singular, en las dos acepciones de la palabra, y mil veces hecha, deshecha, rehecha y contrahecha por boyardos, zares, rasputines, bakunines, lenines, stalines y, ahora, putines. Los rusos son como los españoles: ni ellos ni nosotros acabamos nunca de saber qué somos.

Tanta España, tanta España, y, al cabo, todo —la historia entera, abrupta e interminable— se nos llena de españoles ignaros de sí mismos, que se escudriñan y no se reconocen, que se avergüenzan de serlo, que se niegan (a menudo por las bravas) a seguir siéndolo y que, acaso, muy pronto, antes de lo que los peores augurios vaticinan y los más pesimistas imaginan, dejen, efectivamente, de serlo, se pongan otro nombre, se impongan otras leyes, se agrupen alrededor de otros símbolos y se conviertan en súbditos libres y felices o sojuzgados y desdichados de gobiernos e instituciones soberanas, y no meramente autónomas, que no tengan vínculo alguno, aparte del diplomático, si lo hay, con Madrid.

En su derecho están, sin duda, tales gentes —catalanas, vasconas, gallegas, cartageneras— a convertir en realidad su sueño de independencia, siempre que lo hagan por vías de paz con los extraños y consenso entre los propios, y no seré yo, desde luego, Sinuhé solitario y lobo estepario que va, desde su infancia, por el monte solo y que no tiene equipo, ni milita en nada, ni pertenece a grupos, ni soporta las etiquetas, quien los discuta, pero...

Y ahí, en ese *pero*, en esa conjunción adversativa prolongada por puntos suspensivos, es donde surge, lector, el porqué de este libro.

Voy a explicarlo.

CAPÍTULO TERCERO

De *Gárgoris y Habidis* a Zapatero y Rajoy

O de la España Mágica a la España Hortera, la de hoy, pasando por la España Trágica: la de los carlistas e isabelinos, la de la Segunda República, la de la Semana Trágica y la revolución de Asturias, la del Frente Popular y el 18 de julio, la de las guerras civiles.

Lo que va del Jardín de las Hespérides a Marina d'Or, de Tartesos a Marbella, de Cristóbal Colón a Fernando Alonso, de los trece de la fama a los once del Bernabéu, del Cid al Pocero.

La historia de una decadencia congénita, iniciada antes de que el país diera sus primeros pasos y empezase a hablar. Menéndez Pelayo y Olagüe, cada uno a su modo, se percataron de ello.

La historia de una patria que duele a quienes en ella nacen. Se llamaba Unamuno quien percibió tan raro dolor y padeció las consecuencias de tan inocuo pecado original.

La historia de una nación invertebrada. Fue Ortega quien formuló tan original y certero diagnóstico. Luego, al escribir que España era un proyecto sugestivo de vida en común, lo contradijo.

La historia de una utopía sin fundamento: la de ser unidad de destino en lo universal. Fue José Antonio —inspirándose precisamente en la definición de Ortega y cargando la suerte— quien acuñó esa metáfora.

La historia de un país que pasó y no ha sido. Fue Antonio Machado quien escribió ese verso.

La historia de un enigma. Intentó resolverlo Claudio Sánchez Albornoz.

La historia de algo que alguna vez fue real: una especie de trirreme. Bogaban en ella judíos, cristianos y musulmanes, pero no lo hacían a compás ni ponían rumbo hacia el mismo puerto. Américo Castro imaginó y arbitró esa regata.

La historia de un sentimiento: España en el corazón. Era éste el de Pablo Neruda.

La historia de una Casa de Fieras: *español de pura bestia.* César Vallejo apartó de él ese cáliz.

La historia de una pasión vital, sentida y cantada por Eugenio de Nora.

La historia de un país incomprensible. Julián Marías hizo cuanto pudo por tornarlo inteligible.

La historia de una idolatría. Dieron fe de ella san Isidoro y los escribas a sueldo de Alfonso X el Sabio. Fue, lo de tales y tan celebrados padres de la patria, pura retórica, ramplón lirismo, esperanzas cortesanas.

Y la historia, en último extremo, de un problema. Lo planteó, atando cabos y cerrando el círculo, Pedro Laín Entralgo.

¡De un problema! Huelgan los comentarios.

Ni es todo ni están todos. Hubo, antes y después, otras teorías, otras hipótesis, otras metáforas y otros escritores y pensadores. Yo mismo —perdón por incluirme— entre ellos.

¿Suma y sigue? Lo segundo es cierto: seguimos, efectivamente, girando en la misma noria, devanando el mismo ovillo... No aprendemos, no escarmentamos. Eche, quien lo dude, un vistazo a la prensa del día.

En cuanto a lo primero... No sé. Quizá deberíamos hablar de *resta* y sigue. Pero las cuentas se agotan. En ningún balance es infinito el haber. Sí puede serlo o, por lo menos, parecerlo en cuarto creciente, el debe. Somos un país casi exhausto.

Unamuno, en *Contra esto y aquello*, escribió: «¡Ojalá se pudiera olvidar la historia nacional! ¡Continuar la historia de España! ¡Lo que hay que hacer es acabar con ella para empezar la del pueblo español!»

Es, sólo, una opinión, pero merecedora de respeto y digna de tenerse en cuenta.

Américo Castro, en *Sobre el nombre y el quién de los españoles*, título que se las trae y que sólo a un español metido a hablar de España podía ocurrírsele, escribió: «Interpretaciones españolas acerca de otros pueblos apenas existen. El español nunca supo nadar sino dentro de su propia vida; fuera de ella se asfixia o se aburre.»

Cierto. España está llena de hispanistas. Curioso, ¿no? Otro paso de tuerca.

¿Cómo no iba a conducirnos todo eso —tanta contradicción, tanto absurdo, tanto autismo, tanta duda, tanta lucha interior, tanta guerra civil— a mil y un exilios? Los de la España Peregrina.

Yo formé parte de ella y, como al padre Mariana, fue entonces, en los años del exilio, cuando «me convidó a tomar la pluma el deseo que conocí —los años que peregriné fuera de España en las naciones extrañas— de entender las cosas de la nuestra».

No lo conseguí. Me apliqué mucho, pero mis esfuerzos no condujeron a nada, como lo demuestra el hecho de que vuelva ahora, más de siete lustros después, a hilar en la misma rueca.

Empecé a trabajar en el libro que ocho años después vería la luz con el título de *Gárgoris y Habidis. Una historia mágica de España* casi el mismo día del mes de julio de 1970 en que puse fin a mi exilio. Exagero un poco. Fue, en realidad, algo más tarde, aunque no mucho, porque sucedió antes de que empezara el otoño de ese año. Y necesité —dicho queda— alrededor de siete para llegar a puerto.

No voy a enumerar aquí, porque son prolijas y ya lo he hecho en otra parte,[2] las razones que me llevaron a pechar con semejante palizón. Eran, supongo, en lo sustancial, muy parecidas, si no idénticas, a las que ahora, al comenzar este nuevo libro, también dedicado a España, me mueven. Seguro que no son casuales ni caprichosos el impulso y la inercia de sincronía que me han inducido a reiterar hace apenas una página tres de las citas iniciales de *Gárgoris y Habidis*: las de Unamuno, Américo Castro y el padre Mariana.

Consiéntaseme otra, pero esta vez de mi cosecha. El 21 de mayo de 2001 escribí, en ese mismo prólogo y en el mismo lugar —Castilfrío de la Sierra— donde hoy, 5 de agosto de 2007, escribo esto, lo que sigue: «Aquella empresa, aquel albur,[3] carece hoy de sentido. ¿Por qué? Pues por una razón de peso, contundente, inapelable: la España que yo describí ya no existe. Se me dirá que tampoco, stricto sensu, existía en 1970, que es cuando salí a buscarla, y redargüiré que entonces sobrevivían, al menos, sus huellas: los restos de un naufragio. Pero ya no es así: hasta eso —la música callada del inconsciente a la que me referí en los primeros tramos de este prólogo, de esta carta de despedida, de este largo adiós— se ha ido al garete por el sumidero de la posmodernidad, del fin de la historia, del pensamiento único, de la corrección política y de la europeización forzosa. Nos han homologado, nos han expropiado, nos han emasculado, nos han ligado las trompas, nos han lobotomiza-

---

2. En el prólogo de la edición definitiva de la obra citada, Planeta, Barcelona, 2001.
3. El de escribir *Gárgoris y Habidis*.

do. El dinero lo corrompe todo, nada vuelve a crecer allí donde ese quinto jinete del Apocalipsis llega. Las cosas se han ido al diablo durante las dos últimas décadas. Aquí y fuera de aquí, pero yo vine al mundo en España y...»

Seis años —por lo general *horribiles*— han transcurrido desde que escribí ese prólogo, y no sólo carezco de argumentos y datos posteriores que me induzcan a suavizar lo dicho, sino que más bien podría y debería, en vista de lo visto, endurecer y declarar firme, sin ulteriores recursos de apelación, la sentencia entonces emitida en juicio de primera instancia. Tengo ahora la impresión de que aquel país supuestamente mágico, el de *Gárgoris y Habidis*, no existió nunca y mal puede, por ello, haber naufragado, haber sido homologado, expropiado, emasculado y lobotomizado. No, no... Lo inventé, lo soñé, fue pensamiento desiderativo y volitivo, transformación del contenido de mi conciencia en parámetros de latitud y longitud, trasvase de los espectros de mi imaginario a la sentina de un buque fantasma. No sería capaz ahora de escribir aquello a no ser que me lo planteara sólo como obra de invención, no de investigación y descripción, esto es, como novela, como fábula, como relato de las andanzas de un señor de los anillos ibérico.

Y, sin embargo, por más que la cosa me sorprenda, que lo hace, aquí estoy de nuevo —adarga antigua, galgo corredor y lanza en astillero— aprestándome a volver, en cierto modo, a las andadas y a dar al papel en blanco y, luego, a la imprenta otro libro que también, ¡maldición!, trata de España. Pesadilla recurrente o mal de ojo de puta. Y que nadie me venga con la coplilla zumbona de que sarna con gusto no pica. ¡Vaya si lo hace! Estoy rabioso, y no sólo por la quemazón de los surcos de ese ácaro *hispanicus*, sino por la indignación que me produce el sinsentido de ponerme ahora a escribir, en la raya de mi vejez, con el pie en el estribo, cuesta arriba y en contra de mi apetencia, un libro incómodo y antipático, que quizá encuentre lectores, o quizá no, pero que de seguro me creará problemas y con el que ganaré pocos amigos y muchos enemigos.

Y aún más sorprendente e irritante, por contradictoria, me resulta la evidencia de que si me embarco en tal tarea es precisamente por lo que más arriba dije: por la convicción de que España ha dejado o está a punto de dejar de existir. Y, ante eso, qué quieren que les diga, yo soy el primer sorprendido, me siento obligado a volver al camino y a cabalgar en dirección al punto donde yace, cual doncella desmayada y desvalida, la nación en la que nací.

Locura quijotesca o numantina: bien lo sé. Nadie, además, me ha pedido nada ni me ha dado cirio alguno en tal entierro. Mi reacción es penosa, ridícula, grotesca. Estoy haciendo el ridículo. No se ensañen, no me lo recuerden, no me lo restrieguen por la cara.

Iré más lejos, apuraré hasta la hez el cáliz de la vergüenza pública y confesaré que me siento caballero andante. Como lo oyen. Venga, pues, Sancho y ríase de mí cuanto quiera, socarrón, mientras las aspas de los molinos de la vanagloria me dan una buena tunda. La merezco.

¿Algo más al respecto? Sí, y peor aún.

La última línea del último capítulo de *Gárgoris y Habidis*, dirigiéndose en vocativo abstracto a un español ideal, decía: «¡Pero qué importa! Quizás tu camino y el mío estén a punto de bifurcarse.»

Lo estaban. Esa frase se escribió en 1977. Poco a poco, a partir de aquel instante, crucial en mi vida, fui dejando de sentirme español. De *sentirme*, digo, porque de *serlo* habría sido, por definición, y también, por impedimento e intimidación legal (lo intenté al entrar España en Europa y me respondió el silencio administrativo), imposible. La filología y la filosofía tampoco me lo habrían permitido. Se es de donde se nace, y ya está. Apliquémonos todos, por cierto, aquí, ese cuento, y habrán terminado muchas de nuestras desdichas.

Seguía, pues, en los años sucesivos a la redacción y publicación de *Gárgoris y Habidis*, siendo español, o más bien, por extensión, ibérico, pero España iba saliendo gradualmente de mi corazón —nerudiano, hasta entonces, en eso— y dejando de ser, como lo era o lo había sido para Eugenio de Nora y, en el exilio, para mí, una pasión de vida.

Hubo, claro es, motivos —muchos— y jalones —bastantes— en ese proceso de voluntario extrañamiento y, en definitiva, a la vez, de maduración personal, pero no vienen al caso. Vendrían si estuviera escribiendo mis memorias, y vendrán, supongo, cuando lo haga, pero este libro no trata de mí o lo hace sólo en la medida en que, a la fuerza o no, con gusto o a disgusto, vivo, de momento, en España y tengo pasaporte español.

Siguió el desasosiego, creció mi comezón e incubé y aticé mi íntima dolencia hasta que el 21 de mayo de 2001, en el prólogo a la edición definitiva de *Gárgoris y Habidis* al que ya he hecho referencia y al término del párrafo antes citado, estallé y escribí: «Me entristece saber, y reconocer en privado y en público, que *ya no me siento español*. Así de claro.»

Las bastardillas no son de ahora. Las puse entonces.

El proceso de expatriación psicológica iniciado a finales de los setenta, poco después de la muerte de Franco, no sólo había seguido, como se ve, sino que se había intensificado, pero, en contra de lo que yo, en la primavera de 2001, pensaba, no había, ni por asomo, concluido. Su andadura iba a llevarme, a buen paso, en tan sólo tres años, un mes y dieciocho días, más lejos, mucho más lejos, infinitamente más lejos.

Pero yo, ya lo he dicho, lo ignoraba... Ignoraba que, encontrada, explorada, investigada, retratada y definitivamente estacionada la España Mágica, iba a toparme a la vuelta de la esquina, amigo Sancho, nada menos que con la España Trágica: la de la guerra civil.

Y pasó, más o menos, lo mismo que treinta años antes me había pasado, pero con una diferencia de peso, que pagué cara. La minuciosa investigación y agreste exploración librada a machetazo limpio que me condujo a recorrer de nuevo, casi de punta a punta, el país, retrotrayéndome a los años más cruentos y dolorosos de su historia reciente, y el durísimo trance de concebir y dar a luz el grueso libro en el que todo eso quedó, una vez más, retratado (aunque no, por ahora, archivado, pues su trama sigue) no se referían a lances ajenos, los de la historia general del país, sino propios: los de mi historia personal, la de mi linaje, la de mi árbol genealógico, la de mi padre y mi madre, y la del niño y adolescente que fui, convertido yo a la fuerza, y por la fuerza de los hechos narrados, en tercer protagonista de una novela, de una tragedia, en la que todo era cierto, en la que nada había de ficción. Se llamó *Muertes paralelas*, es el libro de más aliento que he escrito, y que escribiré, y en sus páginas, haciendo honor al título que en segunda y definitiva instancia le puse, la nación en la que, rodeado por una guerra atroz y una ciudad en llamas, había nacido, la nación cuyo recuerdo se había vuelto carne de mi carne y alma de mi alma en los años del exilio, la nación de mis gentes y de mi lengua, la nación de mis usos y costumbres, la nación paradisíaca de mi infancia, adolescencia y primera juventud, la nación de la que no tanto por política cuanto por ganas de aventura me había ido, la nación a la que por tirón de querencia y mal de ausencia había vuelto, la nación a la que una y otra vez, de nuevo, regresaría, la nación sobre la que extensa e intensamente había escrito, dedicándole cientos y cientos de páginas y años y años de vehemente trajín, en los cuatro volúmenes de *Gárgoris y Habidis*, España, en una palabra, dejó de ser ya del todo, como decía, pasión de vida para transformarse en pulsión de muerte.

El 18 de julio de 2004, asqueado, horrorizado, noqueado por lo que había descubierto, leído, oído, visto y escrito en el transcurso de la preparación y redacción de *Muertes paralelas*, estampé, aullando como un animal herido, una frase durísima, desproporcionada y, seguramente, injustificada, que escrita queda, pero que ahora no reescribiría. «Lamento profundamente —dije— haber nacido español.»

Culminaba, pues, esta vez sí, el proceso de extrañamiento, distanciamiento, erradicación, desidentificación y expatriación que había presentido y anunciado, misteriosamente, en la última línea de *Gárgoris y Habidis*.

Misteriosamente, sí, porque misteriosa era entonces, a mis ojos, aquella predicción, pero no lo sería por mucho tiempo. Al contrario. Era, en realidad, lógica y, por lo tanto, previsible, tanto por mi carácter, circunstancia y trayectoria como por la trayectoria, circunstancia y carácter de España, la voluntad y subsiguiente decisión —a la vez lúcida y sombría— de ir cortando amarras con lo español para poder navegar al largo, a merced del viento, sin hoja de ruta y con pabellón pirata, como el héroe de Espronceda. Cumpliríase así una de mis más antiguas y arraigadas ensoñaciones infantiles: «Y allá, a mi frente, Estambul.»

Las horas, los días, los meses y los años —el lento gotear de la clepsidra de Cronos— dotaron de contenido, coherencia, nitidez y perfiles a lo que inicialmente sólo había sido, por mi parte, oscura intuición, no exenta de inquietud, y camino hecho a tientas. La orfandad siempre es un naufragio, ¿y qué otra cosa, sino náufrago, es el apátrida?

Lo fui yo, para empezar, sólo de la España Mágica. Desdibujóse ésta, muy pronto, en mi conciencia, y no tardé, negándola primero y olvidándola después, en renunciar por completo a ella. Su deterioro —su paso no a la clandestinidad, porque clandestina ya era cuando la recorrí, sino a la absoluta invisibilidad— fue meteórico a partir de la muerte de

Franco y de la apertura y homologación del país. Entró éste a bombo, platillo y fanfarria en Europa, se pusieron los españolitos moños de europeos y coños de lo mismo las españolitas, llegaron los socialistos al poder, empezó la era del pelotazo, aparecieron los ordenadores, el terruño se llenó de inmigrantes y dejó de serlo, soplaron vientos de globalización y multiculturalismo, cundió la telebasura, tejió Internet su tela de araña y... Bastó con eso, que —visto ahora— fue mucho, lo que se dice un revolución en toda regla, aunque sin guillotina ni derramamiento de sangre, para que la España de *Gárgoris y Habidis*, de la que yo me sentía ciudadano de pleno derecho e incluso, lo admito, prócer, se convirtiera en letra muerta, en metáfora, en novelería, en cuento chino, en señora del señor de los anillos. Y yo, lo reitero, en apátrida.

Por primera vez. Lo de apátrida, digo, porque luego, al adentrarme en la segunda España, en la Trágica, para escribir *Muertes paralelas*, me entró pánico, sentí vértigo, padecí bascas, decidí que hasta ahí había llegado, presenté esa novela a un premio —me lo dieron— bajo el pseudónimo, significativo, transparente, de Juan Sin Tierra, encargué, incluso, una partida de camisetas en cuya pechera —blanco sobre negro— se leía «soy apátrida» y me paseé por todo el país, por sus televisiones, por sus radios, por sus periódicos, vestido de ese modo.

Exhibicionismo y despecho. Ganas de llamar la atención. Rabieta y pataleta. Bien lo sé.

Y curiosísima experiencia, altamente pedagógica. Aprendí mucho acerca de mis homónimos. ¡Los españoles, Miquelarena! Volveré sobre ello más adelante.

Así fue como me convertí en apátrida de la España Mágica y de la España Trágica.

Pero no contento con eso, quizá porque no hay, dicen, dos sin tres, y ya metido en gastos, lo soy también ahora, apátrida (¿y quién, me pregunto, que sea persona y no, mecánicamente, animalillo humano, bípedo implume, mono vestido de seda, carne de chusma, no lo sería?) de la tercera España con la que tropiezo, ¡y ojalá sea la última que me sale al paso, que se cruza en mi camino, que me pone la zancadilla! Hablo de la España Hortera, de la que hoy está en el machito, va de pendón en la procesión, chicolea en Bruselas, saca pecho en los aduares piojosos de Afganistán, figura en nómina, recibe cheques y halagos de los políticos, percibe subvenciones pagadas por éstos con pólvora del rey y del contribuyente, y corta en urbanizaciones de chalés adosados casi todo el bacalao disponible en un país cuyos bancos de pesca están a punto de agotarse sin que los pescadores y especuladores de río y litoral revuelto se avengan a declarar un parón biológico.

Es ésa la España real, la España que nos rodea y asfixia, la España visible y tangible, la España pestilente, la España que —sobándole el lomo, y con su pan se la coman— gobiernan o aspiran a gobernar Zapatero y Rajoy. La España que algún día será de Esperanza Aguirre y Alberto Ruiz-Gallardón. La España del presente y del futuro. La España puta. La puta España. *Ezpaña*, y olé.

Otra, se diría, no hay; y sobra añadir que tampoco esa España es la mía. Ni la de los míos. ¿Puede alguien sentirse compatriota de ese prototipo del español de nuestros días que es el Pocero sin salir de estampida hacia el retrete más cercano para potar en él?

El Pocero o Coto Matamoros: tanto da.

Prototipos, sí, pues aunque no todos los españoles sean lo que ellos son, a todos les gustaría serlo.

O a casi todos, ¡ea! Hasta en Sodoma quedaba un hombre justo. Excepciones hay, pero no bastan para hacer verano. Hemos pasado de la rebelión de las masas —¿qué otra cosa fue la España Trágica?— a la rebelión de la chusma.

No cabe, pues, elección, no tengo escapatoria, no la hay

para nadie marcado con el estigma ibérico: la nación en la que nací —sucesivamente Mágica, Trágica y Hortera— me obliga a declararme apátrida por tercera vez.

Apátrida de todo, apátrida del todo, apátrida de todos... Porque si antes dije *puta España,* que es como los separatistas catalanes llaman en sus *graffiti* a la nación en la que ellos y yo nacimos, nadie debe pensar por ello que estoy gritando *visca Catalunya!* o *gora Euskadi!*

No, no. Españoles —y, en cuanto tales, putos— somos todos, de grado o por fuerza y, debido a ello, putas y requeteputas son también Cataluña, Vasconia, Galicia y, con ínfulas o no de independentismo, el resto del país. ¿Hay alguna región en él que no tenga su Pocero?

Es curioso: en el país de la envidia nadie tiene nada que envidiar a nadie.

Y yo, mientras tanto, con estas líneas, aquí me tienen: ganando amigos. ¿Para qué, a mi edad, los quiero? Vivo ya en conversación con los difuntos, y —sea como fuere— prefiero la verdad a Platón.

¿*La* verdad, señor Machado? No. *Mi* verdad. La otra, españolito que me lees y que acaso, a partir de esta andanada de exabruptos, dejes de hacerlo, guárdatela.

Tres veces apátrida, decía... ¿Punto final?

No lo sé.

No lo sé, porque obra en mí, vigoroso e incomprensible, el impulso —ya confesado— de apearme de la montura en la que cabalgo a solas para socorrer, si está a mi alcance, en la zanja donde gime cual doncella desvalida (antes cursi que bellaco), la nación en la que nací.

Y es en ese impulso, en la confesión de ignorancia más arriba suscrita y en el interrogante —¿punto final?— que la precede, donde surge, lector, el para qué de este libro.

Veamos...

CAPÍTULO CUARTO

Tercer aviso

Y el que avisa no es traidor.

Si yo fuera un patriota, nada de cuanto aquí dijese tendría el más mínimo interés, significaría algo y merecería crédito.

¿Por qué? Porque si bien es cierto que el corazón tiene razones que la razón no comprende, no menos cierto es que nunca llevan razón las razones del corazón.

Y el patriota sólo esgrime ésas: es puro sentimiento. Carece, como madame Bovary, como la Tosca de Puccini, como la Carmen de Mérimée, como Otegi y Carod Rovira, como todos los nacionalistas, de cabeza.

No conviene, sin embargo, confundir a éstos, a los nacionalistas, con los patriotas. Venía a decir Ortega —y luego, abrevando en él, lo reiteraba José Antonio— que la patria no se caracteriza porque compartan quienes la integran una misma cultura, hablen una misma lengua o pertenezcan a una misma raza, sino por existir en ella —libremente aceptada y responsablemente practicada— una misión común en la que todos o casi todos se sientan implicados y arrimen el hombro.

Un patriota, si eso es cierto, no puede ni debe ser nunca un nacionalista, porque éste se mueve por ideales románticos —los propios del concepto de *Volkgeist* o genio nacional elaborado por los alemanes en el siglo XIX— que cifran la razón de la unidad del pueblo en la azarosa anécdota de lo vernáculo y no en la categoría de las poderosas, generosas y rara vez caprichosas líneas de fuerza trazadas en el seno de un determinado grupo de hombres inicialmente desprovistos de identidad colectiva por el paso y poso de la historia.

La patria es sólo eso (y nada menos que eso): una empresa libremente compartida y sentida como tal por personas de muy distinta índole, raza, religión y costumbres; y por ello el patriota es universalista y se abre, en su tarea, al mundo, mientras el nacionalista se arrebuja en su yacijo, es un bebé que no ha cortado el cordón umbilical, un chicarrón metido en un capullo que se amorra —lactante eterno— a la teta de lo propio, se ahoga en lo ajeno, lo demoniza y peca siempre de xenofobia, aldeanismo, chovinismo y egoísmo.

Ninguna nación puede ser, como los nacionalistas proponen y —en el caso de España, plural por definición— apetecen, una *nación de naciones*. Eso es un disparate semántico, sociológico y filosófico que no merece la pena, de puro absurdo, discutir. Pero, en cambio, cualquier patria puede serlo *de patrias* a condición de que todas ellas se integren voluntariamente, y sin confundir la barretina, la boina, la gaita o los toros con símbolos de lo nacional, en una institución de carácter superior y arrimen, con lealtad y convencimiento, el hombro, como dije antes, en las tareas que la definen.

El nacionalismo, así enfocado y contemplado, es siempre particularista, y periférico, por más señas (y cualquiera que sea su posición geográfica), en relación y por oposición al eje central, sí, pero no centrípeto, que vertebra el concepto de patria. No cabe hablar, por ello, como lo hacen en actitud defensiva y tono conminatorio los nacionalistas vascones, catalanes o gallegos, de un nacionalismo español y, en cuanto tal, españolista, pues éste, caso de existir, sólo lo sería de respuesta a quienes, inventándolo, lo atacan y nunca por sí mismo. Ya he dicho que un patriota, en principio, y en condiciones de normalidad civil, no puede ser nacionalista, de igual modo que un nacionalista partidario del secesionismo no puede ser, lato sensu, un patriota.

¿Podría yo ser entonces, contraviniendo la literalidad de cuanto hasta aquí llevo dicho, y para mi propia sorpresa (gaje inevitable ésta de hacer camino al andar sabiendo de dónde vengo, pero no hacia dónde voy), nada menos que todo un patriota?

Nacionalista, desde luego, no lo soy, y españolista, en consecuencia, tampoco, de forma que...

¿Puede un patriota llamar a su patria puta?

Sí, puede, incluso amándola y sintiéndose parte de ella, del mismo modo que un amante puede llamar puta a la mujer amada, si su conducta da pie a tal insulto (o eso, en su delirio de pasión, cree), sin por ello dejar de amarla.

Insulto, digo, cuando lo sea, porque también puede ser lo contrario: elogio de catre, exultante expresión de irresistible afecto y arrollador efecto.

Decía Garcilaso en una de sus églogas: «No me podrán quitar el dolorido sentir / si ya del todo primero no me quitan el sentido.» Y vale para ese verso lo que también en verso dijo Lope: «Eso es amor. Quien lo probó, lo sabe.»

Hombres, mujeres, amores... *Patria*, dije, viene de *padre*. ¿Acaso no ama el hijo a éste cuando tiene celos de la madre, como supo Sófocles, o cuando simbólica, psicológica, incruentamente, lo mata, como dijera Freud, en ese insoslayable ritual de paso que hace posible la transformación del adolescente en adulto?

Fue, asimismo, Freud quien afirmó, sin demostrarlo, que el dolor producido por la muerte de los seres amados es, en parte, oscuro remordimiento —culatazo, por así decir, del subconsciente— y sentimiento de culpa originados porque, sin saberlo, todo el que ama desea a veces, en sordina, a contrapelo, la muerte de la persona amada para recuperar la libertad e independencia que el amor nos arrebata.

Eros y Tánatos, tira y afloja, Sade y Von Sacher-Masoch, agridulce placer sexual: *petite mort.*

Seguimos, pues, como quien tira de una noria, en el *koan* de Unamuno: me duele España.

¿No era don Miguel un patriota?

¡Vaya si lo era!

No recuerdo ahora quién escribió, aparte de Joaquín Sabina en una de sus canciones, «te quiero, España, porque no me gustas». Pero lo escribió.

¿Fue José Antonio? ¿Lo sabría, caso de ser así, Joaquín Sabina?

Sí, fue él, acabo de comprobarlo, aunque con frase ligeramente distinta. Lo que dijo fue: «Amamos [los falangistas] a España porque no nos gusta.»

Resulta curioso comprobar cómo en ese patriota —nadie, ni partidario ni adversario, le negará tal condición— convergen y resuenan una y otra vez las voces de los dos filósofos que más y mejor han filosofado sobre el ser de España: Unamuno y Ortega.

Pongo así sobre el tapete, con descaro y con arrojo, aunque ya los había traído antes a colación, los tres nombres de hombres ilustres que, por encima de cualquier otro, proyectan su sombra —su luz— en este libro: Unamuno, Ortega y José Antonio.

No me duelen prendas. A los dos primeros los aprecié siempre, a partir del momento en que allá por mis años mozos supe de ellos y los leí con devoción y fruición. Al tercero lo descubrí, inopinadamente, mientras escribía *Muertes paralelas,* y desde entonces mi interés por su pensamiento y su andadura vital ha ido in crescendo.

La cosa tiene su intríngulis, porque ese interés no encaja en el consabido marco de las afinidades electivas ni, de hecho, procede de él. José Antonio era un político, y a mí —hombre de campo y no de polis— me aburre la política, actividad que, por otra parte, considero innecesaria, y era además aquel mártir, mal que le pese a la derecha, persona de izquierdas (lo que también, dicho sea de paso, incomoda a éstas), y yo no lo soy.

Sé, por cierto, que los fascistas supuestamente antifascistas —siempre de guardia en su tronera con el gatillo amartillado— me llamarán fascista a causa de lo que acabo de decir. Allá ellos.

Reitero mi incertidumbre y repito la pregunta: ¿soy acaso un patriota latente, nesciente, vergonzante e inconfeso a quien, como a Unamuno, José Antonio y Joaquín Sabina, le duele España y por eso la cubre de improperios, la llama puta, se considera apátrida y escribe, renegando, rezongando, este libro, tercero (y último) de los suyos sobre ella?

Tendría gracia...

La tendría, sí, repajolera, pero verdad es que España no me gusta lo que se dice nada, y eso, a la luz de los antecedentes citados (Sabina, José Antonio, Unamuno), me convierte en sospechoso.

Y no menos cierto es, lo que acentúa tal sospecha y agrava mi situación, que por arraigados e inextirpables motivos de idiosincrasia jamás podría ser nacionalista.

Ya lo dije: navego al largo, sin hoja de ruta, con Estambul, allá lejos (e inalcanzable siempre), como norte de mi brújula y mascarón de proa, y cuando llego a puerto lo hago sólo para tomarme una copa, echar un polvo e izar las velas. Dos personas me parecen multitud y tres son ya banco de peces. No formo parte de nada, nada represento, nada me representa y sólo en eso, en la nada, estoy y quiero estar integrado. Mi copla canta el *wuwei* —el vacío integral, filosófico, cósmico, absoluto— de los taoístas. Ya he dicho que soy Nemo, Nadie, Ulises frente al Cíclope, hombre a secas y sin etiquetas. Carezco (y no lo escondo, sino que lo proclamo) de Dios, de ley, de rey, de partido, de iglesia, de club, de insignia, de bandera y de banderas. No soy de ningún equipo, me da igual el Madrid que el Atleti, el Liverpool que el Numancia, ningún alirón o medalla olímpica —osténtela quien la ostente— me complace, no me enorgullecen las proezas deportivas de Rafa Nadal ni de Fernando Alonso, encendí velas para que no eligieran Madrid como escenario de los Juegos y Dios atendió mi súplica, no me emociona la *Marcha real* (aunque sí, lo confieso, *Suspiros de España*, pero es por su música, no por su título ni por su letra) ni habría ido, caso de ser invitado, a la boda de los Príncipes, no gritaría «¡Teruel existe!» si fuera turolense ni exclamaría «¡Soria ya!» por ser, como lo soy, soriano, no firmo manifiestos en contra de nada ni a favor de algo (a no ser que me lo pida un amigo, y cuando eso sucede lo firmo por el amigo y no por lo que la soflama diga), no descorché botellas de champán cuando murió Franco ni fui con el grueso de los futuros demócratas a postrarme ante su túmulo, no voté en el referendo de la Constitución, no voy a manifestaciones (fui a una de las que se organizaron contra la guerra de Iraq, y bien que me arrepentí), no solicitaría el Premio Nobel para un español ni me alegraría —tampoco me entristecería— que alguno lo obtuviera, no colaboro con ninguna ONG ni cosa que se le parezca, no agitaría nunca, en ninguna parte ni por ningún motivo, una banderita rojigualda (constitucional o no), ni una señera, ni una ikurriña, ni...

Y sin embargo, lo que quizá sea la clave del enigma planteado por mi doble y contradictoria condición de apátrida confeso y patriota clandestino, me siento español.

Español solitario, no solidario, pero español.

Ruego que no se me malinterprete. ¿Se puede ser insolidario y buena persona? Pues sí, porque yo lo soy, esto último, o por tal me tengo y me tienen cuantos me conocen, y aun diría que más fácil es casar la bondad con la indiferencia que la beneficencia con la solidaridad. Ésta es, muy a menudo, por no decir casi siempre, hipocresía social que esconde carencias individuales y alardea de lo que no da. Sus efectos suelen ser nocivos o, por lo menos, contraproducentes. Del agua mansa...

Dos citas, en mi descargo, que vienen a cuento no por ser yo como soy, que eso poco importaría en un libro como éste, sino por parecer —sólo, a mi juicio, a primera vista— incompatible la noción de patria con la de la ausencia de solidaridad entre quienes forman parte de ella.

La primera cita es de Mencken y dice: «El impulso de salvar a la humanidad suele ser mera máscara del impulso por gobernarla.»

La segunda cita es de Lewis (el de las *Crónicas de Narnia*, no el de *Alicia*) y reza: «De todas las tiranías, ninguna más opresora que la ejercida por el bien de sus víctimas. Más vale vivir bajo barones rapaces que estar sometidos a la autoridad de metomentodos morales y omnipotentes. La crueldad del gobernante rapaz puede dormir a veces y su concupiscencia estar momentáneamente saciada, pero quienes nos torturan por nuestro propio bien lo hacen sin cejar nunca en su trajín, pues cuentan para ello, en todo momento, con el permiso y la aprobación de la voz de su conciencia.» ¿Habla de Zapatero?

Tan cierto como terrorífico. Los redentores jamás descansan, porque si lo hiciesen tendrían que enfrentarse a sus problemas, en vez de desviar la atención hacia los problemas ajenos, y su frágil equilibrio emocional y racional se vendría abajo. Quien antepone genéricamente lo ajeno y lo abstracto a lo propio y concreto —lo colectivo a lo individual, la gente a las personas— es siempre, como mínimo, un neurótico y a menudo algo peor.

Sugiero que se someta también el aserto de Lewis a la prueba del nueve que antes propuse: la de considerarlo, por cotejo, al trasluz de la conducta —incluyendo en ella tanto lo que hace como lo que dice, sin olvidar lo que dice que va a hacer y no hace— del actual presidente del Gobierno español. ¡Dios nos salve de los salvadores!

¿Salvadores?

No es lo sentimental ni lo pasional —el altruismo o la misericordia— lo que puede hacer patria, sino lo racional. La política necesita administradores con ideas y no soñadores con ideología. Preparación, honradez, eficacia y cuenta de la vieja: todo lo demás, en lo concerniente al buen gobierno de una empresa, y ya se ha dicho que la patria lo es, resulta superfluo o engorroso, cuando no dañino. El bien común es el exacto resultado aritmético de la suma de los bienes de cada uno. Dos más dos nunca son cinco. Pésimo gobernante es el que confunde el país puesto bajo su férula con un ámbito de catequesis y una feligresía paternalista cuyo párroco y los coadjuntores de éste —ministros que no lo son del pueblo, sino del dios de Suso de Toro o del filósofo Petit— se esfuerzan por cuadrar el balance de los libros de contabilidad practicando supuestas obras de misericordia.

Pero todo esto —perdóneseme la digresión— es doctrina política, y yo no he venido aquí para sentar cátedra de liberalismo ni extender recetas, sino para hablar de España. Corto, pues, y reanudo lo que decía.

¿Patriota, pues, en el fondo, aunque no solidario, sino solitario, yo?

Muchos, cuando me puse la camiseta de apátrida a la que más arriba hice referencia, se reían, amistosamente, de mí y, señalándome con el dedo, exclamaban:

—¡Pero si tú eres más español que nadie! ¡Pero si nunca hemos conocido a alguien que lo fuera tanto como tú! ¡Pero si lo llevas escrito en la cara! ¿Es que no te miras en el espejo, ni escuchas lo que dices, ni lees lo que escribes?

Y yo me enfadaba al principio, y protestaba, y los contradecía, y daba en españolísimos (según ellos) aspavientos y argumentos, y al final, vencido, aunque no del todo convencido, me rascaba, perplejo, la cabeza, me encogía de hombros y, dando por zanjada la discusión y escurriendo el bulto, concedía:

—Si te empeñas...

De todo aquello ha pasado, aproximadamente, un año, o algo más, y aquí estoy ahora, escribiendo un libro sobre España incómodo, antipático, desagradecido, difuso y confuso, en el que los árboles no me dejan ver el bosque ni el bosque me permite entrar en él para descansar a la sombra de sus árboles y en el que a cada paso, casi a cada línea, cambio de opinión.

¿Escribo contra España o a favor de España? ¿Soy un patriota o un apátrida? ¿Aprecio mi país o lo detesto? ¿Me importa su futuro o me deja indiferente? ¿Soy, más que español, antiespañol, con la fe a la contra que el ateo tiene? Así, antiespañoles, nos llamaba Franco a quienes nos oponíamos a él. Pero, ¿cabe ser eso? ¿No es, lo de ser antiespañol siendo español de nacimiento, una aporía similar a la de la flecha y el arquero o Aquiles y la tortuga?

La verdad es que no lo sé. Estoy hecho un lío. Lo estaba ya al empezar este libro y las cosas no han mejorado nada. ¿Irán, incluso, a peor? ¿Tendré las ideas más claras cuando lo termine? ¿Les pasa lo mismo a mis compatriotas? ¿Debo llamar así a éstos? ¿Tengo, aunque alardee de lo contrario, etiquetas? ¿Soy Nemo o soy Juan Pérez? ¿Es la españolía sacramento que imprime carácter y al que no cabe renunciar? De ser así, ¿en qué consiste ese sacramento, cuáles son sus virtudes, a qué obliga, cómo se manifiesta? ¿Nadie ha escrito al respecto un manual de instrucciones? ¿Lo es o aspira a serlo este libro?

Y, además, ¿*ubi patria, ibi bene* o *ubi bene, ibi patria*?

Lo mío, ¿es patriotismo y, por ello altruísmo o es pancismo y egoísmo?

Despensa y *escuela*, pedía Joaquín Costa. ¿Despensa, pregunto yo, para llenarla o para embaularme lo que hay en ella? Y escuela, si yo la pidiese, ¿para enseñar o para aprender en sus aulas?

Bueno... Español, por gracia o por desgracia, sí que debo de ser a tenor de lo que, gracioso, sí, pero también con mala baba, asegura el poeta Bartrina, que era catalán, catalanista, ateneísta, republicano y *progre* de su época —nació en 1850 y murió a los treinta años, demasiado joven para dejar de ser todo (menos lo de catalán) o parte de lo dicho—, en el poemilla que figura al frente de esta obra. Lo aprendí de niño, en el colegio, y supongo que me impresionó, puesto que no lo he olvidado: «Si habla mal de España, es español...»

Y yo lo hago, todos los días, a todas horas, en todas partes, y más que voy a hacerlo en las páginas venideras de este libro, imposible evitarlo, está en mi naturaleza de escorpión que pica a la rana, de forma que ciertos son los toros y píllenme sin remisión éstos: *de España*, por lo visto, *vengo*, como dice la copla, «de España soy, / y mi cara serrana / lo va diciendo / que he nacido en España / por donde voy».

¡Bonita cruz! O, ya que hablamos de España, y para hacer rima, ¡toma castaña! ¡Y a mí que lo que me gustaría, palabra, es ser japonés o, por lo menos, suizo!

Todo se andará: me he casado con una japonesa (lo que, ¡cachis!, no me da derecho a pasaporte) y los pliegues de los párpados se me van achinando. Todo el mundo me lo dice.

—¡Pero eso es por la edad, Dragó!

—Ni lo sueñe. Eso es por mi antojo. La cara es el espejo de las apetencias.

Pero en fin... ¿Que no quiero ser español? ¡Pues dos tazas! Así es la vida.

Caigo ahora en la cuenta, y me parece curioso, de que ninguno de esos españoles que tan mal hablan de España hacen lo mismo a cuento de sus respectivas regiones... *Autonosuyas*, por cierto y por lo visto son, y no *autononuestras*, como asegura un afortunado neologismo (y retruécano) que no inventó Vizcaíno Casas, sino Galdós.

Los catalanes, en efecto, no critican a Cataluña ni los vascones ponen Vasconia a caer de un burro, ni los andaluces dicen pestes de Andalucía.

Nacionalismos.

Tampoco los españoles, en general, despellejan a España cuando están en el extranjero, sino que cierran filas con ella y se olvidan de sus defectos, a pesar de que los conocen.

¿Patriotismo? No. Patrioterismo.

Yo, en cambio, pecador irredento y no contrito, hablo mal de mi país a todo el mundo y en todas partes.

También hablo mal de Soria.

Y de Madrid, ni les cuento. ¿Recuerdan el episodio de las orejas de burro?

Pero será mejor que me deje y aleje de todo esto para poder hincar el diente en bocados más sustanciosos, terminar de una vez la introducción y emprenderla con el grueso de la obra.

Citaré, para ello, aunque ya lo hice y, reiterándola, corra el riesgo de abusar de la paciencia del lector, la última frase del último capítulo de *Gárgoris y Habidis*. Decía, dirigiéndome a Juan Español —a todos y a cada uno de mis compatriotas—, que quizá su camino y el mío estaban a punto de bifurcarse.

Lo hicieron.

La *Historia mágica*, sin embargo, no terminaba así. Llevaba, además, un epílogo, lacónico, sucinto, que también voy a reproducir por ser, al mismo tiempo, broche que cierra un ciclo, y un libro dedicado a España y llave que abre otro libro a ella dedicado.

Constaba aquel epílogo de dos citas ajenas y un par de líneas propias.

La primera cita era el remate de un conocidísimo soneto de Quevedo: «Y no hallé cosa en que poner los ojos / que no fuese recuerdo de la muerte.»

La segunda cita era de Cernuda y, más que verso, parecía epitafio: «¿España?», dijo. «Un nombre. España ha muerto.»

Y luego, ya de mi pluma: «He aquí el problema. / O bien: esta casa de Dios, ¿qué guarda dentro?»

Formulé por escrito esa pregunta el 24 de diciembre de 1975, en Tokio, en una casita del barrio de Roppongi.

Y fue el punto final de mi España Mágica.

Hoy, a 12 de agosto de 2007, en Castilfrío de la Sierra, ante mi mesa de trabajo y frente el amplio ventanal por donde atisbo el horizonte de las Tierras Altas de la llanura numantina, repito la pregunta y busco, con este libro postrero, la respuesta.

Y sólo de algo, en el mismo instante en que me adentro en su meollo —*a contraespaña* o a favor de ella que sea— tras esta larga introducción, estoy absolutamente seguro: si a su término no he hallado respuesta a tal pregunta, la formulada hace treinta y un años, cuatro meses y dieciocho días, en un lugar muy distante y distinto de aquél en el que nací, ni mi camino volverá a cruzarse con los caminos de los españoles ni España se cruzará otra vez en mi camino.

¿He dicho, como el interlocutor invisible del poema de Cernuda, *España*?

Pues sí, lo he dicho, pero poniéndolo, como él lo puso, entre signos de interrogación.

De *Gárgoris y Habidis* a Zapatero y Rajoy pasando por el 18 de julio: España Mágica, España Trágica, España Hortera.

Decíamos ayer...

Adiós.

SEGUNDA PARTE

A contraespaña

Ya lo dije... Esta parte del libro se escribió con anterioridad —hubo algo más de un año por medio— a la que la precede. Acababa yo, entonces, de escribir Muertes paralelas *y estaba enfadado, muy enfadado, con España. Es posible que sean ahora los españoles, tanto los que me lean como —más aún— los que no lo hagan y hablen de oídas, quienes se enfaden conmigo. No les faltarán, para ello, buenas razones, y yo, en consecuencia, tendré que entender, aceptar y soportar su enfado. Me gustaría, sin embargo, que también ellos soportasen, aceptaran y entendieran las razones que me han llevado a escribir lo que sigue. Estoy seguro de que para eso, para perdonarme, bastaría con que leyesen la novela recién mencionada, en la que reconstruyo, como también se ha dicho ya, el asesinato de mi padre, pero no puedo, como es lógico, pedir a nadie que lo haga ni tampoco esperarlo, por más que lo desee. Podría haber retocado, quitándoles hierro, las páginas —casi todas las que componen esta parte del libro— escritas hace un año,* a contraespaña, *puesto que la cólera que entonces me animaba ha disminuido considerablemente, aunque sin desaparecer del todo, pero he preferido respetar su integridad, eliminando algunos anacronismos y reiteraciones para no falsear el proceso, pues proceso psicológico y, por ello, andadura vital sometida al calendario es, que me ha conducido a escribir esta obra y a con-*

cluir con ella el ciclo literario que inicié con Gárgoris y Habidis *y proseguí, convencido de estar llegando a su término, con* Muertes paralelas. *Toda mi literatura es de índole narrativa, aunque a veces se disfrace de ensayo, y este libro no escapa a esa regla. Contado queda, pues, en las páginas de «A contraespaña» lo que hace un año quise contar, mantengo también el título y busque el lector en la tercera y última parte lo que ahora, un año después, y con distinto talante, quiero corregir y, en todo caso, añadir.*

CAPÍTULO PRIMERO

Verano de 2006

Lo malo —lo peor— de España es que no hay forma de que pase inadvertida. ¡Quia! No cabe ignorarla. Se hace sentir. Se mete por las pupilas, atruena los tímpanos, hiede, hiere la sensibilidad, ofende la inteligencia. Su personalidad, qué duda cabe, es acusada. Quien llega a ella, indígena o forastero que sea, no puede mirar hacia otra parte. El país lo absorbe, lo implica, lo complica, lo aherroja, lo incorpora a su metabolismo.

Yo lo hago a menudo. *Llegar*, digo. Cuatro, cinco, seis veces al año, por lo menos, y a veces, más. Sé, en consecuencia, de lo que hablo. Mi patria es inconfundible. No hay en la tierra ningún otro lugar semejante. Piso su suelo y, en el acto, todo me dice dónde estoy. Es, para mí, una sensación —una verificación— sumamente desagradable. Siempre me entran ganas de girar sobre mis talones para emprender abierta fuga o, cuando menos, prudente retirada.

Pongamos que vengo de Japón o de la India —son mis dos puntos de origen más recurrentes— y que llego, reventado por los controles de los puntos de embarque, las sevicias de la aeronáutica y el desbarajuste del *jet lag*, al aeropuerto de Barajas. Todo, en él y a partir de él, empieza a ir mal. La lógica se interrumpe. Los dislates se suceden. Nada funciona como es debido. El hombre se torna alimaña para su prójimo. La agresión sustituye a la cortesía. Maldigo mi estampa, reniego una vez más del país en el que tuve la desdicha de nacer y me lanzo —¡qué remedio!— al combate. No hay alternativa: o ellos, mis compatriotas, o yo.

Larga cola para enseñar el pasaporte a un policía displicente. Hay seis o más cabinas disponibles, pero sólo dos de ellas están ocupadas. Los titulares de las otras andarán de racaneo por la cafetería o la comisaría. Un pitillito, una cervecita. La espera duele, y duele también pagar impuestos a políticos que tales abusos consienten.

«Ya estoy en España», me digo.

Supero el trámite, dejo atrás las ventanillas melladas y busco —jadeante, derrengado, esperanzado— un carrito en el que depositar y transportar el pesadísimo equipaje de mano. Es inútil. Los hay, sí, pero en lontananza. Tengo que recorrer más de cien metros —los he medido— para llegar a ellos. Crueldad, por otra parte, y guinda del viaje, carente por completo de justificación: bastaría, para evitarla, con poner los puñeteros vehículos junto a las cabinas del control de pasaportes, pero la compasión y la lógica son en España peras que cuelgan de los manzanos. Lo que importa es joder.

Sea. Llego por fin, tambaleándome, a las hileras de vehículos, pugno por arrancar uno de ellos al sólido anclaje que lo unce al sucesivo, lo logro, forcejeo con su rueda delantera, que se empeña en conducirme de través y entre chirridos hacia lugares que no figuran en mi itinerario, me hago con ella y me dirijo, con apremio de la fisiología que no es menester especificar, hacia los retretes más cercanos. Mi gozo en un pozo (o no, porque precisamente eso, un pozo, negro, o algo que se le asemeje, es lo que yo necesito): una fregona cruzada en la puerta me impide el paso. Las señoras de la limpieza andan, al parecer, por entre los urinarios y el pudor las constriñe a convertir éstos, manu militari, en territorio *off limits*. En ningún otro lugar del mundo sucede eso. O, si sucede, yo no lo he visto. Dale vara de mando a un español, aunque sea el palo de la escoba, y la utilizará para brear al prójimo.

«Ya estoy en España», me digo.

Cinta de acarreo de equipajes. Son muchos, y españoles todos, los que entretienen la larga —larguísima— espera encendiendo y blandiendo a quemarropa de mis pulmones y de mi pituitaria pestilentes e insalubres cigarrillos. Numerosos carteles avisan de que está prohibido, pero eso no es cosa que rece con quienes me atufan ni tampoco con los no menos numerosos agentes de la autoridad que, uniformados e impertérritos, pululan por las cercanías. ¿Cómo va a aplicarse esa mínima ley en un país donde ni siquiera las sentencias en firme del Supremo se ejecutan?

Vuelvo a pensar en los impuestos y en la madre de quienes los recaudan y atesoran, me aparto de los toxicómanos e intoxicadores impunes sin perder de vista, para que no me lo birlen, el carrito en el que ya descansa mi equipaje de mano y me pregunto, melancólico, si España es un Estado de derecho o un Estado de *derechos*, que es cosa bien distinta.

La cinta transportadora, entre tanto, sigue tan inmóvil como dicen que lo están las momias en sus sarcófagos. Tardará, lo sé, alrededor de tres cuartos de hora en dar señales de vida. Será no sólo larga —larguísima— la espera, como dije, sino también angustiosa, pues a nadie entre los presentes se le oculta la evidencia estadística de que en los aeropuertos españoles se pierden las maletas que es un primor...

Y nuestras compañías aéreas, significándose también en ello y sumándose al despelote, o desmalete, hacen todo lo posible, que es mucho, para que no nos apeemos de tan envidiable podio.

Téngase, por favor, en cuenta la posibilidad —harto verosímil— de que mi viaje haya empezado en Japón (y aunque así no fuera) y no se olvide, a la hora de calibrar mi estupor ante el purgatorio al que se me condena, el dato cierto de que en dicho país las maletas llegan a la cinta transportadora antes de que lo hagan los viajeros, y no precisamente por demora de éstos en los veloces y educadísimos trámites de la policía.

Sí, sí, no cabe —por si aún la hubiere— la menor duda: *estoy en España*, he vuelto a la patria...

Nunca he pasado por Bangui, capital de la República Centroafricana, y no puedo, por lo tanto, excluir la remota posibilidad de que en su aeropuerto sucedan las cosas que suceden en Barajas, pero sí me atrevo a asegurar, y no de oídas, que en ningún otro escenario similar existente en países de ésos que se consideran más o menos civilizados sufre el viajero vejaciones análogas a las que en España se le infligen.[4]

¡Listo! Ya se pone la cinta en movimiento, ya aparecen —milagro— mis maletas, ya cruzo la aduana por su conducto verde, ya zigzagueo entre las cabezas de ganado de la cabaña ibérica, ya alcanzo la salida al exterior, ya —exhausto— me encamino hacia la parada de los taxis y, una vez en ella...

Perdón. Es un decir. En ella, lo que se dice en ella, aún no, porque una cola interminable, caótica, arracimada, ameboidea, difusa y vociferante me cierra el paso cuando todavía falta largo trecho para pisar la meta. Y su línea, la de la cola, por si todo lo expuesto fuese poco, carece de continuidad, es un Guadiana, se interrumpe, se reanuda, vuelve a interrumpirse, empieza otra vez, es un *coitus interruptus*, un desvivir, un contradiós, un dibujo surrealista, y el viajero —turulato ya, el pobre, a causa del espeso engrudo de *jet lag* que embota sus meninges— enloquece del todo y se lanza al abordaje.

---

4.   Me corrijo. Hay uno que no le va a la zaga: el de Doha, en Qatar. Allá se las apañe quien haga escala en él. Yo cometí ese error. También el londinense de Heathrow —a cada vela su palo— es una calamidad. ¿Debo añadir que lo digo por *vendetta*?

Digo bien: al abordaje, sin hipérbole, porque no existe en las antiguas terminales de Barajas (de ellas hablo. De la nueva, que es una pesadilla faraónica, una locura de nuevo rico, prefiero no hablar) ningún otro sistema que permita al recién llegado acomodar sus tundidas posaderas en un taxi cochambroso. Todos lo son, por cierto, en Madrid.

Es el súmmum, la apoteosis, la traca que pone fin a la fiesta. Más no cabe: España en estado puro. Todo lo anterior es broma. Cotufas descafeinadas, abonos de mosquito sin veneno, menudencias de chichinabo me parecen ahora los vejámenes sufridos en la cola de los pasaportes, en la búsqueda del carrito y en su posterior manejo, en la intentona de aliviar la vejiga, en la mala crianza de los fumadores, en la prevaricación de los policías y en su connivencia con los delincuentes, en el retraso de los equipajes y en el cuerpo a cuerpo con las tribus agropecuarias del ruedo ibérico —inmigrantes incluidos— estabuladas en la zona de salida de viajeros internacionales de Barajas.

No, no... Lo de los taxis se lleva la palma. Furia española en Amberes. Pásame el pelotón, que los arrollo. Se ve y no se cree. Es portentoso, inenarrable. Una película de tiros, una merienda de cafres, un dramón, una sanferminada. La valla de Melilla. Chávez ante un micrófono. Gritos, insultos, aspavientos, forcejeos, pisotones y, a veces, hasta puñetazos.

Mi país. Desorden, violencia y locura: su santísima Trinidad. Chocolate y chapapote a la española.

Observo —maravillado, desconcertado— la escena y llego a la conclusión de que, ahora, sí, de que ahora estoy, por fin y de verdad, en España: un callejón de incierta salida, un sacramento diabólico que imprime carácter, un hostión en el alma que deja imborrable huella, una Fuenteovejuna de la horterada y la chabacanería, un muestrario de pecados capitales, un circo de agresividad y desafueros, una gigantesca vaquería de mala leche, el reino de los pícaros, la escenificación ininterrumpida de un delito coral, individual y permanente.

Lo dicho: mi patria.

Estoy ya dentro del taxi. Respiro abdominalmente. Se sosiega poco a poco mi pulso. Ha sido homérico, pero la función sigue, y sigue, inmisericorde, el tableteo de la ametralladora de la grosería ibérica. El taxista se toma la libertad de interpelarme, lo hace con desenvoltura, me tutea, charlotea, increpa a un transeúnte, me cuenta su vida, la de sus hijos y la de su señora esposa, insulta al conductor de otro coche, me pone al tanto del tiempo que hace, que ha hecho y que hará, quiere saber de dónde vengo, dedica encendidos elogios a las corvas de una alienígena de aspecto sudamericano que lleva un pendiente en el ombligo y taconea —negrona, culona, putona— sobre las rayas desteñidas de un paso de cebra, pone a parir al jefe del Gobierno y al de la oposición, me explica lo que él haría si fuese alcalde de Madrid, arregla España (en eso le doy la razón: falta hace) y extiende sus consideraciones al resto de Europa y al conjunto del globo, saca de la cajetilla un cigarrillo como quien desenfunda una pistola, le suplico que no lo encienda y entonces, desalentado por mis silencios y monosílabos, y enfurruñado por mi petición, activa bruscamente la radio y se enfrasca en la escucha de los pormenores de no sé qué partido de fútbol celebrado en no sé qué país del cuerno de África y briosamente descrito con todo detalle y a pleno pulmón por un asesino del léxico, la sintaxis, la fonética y la prosodia.

Lo nunca visto... En otras partes, claro. Porque lo que en el resto del mundo sería mala educación, es entre nosotros salero y simpatía. ¡Viva la Pepa! ¡Anda, jaleo! No hay en España nada más español que los taxistas. Los fontaneros, si acaso. Ya se verá.

Es noche cerrada. Amanece en Tokio. El alma aún no ha llegado, sigue allí, y los husos (y usos) horarios, también. Mi reino por un colchón, por un futón. Lo tengo al alcance de la mano. Enfila el coche la calle de Pez. Falta muy poco para llegar a casa. Veo, con el hastío de quien lo ha visto muchas veces, la profusa y sombría sucesión de pintadas en las paredes, de grafitos amenazadores, de proclamas anarquistas, de garabatos absurdos, de firmas de hijos de puta, y —en el suelo, en los zócalos, en los pies de las farolas— la huella de los chafarrinones dejados por la orina de la canalla y la de los mojones plantados por el culo de los perros o de quienes no lo son.

Españolitos, inmigrantes, inmigrantes, españolitos. Todos a la misma altura. Minina española nunca mea sola. Tampoco lo hace la del inmigrante. El pueblo unido siempre caga en descampado.

Veo, también, pues la cochambre es enfermedad altamente contagiosa, a guiris de chancleta, alpargata y pantalón corto estimulados y autorizados al ejercicio de la barbarie por el ambiente que los rodea, la agresividad que los caldea, la impunidad que se respira y el ejemplo que se les da. En sus países no lo harían. Digo yo.

Dos yonquis, al arrimo y al abrigo de un portal descascarillado, se inyectan, tan ricamente, un buen chute de heroína, retrovirus y hepatitis. Los transeúntes y el coche de la patrulla pasan de largo. Nadie quiere líos.

Los cubos de la basura están repletos, su contenido se desborda, un nimbo de inmundicia los rodea.

Coches aparcados en segunda fila. Sus dueños están tomándose una caña, comprando hachís de alheña a un moro o morreando a un pendón en el chiscón.

Contenedores llenos de detritus que nadie se molesta en retirar.

Zanjas.

Cascajo.

Cables que penden, tubos que sobresalen, tripas de la ciudad al descubierto. El rayo que no cesa, la historia interminable, la revolución permanente.

Condones y jeringuillas a la intemperie.

Los bolardos peatonales del borde de las aceras están torcidos, abollados, decapitados o arrancados. Nadie los repara ni los repone.

¿Para qué seguir? Dejémoslo.

Es mi barrio. ¿Está en Bombay?

No se equivoque el lector. No piense —sería lógico— que vivo en una zona de chabolas, en un campamento de toxicómanos, en un aduar de *camellos* y *mulas*, en una colonia de ex presidiarios, en una barriada obrera, en un suburbio de ilegales, en una trapería, o en cualquier infierno hormigonado de los muchos que existen en el sur de Madrid.

¡Qué va!

Todo lo contrario: vivo en Malasaña, en el cogollo de la Villa y Corte, a dos pasos de la Gran Vía y de la Calle Ancha, en un distrito de la capital del reino donde alquilar o comprar un piso cuesta un Perú y al lado —está en el portal contiguo, pared con pared de mi casa— de la mansión en la que desde hace muchos años vive nada menos que mi amiga Esperanza Aguirre, presidenta, mientras esto escribo, de la Comunidad de Madrid.

Y sin embargo...

Absurdo, bien lo sé, e imposible en cualquier otro lugar del primer mundo, pero esto, amigos, es España: la selva virgen, el camarote de los hermanos Marx, Chicago años treinta, la toma de la Bastilla, un burdel, un lodazal, un país donde la gente tira lo que le sobra al suelo y adentella lo que le sale al paso, donde el ruido atruena las calles y la música de *rock* las tabernas y los antros de copas, donde cualquier galopín o atorrante puede defecar a sus anchas en el arroyo, donde los amos de los perros no limpian lo que sus mascotas ensucian, donde la gente tiene derecho a todo y deber de nada, donde se considera *artistas urbanos* a los psicópatas que pintarrajean las fachadas de los edificios nobles y que algún día, cuando crezcan, maltratarán con idéntico desparpajo y la misma impunidad a sus mujeres, donde los haraganes y los jubilados acuden cuando el sol se pone a la Puerta del Sol para divertirse con el espectáculo de los descuideros que birlan la cartera a los viandantes, donde los mendigos son dueños de las esquinas y los piratas venden su matute en cualquier parte, donde la televisión es un patio de vecindad en el que las comadres cotillean desgreñadas y se da cuartelillo, voz y coba a los mafiosos, donde los obreros de toda laya le dan a la priva, escuchan la radio y duermen la siesta en horario laboral, donde cualquier vagabundo duerme en el suelo sin que nadie le diga nada (al contrario: los municipales lo arropan maternalmente y le llevan una taza de café), donde todo es mal gusto, mamoneo, griterío y vandalismo, y donde las autoridades no se preocupan de poner un poco de orden e higiene pública ni siquiera en el centro de las ciudades.

Ahí, en una de ellas, en la que más presume, chicolea e importa, en Madrid, que antes se tenía por antesala del cielo y ahora es dependencia del infierno, está mi barrio: Malasaña.

Son las diez de la noche. Acabo de llegar a él. Que Dios reparta suerte.

O mejor dicho: que lo haga Alá. Ni Yavé ni Jesús son políticamente correctos en la España de hoy. Están mal vistos.

¿Malasaña?

Parece una definición y, en cierto modo, lo es. El nombre de mi barrio, dicho sea sin desdoro de la muchacha que se lo dio, es inquietante, conminatorio y, acaso, premonitorio. Rima, además, con España y ésta lo hace con guadaña. De eso, ahora, escribo.

Lo hice, en otros tiempos ya lejanos, y perdónenme que lo reitere, sobre la España Mágica: fue *Gárgoris y Habidis.*

Me ocupé luego, hace poco, de la España Trágica —la de la guerra civil— y fue *Muertes paralelas.*

Escribo, ahora, de la España Necia, de la España del Pelotazo, las Urbanizaciones y los Campos de Golf, de la España del Posero y el Sapatero (parece el título de una fábula de Ezopo), de la España del Mal Gusto y del Todo Vale, de la España Hortera.

Un ciclo que llega a su fin.

Santas Pascuas, y a otra cosa.

A otra cosa y a otra casa. Me voy. No quiero vivir ni morir aquí. Ya está bien.

Pero sí me gustaría que mi cuerpo, tras su muerte, descansara en Castilfrío de la Sierra. Sépalo Naoko, sépanlo mis hijos. Pechen, si así no lo hacen, si no toman las medidas oportunas, con la carga del remordimiento.

Y recuerden todos, también los lectores, que no tengo patria, pero tengo tierra. Por eso quiero que se mezclen con la del alto llano numantino el polvo de mis huesos, la piel de mis testículos y la sonrisa de mi calavera.

¿Español de la España Mágica? Hay quien me lo pregunta, y yo le digo: ésa ya no existe.

¿No existe? No, no existe. La han transformado —como tantas otras cosas... Miseria de los tiempos— en un parque temático.

¿Español de la España Trágica, de la Azul y Roja, de la que mató a mi padre, de la que heló el corazón de tantos?

España de Caín y Abel, España de la envidia y el rencor, España de banderas y de bandos, España Guadaña.

No me insulten.

¿Español palurdo, español desarrollista, español de sopa boba y chalé adosado, español de telecaca, español de fútbol y Fórmula Uno, español antitaurino y multiculturalista, español políticamente correcto, español zafio, español de *piercing* o cadenilla de plata, español que no lee, español que ya ni siquiera sabe hablar en español, español, simplemente, de nuestros días?

No, gracias.

Dispongan de mí, háganme lo que quieran, pisotéenme, emplúmenme, pero, por favor, bórrenme de esa lista.

Ortega escribió sobre la rebelión de las masas. Yo escribo —lo reitero— sobre la rebelión de la chusma.

«Japón, pueblo sin plebe», dijo alguien.

Y yo, dándole la razón y agarrando la frase al vuelo, digo: «España, plebe sin pueblo.»

De eso, ahora, escribo.

No siempre, sin embargo, fue así. Hubo, en España, pueblo, vaya si lo hubo, y yo, que nací en el 36, alcancé a conocerlo y durante muchos soles y lunas de mi larga juventud disfruté de él.

¿Cuándo desapareció? ¿Cuándo, en qué sombrío momento, derivó la gente a rebaño de mamíferos y sustituyó el balido a la palabra?

¡Vaya pregunta!

No fue batacazo, sino proceso. Lo hizo gradualmente, paso a paso al principio y luego, ya, al galope, cuando nos invadió, porque invasión fue, y aún nos ocupa, la gente del pelotazo, del mal gusto, del todo vale, del nada importa, del como sea, del desarrollismo y el multiculturalismo, de la corrección política, de la «Operación Triunfo», del «Gran Hermano», de la Expo, de la Olimpiada, del Foro de las Culturas...

Póngale el lector fecha y, si así lo quiere, nombres propios con renglón en nómina. No es difícil.

Y, además, no importa quién y cuándo lo hizo. Lo que importa es que el pueblo, sea cual sea el instante en el que empezó su agonía, ya se ha extinguido, y esa jodienda no tiene enmienda, es un proceso irreversible, no cabe la resurrección ni tampoco, ¿para qué?, la insurrección.

Siempre es útil acudir al diccionario...

Chusma: «conjunto de galeotes que servían en las galeras». Segunda acepción, «conjunto de pícaros o gente vil».

Las dos definiciones me valen.

Populacho: «lo ínfimo de la plebe».

Razón llevaba. Siempre es útil, oportuno, esclarecedor, acudir al diccionario.

Cuando dije, en la última línea del introito de *Muertes paralelas*, que lamentaba *profundamente* haber nacido español, pensé que iban a lapidarme o, acaso, por blasfemo, a crucificarme.

No ha sido así, y estoy, por ello, *profundamente* sorprendido.

Y encantado. No son mis compatriotas tan patriotas como yo creía. ¿Qué está sucediendo aquí? ¿Cambia el viento, cambia el rumbo, cambia la aguja de marear, cunde la desmoralización, crece el cosmopolitismo? ¿Se ha declarado en España una epidemia de lucidez, o es que ya me dejan por imposible —el que aguanta, y yo lo he hecho, gana— y me perdonan, quizá, la vida en atención a mi provecta edad y a los dos *by-passes* y medio que regulan el flujo de mi corazón?

Sería magnífico que así fuese. Lo de la lucidez, digo, y también, ¿por qué no?, todo lo restante: la ancianidad, la enfermedad, el respeto, la misericordia.

No me han lapidado, no me han crucificado y —lo que aún resulta más pasmoso— casi nadie me ha reprochado mi actitud. Ni siquiera eso. Al revés: son muchos los que se han dirigido a mí por diferentes conductos para decirme que lo entienden, que lo comparten, que también ellos se declararían, de ser posible (pero no lo es. La nacionalidad como hisopazo. ¿Vivimos en un régimen de libertades?), apátridas, que éste es un país de tutsis y hutus, que no se sienten españoles, que les avergüenza serlo...

Ha habido, sin embargo, una excepción. Siempre las hay. Fue su protagonista uno de esos zotes que pueblan los graderíos —*panem et circenses*— de los estudios de televisión y aplauden o rebuznan cada vez que el domador —el regidor, quiero decir... ¿En qué estaría pensando?— restalla la fusta.

Era un viejo reviejo, iracundo, pero también podría haber sido uno de esos jóvenes lloricas, pedigüeños, malcriados y sobradamente preparados para no dar golpe que se arrebujan entre las faldas de su mamá, que son incapaces de correr el toro de la vida, que no se van de casa, que reclaman a grito pelado una vivienda *digna* (¡y en propiedad! Yo no la tuve hasta los cuarenta años, y fue una mísera guardilla. ¿Hay mejor techo para «un joven de espíritu valiente, / clara razón y fuerza adamantina» que el dosel del firmamento y brújula más precisa que el norte de la Polar?), que vegetan colgados de sus móviles, que envían a través de ellos mensajes que parecen gruñidos de chimpancés y que no tienen mejor afán en la vida que el de amorrarse los fines de semana al cuello del botellón.

Conque andaba yo perdido por uno de esos programas de anfiteatro, vocerío y público —¡quién me mandaría a mí!— cuando el mencionado carcamal colérico se me acercó con una mueca rojigualda y chekista deformándole el rostro, que lo era de guerra civil, pistolón al cinto y *saca* al amanecer, y ladró:

—¡Me da usted asco! ¡Deberían ponerle un bozal! ¡Avergonzarse de ser español! ¡No sé cómo le permiten abrir la boca! ¿Qué pasa? ¿Que se siente catalán?

Así andamos.

Pues no, amigo mío, y perdone el tratamiento. ¿Cómo se puede ser tan tonto? Tranquilícese, vaya al loquero, tome pastillas.

Si, habiendo nacido en España, no me siento español, ¿cómo diablos podría sentirme catalán?

Ni catalán, ni vascón, ni castellano, ni gallego, ni —tampoco— japonés o hindú, pongamos...

O mejor dicho: todo ello, y mucho más, al mismo tiempo. Tanto —tantas tierras— que no le cabrá mi geografía ni con la ayuda de un ariete en ese dedalillo que tiene usted por cabeza.

Mi patria son mis zapatos, y cuando uno está bien en sus zapatos, se siente a gusto en todas partes.

Eso es lo mío: soriano en Soria, castellano en Castilla, español en España, europeo en Europa, oriental en Oriente, hindú en la India y japonés en Kioto.

Por ejemplo.

Usted, en cambio, que tan español se cree, no es, en realidad, de ninguna parte, porque confunde la tierra con la patria, la identidad con el Registro Civil y la raíz del árbol con la bandera.

Ande, quítese de mi vista, váyase el cuartel, regrese al aprisco, ulule, muja, incorpórese al rebaño.

¿Está seguro de haber nacido?

No es usted nadie.

Yo, en cambio, ya ve qué cosas, soy precisamente lo que usted no es: soy *nadie*.

Se lo explicaré, amigo, aunque ya lo haya explicado. Vivimos tiempos en los que hay que repetirlo todo.

Cuando Ulises, que es mi modelo vital, llegó en el ir y venir de su odisea a la isla de Nísida (hoy la llamamos así), en el golfo de Nápoles, y se topó con Polifemo, el cíclope, éste —gigantón con un solo ojo en la frente, acaso el de Lobsang Rampa— preguntó al héroe de Troya, después de capturarlo y encerrarlo, que cuál era su nombre, y Ulises dijo: «Yo soy Nemo», esto es, *Nadie*.

Era ya para entonces aquel cautivo, asendereado en las rutas de la vida y por ellas curtido e instruido, lo que se dice un sabio, un hombre —sólo *hombre*, ser humano, yo profundo— sin etiquetas, sin adjetivos, *hic et nunc,* allí y entonces, sin pasado, sin futuro, sin patria, sin ego, porque el ego es el detritus, la máscara y la cáscara, la armadura, el blindaje de adjetivos y etiquetas que los demás —familia, iglesias, filósofos, profesores, legisladores, burócratas, amigos, enemigos, correligionarios, adversarios y, en general, el prójimo— imponen, desde que nace y hasta que muere, a quien muere y nace.

Al hombre, al ser humano, al yo profundo.

A mí, a ti, lector, y a Ulises.

Kavafis se lo anunció a éste (y a ti, y a mí): «Rico en saber y en vida, / como has vuelto, / ya sabes lo que significan las Ítacas.»

Crecer —*saber*— es renunciar a las etiquetas. Ser *nadie,* no tener sexo, ni nombre, ni aspecto, ni creencias, ni ideologías, ni religión, ni filiación, ni biografía, ni porvenir, ni *patria.*

Para poder serlo todo hay que llegar a ser nada.

El *tao.*

Ulises.

Yo.

Tú.

El *yo* (o el tú) es lo contrario del *ego.* Cuando éste se disuelve, emerge aquél.

Por eso, y sólo por eso, porque la vida me ha llevado a prescindir de todas las etiquetas, es por lo que hace ya mucho tiempo, sin proclamarlo, sin decírselo a nadie, me convertí en apátrida.

Fue, simplemente, un proceso de maduración, en mi caso y por mi trayectoria, inevitable y, desde luego, razonable. Razonable y razonado: el filósofo —el hombre que ama, busca y, a veces, encuentra la sabiduría— no puede tener patria.

Si renuncias a ella o si ella, por lo que sea, desaparece de tu horizonte, ¿dejarás de tener clara conciencia de tu yo, de tu *ser*, de tu identidad?

Sé honrado. Sólo cabe una respuesta.

Suelo decir —y ya, de hecho, lo he dicho en estas páginas— que carezco de patria, pero que tengo tierra, *genius loci*, raíces, hogar, campamento, familia, amigos, idioma, querencias, afinidades, devociones, usos y costumbres...

Y, sobre todo, ya lo dije, zapatos.

O planta de los pies. Es lo mismo.

¿Para qué sirven las plantas de los pies, o los zapatos, si no se apoyan en la tierra?

Y mi tierra, que conste, es ésta: la que ahora piso, la que veo —lejana y cercana— a través de los cristales del desván en el que escribo, la de mi pueblo, la de las Tierras Altas de Soria, la de Castilla, la de Madrid, Alicante y Huelva (los tres principales focos geográficos de mi psicogenealogía) y la del resto de España, aunque preferiría decir Iberia, porque Iberia es tierra y España es patria.

¿Patria? ¿Qué es eso? ¿Qué se entiende por patria?

Catecismo elemental: patria es un pedazo de tierra en el que alguien clava una bandera, y yo no la tengo o tengo sólo, si acaso, la del pirata. Los Dragó vienen de Córcega. «Que es mi barco mi tesoro...»

¿Bandera rojigualda? ¿Bandera tricolor? Quita, quita. Nada quiero saber de tales putas, de esos *pendones*. A mi padre y a otros muchos, muchísimos, españoles de corazón helado les dieron persecución, cárcel, sufrimiento y muerte en nombre de la una o de la otra. Y, a veces, de las dos.

En cuanto a la señera, la ikurriña, la de Europa... ¿Qué pito toco yo en eso y qué pintarían esas banderas en lo alto de mi mástil?

Decían, ya que de mástil hablamos, en el Egipto de los faraones que la patria está en los testículos. De ser así, nada me impide sumarme al aullido ritual: ¡arriba España!

Y con ese viento largo velas, «que es mi Dios la libertad, / mi ley la fuerza y el viento, / mi única patria la mar».

Quede, pues, meridianamente claro, para evitar malentendidos enojosos, que mi voluntad de ser (o de sentirme) apátrida es cosa que viene de largo y que fraguó en mí mucho antes de que tomara la decisión de escribir *Muertes paralelas* y pusiese manos a esa obra. Me expatrié, ya lo he dicho, a consecuencia y al hilo de un zigzagueante y lento itinerario filosófico que a ningún patriota español y españolista debería irritar, porque no parte de España, topónimo concreto de concreta latitud y longitud, ni la implica, ni se opone, en puridad, a ella, sino que guarda sólo unívoca relación con un concepto genérico y abstracto: el de *patria*, española o no que la misma sea.

Apátrida, quiero decir, habría sido el hombre —Dragó— que por tal, ahora, se despacha, aunque hubiese nacido en otros pagos.

¿Contentos? Pues no lo estén tanto, porque ahora llega lo peor, lo más difícil de digerir, lo más grave, lo más duro, lo más sacrílego, y eso sí que no van a perdonármelo. Lo siento, lo admito y lo aviso: se trata de un derechazo (o, quizás, izquierdazo) a la mandíbula. Aquí lo tienen.

Un día, en efecto, tomé la decisión, largamente postergada, largamente meditada, de ponerme a escribir *Muertes paralelas*, y así lo hice, y antes de hacerlo, de sentarme a la mesa, de empuñar la pluma, tuve que investigar, y así, también, lo hice, rastreando huellas, registrando cajones, repasando cartas, removiendo papeles, visitando archivos, bibliotecas y hemerotecas, levantando mapas, interrogando a deudos y testigos, formulando preguntas sin respuesta, abriendo tumbas, exhumando cadáveres, deduciendo, imaginando, haciendo cábalas, perdiéndome, desesperándome, yendo y viniendo sobre la piel de España —de España en guerra— y...

Está escrito. El proceso de investigación y redacción de *Muertes paralelas*, larguísimo, lentísimo y durísimo, me volvió del revés, me trastornó, me transformó. Seguí siendo —sintiéndome— apátrida, pero no sólo. Di un paso al frente, fui más lejos, maticé, afilé y exageré esa postura. Confesémoslo ya: tomé partido y me convertí en antiespañol.

O mejor dicho: en *contraespañol*.

Lo que ahora soy, lo que ahora me siento. Por eso escribo *a contraespaña*. Más claro...

Fulmíneseme. Ahora, sí. Ahora ya pueden (y acaso deban) lapidarme o crucificarme quienes así lo deseen.

Reo soy de blasfemia y, además, sin contrición alguna. Lamento, efectivamente, haber nacido español.

Mis disculpas. No escribo esta obra a contrapatria, eso quedó atrás, sino *a contraespaña*. Así la llamo.

Sería yo un miserable, y no me tengo por tal, si después de ver lo que he visto y de escribir lo que en *Muertes paralelas* he escrito actuase de otra forma.

Créame el lector: carezco de alternativa.

Sincronías. No falla: surgen siempre que me pongo a escribir un nuevo libro y van tejiendo, a lo largo de su redacción, una tupida tela de araña en torno a lo que digo. Son mojones. Me llevan de oca en oca. ¿Azar, sentido de la vida, numen, mano que desde el más allá mece la cuna?

Cae la tarde. Doy la jornada por concluida. Descorcho

una botella de buen vino del Bierzo, me arrellano en un diván y acometo la lectura de una obra extraordinaria, a decir poco, escrita por Manuel Chaves Nogales: *A sangre y fuego.*[5]

Son —las que en ella se cuentan— historias reales sucedidas en España al hilo de la guerra civil. Narrativa, pues, de no ficción, como también lo es (salvando las distancias, si las hubiese. No soy quién para establecerlas ni medirlas) *Muertes paralelas.*

Entresaco a continuación algunos párrafos del prólogo que en su día, uno de los transcurridos entre enero y mayo del 37, escribiera en un lugar de Francia Chaves Nogales...

Nota previa, de mi puño: todo lo suscribo y casi todo vale para mí.

Preste el lector atención:

Yo era eso que los sociólogos llaman un *pequeñoburgués liberal,* ciudadano de una república democrática y parlamentaria. [...] Ganaba mi pan y mi libertad con una relativa holgura confeccionando periódicos y escribiendo artículos, reportajes, biografías, cuentos y novelas, con los que me hacía la ilusión de avivar el espíritu de mis compatriotas y suscitar en ellos el interés por los grandes temas de nuestro tiempo. Cuando iba a Moscú y al regreso contaba que los obreros rusos viven mal y soportan una dictadura que se hacen la ilusión de ejercer, mi patrón me felicitaba y me daba cariñosas palmaditas en la espalda. Cuando al regreso de Roma aseguraba que el fascismo no ha aumentado en un gramo la ración de pan del italiano, ni ha sabido acrecentar el acervo de sus valores morales, mi patrón no se mostraba tan satisfecho de mí ni creía que yo fuese realmente un buen periodista; pero, a fin de cuentas, yo iba sacando adelante mi verdad de intelectual liberal, ciudadano de una república democrática y parlamentaria. [...]

5.   Hay reedición reciente: Espasa Calpe, Madrid, 2006.

Pero la estupidez y la crueldad se enseñoreaban de España. ¿Por dónde empezó el contagio? Los caldos de cultivo de esta nueva peste, germinada en ese gran pudridero de Asia, nos lo sirvieron los laboratorios de Moscú, Roma y Berlín con las etiquetas de comunismo, fascismo o nacionalsocialismo, y el desapercibido hombre celtíbero los absorbió ávidamente. Después de tres siglos de barbecho, la tierra feraz de España hizo pavorosamente prolífica la semilla de la estupidez y la crueldad ancestrales. Es vano el intento de señalar los focos de contagio de la vieja fiebre cainita en este o aquel sector social, en esta o aquella zona de la vida española. Ni blancos ni rojos tienen nada que reprocharse. Idiotas y asesinos se han producido y actuado con idéntica profusión e intensidad en los dos bandos que se partieron España. [...] Cuando estalló la guerra civil, me quedé en mi puesto cumpliendo con mi deber profesional. [...] Vi entonces convertirse en comunistas fervorosos a muchos reaccionarios y en anarquistas terribles a muchos burgueses acomodados. [...] Me fui cuando tuve la íntima convicción de que todo estaba perdido y ya no había nada que salvar, cuando el terror no me dejaba vivir y la sangre me ahogaba. ¡Cuidado! En mi deserción pesaba tanto la sangre derramada por las cuadrillas de asesinos que ejercían el terror rojo en Madrid como la que vertían los aviones de Franco, asesinando mujeres y niños inocentes. [...] Los *espíritus fuertes* dirán seguramente que esta repugnancia por la humana carnicería es un sentimentalismo anacrónico. Es posible. Pero, sin grandes aspavientos, sin dar a la vida humana más valor del que puede y debe tener en nuestro tiempo, ni a la acción de matar más trascendencia de la que la moral al uso pueda darle, yo he querido permitirme el lujo de no tener ninguna solidaridad con los asesinos. Para un español quizá sea éste un lujo excesivo. Se paga caro, desde luego. El precio, hoy por hoy, es la patria. Pero, la verdad, entre ser una especie de abisinio desteñido, que es a lo que le condena a uno el general Franco, o un kirguís de Occidente, como quisieran los agentes del bolchevismo, es preferible meterse las manos en los bolsillos y echar a andar por el mundo, por la parte habitable de mundo que nos queda, aun a sabiendas de que en esta época de estrechos y egoístas nacionalismos el exiliado, el sin patria es en todas partes un huésped indeseable que tiene que hacerse perdonar a fuerza de humildad y servidumbre su existencia. De cualquier modo, *soporto mejor la servidumbre en tierra ajena que en mi propia casa.*[6]

Y por último (aunque no en la última línea del prólogo citado): «Me expatrié cuando me convencí de que nada que no fuese ayudar a la guerra misma podía hacerse ya en España.» Recalcado quede. Me lo apropio, me lo aplico. Es, también, mi caso. Abrigo la razonada y apasionada convicción de que España, efectivamente, no tiene arreglo. Es una enfermedad incurable.

Sombrerazo, amigo Chaves, y unas gotas de consanguinidad. Usted y yo transitamos por idéntico camino.

El que mi padre, por cierto, recorría cuando España, engallándose —banderas al viento, puños o brazos en alto, hoces, heces, flechas, yugos y martillos— frente a él, le cerró el paso.

¿De verdad no tenemos —no tiene España— posible arreglo?

¡Qué pregunta más tonta! Salga quien la formule —yo ya la he respondido. Cuestión saldada y cerrada— a la calle y eche un vistazo a lo que hoy, a día 27 de julio de 2006, sucede. El espíritu cainita de la guerra civil, qué digo, el espíritu, ¡la propia guerra!, tal cual, como fue entonces, deflagra de nuevo

---

6. Las cursivas son mías.

en los periódicos, en las emisoras de radio y televisión, en las Cortes nacionales y autonómicas, en los gabinetes de los partidos, en las soflamas de sus líderes.

Cierto es que son sólo los de un bando, los de la izquierda, quienes han incurrido en la insensatez criminal y han cometido la suprema estupidez —motivadas la una y la otra sólo por inconfesables e inconfesados designios electoralistas— de reabrir las trincheras de la guerra civil, que estaban venturosamente selladas por la cordura de la Transición, con la piqueta envenenada por el sectarismo de lo que llaman recuperación de la memoria histórica, pero no menos cierto es que los de la derecha han embestido con alegría de toro de casta en el ruedo a ese trapo. Españoles son los unos, españoles son los otros, similares son sus querencias y resabios, y sus calentones, y sus arreones, y pasa lo que pasa.

Cierto es, asimismo, que son sólo los políticos los que con un carnet en la boca o una ideología en el entrecejo les ríen las gracias y aplauden en sus mítines, y los cuatro gatos y raras aves a los que en mayor o menor medida interesa la cosa pública quienes atizan ese juego macabro —el de reactivar los mecanismos de la guerra civil— y participan en él mientras el grueso de la ciudadanía se ocupa de sus asuntos, mira la tele y navega al pairo, pero con esa bipolaridad —la de los interesados y los indiferentes— también se repite la historia, pues fueron los políticos, por una parte, quienes con la anuencia y complicidad de su claque aventaron en el 36 las semillas de Caín sembradas por la República y encendieron la mecha de la guerra, y las llamadas mayorías silenciosas —estúpidas y apáticas— quienes, por otra, encogiéndose de hombros y mirando distraídas al tendido, permitieron que el toro saltase a la arena y corneara, a diestro y a siniestro, por detrás y por delante, de frente y de costadillo, a todo quisque. En España, por lo demás, nunca ha escrito la historia el pueblo, ni siquiera cuando lo había, aunque sí la *intrahistoria* unamuniana (y nunca unánime), sino que una y otra vez lo han hecho las clases dirigentes y pudientes, respaldadas por su clientela. ¡Imaginémonos ahora, cuando todo, como dije, es plebe, populacho, zupia, cómitres marbellíes y galeotes aturdidos que degradan la nación y la convierten en concurrido y picaruelo baile de criadas y chuletas o en indigesto estofado de estafadores y estafados!

Y cierto es también, lo admito, que la nueva guerra civil, la que ya ha estallado sin que la España carente de pulso se entere, es y seguirá siendo, por fortuna, incruenta, pues no hay, a primera vista, un ejército levantisco capitaneado por espadones farrucos de brazos en jarras proclives a encampanarse, ni los partidos políticos disponen de guardias pretorianas compuestas por pistoleros y matones, ni se echan los sindicatos a la calle por cosas que no afecten a las pagas y prebendas de sus miembros, ni se movilizarían las gentes del común por asuntos ajenos al runrún de los motores de sus coches y el euríbor de sus hipotecas, ni la pacata Europa, en definitiva, por graves que sean su presbicia, su torpeza, su abulia y su egoísmo, nos permitiría volver a las andadas.

Sí, sí, verdad es eso, pero también lo es, como afirmé más arriba, que el espíritu de la guerra —pesadilla recurrente, pescadilla rabiosa— está otra vez servido, pues las líneas de fuerza que nos condujeron a tan hórrida y recíproca masacre culebrean ahora como buscapiés, igual que entonces, por el callejero y los campos de todas las Españas, sin excluir ninguna, aunque con especial ahínco en Madrid, Vasconia y Cataluña.

Pienso, verbigracia, en lo relativo a la eterna disputa del amor libre, reencarnado ahora éste en la ley que permite el matrimonio de los homosexuales y la adopción de hijos por parte de las parejas así formadas; en la no menos eterna querella de lo confesional y lo laico, de la escuela pública y privada, y de la conveniencia o no de incluir la religión como asignatura obligatoria o voluntaria en los planes de docencia e indecencia, y pienso, sobre todo, porque ésa fue la madre del cordero inmolado, en los nacionalismos, en los separatismos, en los independentismos... Esto es: en la funesta y maldita afición de los españoles a andar siempre peleándose con su sombra, con las dudas sobre su identidad, con su gratuita y pueril sensación de orfandad y con los demonios familiares —¡y tanto!— que en semejante danza de la muerte participan.

¿*Afición*, dije? No, no, mucho más: locura generalizada, *amok* malayo, vocación suicida y voto de fratricidio a perpetuidad formulado por idiotas incapaces de entender lo que cualquier *Homo sapiens* nacido extramuros de Iberia entiende y de aceptar, a palo seco, la condición humana. Radica ésta, por lo que a la identidad geográfica e histórica se refiere, en sentirse foco generador y simultáneo habitante de una pacífica serie de círculos concéntricos. ¿O es que no cabe ser, al mismo tiempo, como yo lo soy y como tantos otros —cada quien en su cadena de gentilicios— podrían y deberían serlo, soriano, castellano, español, europeo, terrícola, alienígena y criatura cósmica, además de hijo de Dios, si Éste existe, y de eón emanado del alma del mundo y partícula que en su órbita gira y con ella, tras la muerte, se funde?

Todo eso, lejos de anularse entre sí y menos aún de enfrentarse, no resta, sino suma, no divide, sino multiplica, no reduce ni destruye la percepción de la propia identidad, sino que la ensancha y fortalece. Son, tales anillos, tales eslabones, oleadas sucesivas, complementarias y sinérgicas en las que el *yo* —no lo que se entiende por *ego*— navega a sus anchas.

Sencillo de entender, ¿no? Sin duda. Y, de hecho, cualquier italiano, alemán, ruso, japonés, inglés, chino o aborigen —si existiera, pero no lo había— de la isla de Robinson lo entiende.

Pues bien: los españoles, cerriles ellos y proverbialmente duros de mollera, no. Tan elemental busilis se les antoja ecuación irresoluble. Excede a su magín, no está al alcance de su sesera. Somos, por ello, y por otras cosas que aquí no vienen a cuento, el hazmerreír de la humanidad: una caterva de monigotes y payasos, un circo de pulgas, un permanente motivo de asombro y de desdén, cuando no de susto, para quienes no han tenido la desdicha de nacer aquí. ¡Claro que África empieza en los Pirineos, aunque Europa, con la vaina de la inmigración, no nos ande ya a la zaga! Acertó y se equivocó por exceso de patriotismo y defecto de perspectiva, José Antonio: somos los españoles, sí, una unidad de destino, pero no en lo universal ni, figurémonos, en lo celestial, sino en lo infernal.

Lasciate, pues, *ogni speranza*, compatriotas que me leéis. De aquí nadie se va de rositas, todos estáis atrapados, ningún español que por tal se tenga sale indemne.

¿Y los que, como yo, se han dado de baja?

No lo sé aún, porque mi decisión de vivir *a contraespaña* es reciente y los bronquios de quienes dejan de fumar tardan cinco años en regenerarse. ¿Viviré para contarlo?

Por lo demás, me parece que ya he dicho —y si no lo he hecho, lo hago ahora— que mi estatuto de apátrida es, por el momento, meramente volitivo y, en cuanto tal, platónico, teórico, honoris causa, pues carezco de papeles y pergaminos firmados por la autoridad competente que lo conviertan en letra firme. Peor aún: por lo que se me alcanza, y por lo que antes de alcanzárseme —y habida cuenta del fascismo burocrático con el que la Administración de los gobiernos posfranquistas y supuestamente democráticos trata a quienes nacieron o residen en este país— ya me maliciaba yo, es imposible conseguir hoy por hoy en España la condición oficial de apátrida. ¡Quién, ay, pudiera serlo! Una vez, hace ya de eso mucho, cuando ingresamos en lo que sólo era entonces Mercado Común y no, todavía, Unión Europea, solicité formalmente al ministro de Justicia esa canonjía, pero me dieron la callada por respuesta, como es habitual en esta monipódica nación de funcionarios con conchas, displicencia y reflejos de tortugas antediluvianas. ¡Tanto cacareo y pavoneo a cuento de los derechos humanos, y mira!

Voy, eso sí, aunque sólo sea por numantinismo y por lo del famoso pataleo, a probar suerte otra vez y con las mismas, acaso cuando este libro se publique y encocore a media España (suponiendo que alguien lo lea y no se encoja de hombros), pero lo haré sin esperanza alguna. ¿Por qué se empeñan en decir los politicuelos de todas las facciones, con sus boquitas de meretriz y fresa, que vivimos en un *régimen de libertades*? ¿Dónde están? Quiero verlas, quiero que se me apliquen y quiero, para empezar, que borren mis datos del Registro Civil y, enviándome al limbo, me despojen de todas las monsergas y bobadas a que la inscripción en él me da derecho. Soy propietario exclusivo de mi nombre y lo manejo a mi antojo. Carta Magna, identidad y carnet de ésta ilustrado por huellas digitales, son cosas, a mi juicio, y al de la Casa Blanca, incompatibles. En Estados Unidos, de hecho, y por derecho, nadie lo tiene. El carnet, digo. Es la policía la que, llegado el caso, tiene que demostrar que yo soy yo, y no al revés. Pido para mi identidad, que es sacrosanta intimidad, la presunción de inocencia. Desempadronado e indocumentado, a partir de este instante, quedo. Es declaración pública y jurada. ¿Me empapelarán por ello? Dios guarde a V. E., Excelentísimo Señor Ministro de Justicia, muy pocos años. Cuanto menos dure en el cargo, sea V. E. quien sea, mejor.

Recurro ahora, porque casa al dedo con lo que acabo de escribir, a una cita de *La Dragontea. Diario de un guerrero*, obra de quien suscribe,[7] que se remonta al mes de mayo de 1990 y dice así:

El censo y yo

Hace cosa de cinco o seis años, si no recuerdo mal, tuve mi primer encontronazo con el censo.

Vino un señor a casa provisto de un formulario que parecía la transcripción rigurosa de un interrogatorio de la Brigada Políticosocial, le dije que la voz de la conciencia me prohibía facilitar esos datos, insistió, le expliqué que era (y soy) anarquista[8], volvió a insistir, le aclaré que el Estado me parecía (y me parece) el enemigo natural —y artificial— del hombre, insistió por segunda vez, le comenté que prefería ir a la cárcel antes que humillar la cerviz ante los esbirros del Gran Hermano y por fin, desmoralizado ante la firmeza numantina y adamantina de mi postura, bajó la guardia, lloriqueó y se dio a la fuga mientras barbotaba: «Bueno, bueno. No me meta usted en líos que sólo me faltan ocho meses para la jubilación. Pondré que la casa está vacía.»

Huelga añadir que la solución me pareció perfecta: lo que se dice una audaz y hermosa metáfora surrealista... Mi mujer, mis tres hijos, mi loro, mis dos gatos, mi oso perezoso y mi mirlo indio acabábamos de pasar bruscamente del mundo de la existencia al de la esencia. Aristóteles no lo hubiese hecho mejor.

Y ahí quedó la cosa.

7.   Planeta, Barcelona, 1992, pp. 446 a 448.
8.   Ya no. Me borré de eso a medida que iba hundiéndome y ahogándome, al escribir *Muertes paralelas*, en los horrores de la guerra civil y descubriendo que los anarquistas habían intervenido con especial regodeo y entusiasmo en ellos.

¿Apátrida? Ya, ya...

Estuve hace un par de meses en Barcelona para presentar allí mi libro *Muertes paralelas* y fui entrevistado, entre otros, por el excelente periodista y buen amigo Víctor Amela para el programa de televisión que en esa ciudad dirige. Me puse para ello una camiseta, expresamente encargada por mí en un obrador madrileño, en cuya pechera campeaba, bien visible, una frase de latiguillo: «Soy apátrida.»

Ya se ha hablado aquí de ello, aunque muy de pasada.

Lo hice, naturalmente, para incordiar, para llamar la atención —precisamente en la Cataluña del *Estatut* y los *Països Catalans*— sobre mi postura, relacionada con el contenido de la novela que me había llevado hasta allí, y para suscitar un debate, una controversia, por mínima y amistosa, o no, que fuese, en torno a mi voluntaria condición de expatriado.

Llegué tan pimpante al estudio, sacando pecho, pisando fuerte, sonriendo, seguro de mí, convencido de que la iba a armar, y...

Cunde ahora en los estudios de televisión la bobalicona costumbre de que las cámaras recojan la llegada del invitado al edificio y lo sigan, con audaz *travelling* digno de más altas apuestas cinematográficas, a lo largo de los corredores que desembocan en la sala de espera, en la del maquillaje o en la del plató donde se grabará la entrevista en cuestión, el consabido debate con formato de guirigay o lo que quiera que sea.

Así fue también en mi caso. Llegué, como decía, al teatro de los acontecimientos con mi rechulísima camiseta, más gallito que Cantinflas haciendo de Siete Machos, tan torero de cartel como lo fuese en la calle Paquiro al dar las cinco en la plaza y salirse del café, y prometiéndomelas muy felices y muy bravas; salió a recibirme calurosamente un simpático joven de veintipocos años y aspecto agradable, deduje que era el encargado de inmortalizar la escena con el pesadísimo instrumento óptico provisto de lentes y visor que llevaba al hombro, acerté, comenzó el *travelling*, inicié el paseíllo con andares garbosos, mirada profunda y seductora sonrisa, fue reculando el chaval sin que el ojo del objetivo me perdiese de vista, pensé que era yo Cary Grant o James Stewart en una película de Hitchcock, saqué aún más pecho, intensifiqué la mirada, acentué la sonrisa, puse cara de primer plano, terminó la toma, dejó la cámara en el suelo quien con tanta desenvoltura la manejaba, se vino hacia mí y con espontánea inocencia que al más correoso de los hombres habría desarmado me soltó a quemarropa:

—Oye, y eso que llevas escrito en el pecho, ¿qué significa?

No podía creerlo. Me vine abajo. Balbuceé:

—¿Lo de *apátrida*, dices?

—Sí, eso. ¡Qué palabra tan rara! ¡Cómo se ve que eres escritor! Nunca la había oído.

Ni leído, claro. La triple ley de Lem, que tanto me gusta citar, se cumple a machamartillo en España (Cataluña incluida). A saber: 1) nadie lee; 2) los pocos que leen no entienden nada; y 3) a los pocos que entienden algo se les olvida inmediatamente.

De acuerdo, amigo Lem: el mundo entero, y no sólo España, es —ya— así o lo será enseguida, pero eso, lejos de consolarme, acentúa mi aflicción.

Y, además, nosotros, los españoles, sea como fuere, vamos en cabeza. O, mejor dicho, *vais* en cabeza.

Agaché la mía, quité importancia a la cosa, no quise hacer sangre y seguí mi camino. Si un muchacho catalán de nuestros días, hijo (o víctima) del Estado de bienestar, y se supone —por ello— que instruido y titular de un puesto de trabajo de relativa responsabilidad en una solvente empresa de información, desconoce el significado de la palabra *apátrida*,

¿para qué rayos sirve que yo me despache por tal o escriba libros como éste?

Apague usted, Nebrija, y vámonos a Castilfrío.

Hablar es pensar, pensar es hablar. El mono se irguió cuando empezó a hacerlo. Ahora, cuadrúpedo de nuevo, deja de ser *sapiens,* y bípedo, y se pone otra vez a cuatro patas. El pueblo no tiene más patrimonio que el idioma. Sin éste, gústeme o no el término, no hay patria posible ni para mí ni para nadie. El español es hoy una lengua muerta, la han matado, entre otros reos de parricidio, la televisión, la jerga de los políticos y los planes de enseñanza. Pero la gente no ha rechistado ni rechista, no reacciona, no denuncia el crimen, no se resiste a él. Culpables todos: los de arriba y los de abajo.

Culpables también, aunque con excepciones que honran a sus protagonistas, los escritores, mis colegas. Son legión, en ese gremio, y en el del periodismo, quienes conculcan, por desdén, por distracción, por ignorancia o por apresuramiento, las más elementales normas de la gramática, el diccionario y el buen gusto. Eso, sin embargo, no les impide entrar en la Academia. Hay —patético, palmario, bochornoso— un ejemplo muy reciente.[9]

Confunden tales artistas del solecismo y virtuosos de la chapuza, verbigracia, el pronombre personal con el posesivo, que ya es confundir. Dicen —¡y escriben!— cosas como éstas: «Cerró la puerta detrás suyo, volaban encima nuestro, lo dijo delante mío...»

Más bajo no se puede caer. Valga, por su enormidad, este único ejemplo. Sería extemporáneo, prolijo, pelotudo y tedioso citar aquí otras corruptelas literarias.

Pueblo sin lengua: plebe sin pueblo.

9.   Escribo esto a día 30 de julio de 2006. Ponga quien me lee, en función de esa fecha, el nombre del pecador. Yo no voy a hacerlo.

Víctor Amela, que conste, porque es de justicia, sí sabe hablar. Y escribir. Y conversar. Salí contento de la entrevista, me despedí del chico de la cámara, volví al hotel, me serví un copazo y pateé la camiseta.

Ya lo he dicho: no es éste el lugar adecuado ni el libro idóneo para dar rienda suelta, citando lances, ejemplos y nombres, a la indignación que me subleva el alma cada vez que escucho o leo las barbaridades lingüísticas que mis coetáneos perpetran. Es un tormento chino: el de la gota de agua. Me lo infligen a diario. Basta con abrir un periódico, con encender la tele, con poner la radio, con tomar el autobús, con ir a la taberna o a la peluquería... ¿Por qué —para qué— tendría que seguir viviendo un escritor, como yo lo soy, en un país que ya no siente como suyo, y en el que ni siquiera recibe el consuelo de poder abrevar y mojar la pluma en el agua limpia y viva, transparente y fresca, del hontanar de su idioma?

Volví a España en su día, tras siete años de exilio, para bañarme en él, y vaya si lo hice: el resultado de ese chapuzón fue *Gárgoris y Habidis*. Mis paisanos aún manejaban entonces con soltura la hermosa, jugosa lengua que en su niñez habían aprendido. Y yo la aprendí de nuevo. Fue emocionante. Fue una curación, un proceso de regeneración. Fue una fiesta. Pero aquel lujo se ha transformado, hoy, en luto. Los españoles ya no saben hablar en español: lo hacen en jerigonza, en algarabía, en cheli, en espanglish, en pichinglis... Han vuelto a acomodar sus callosas posaderas en las horquillas de los árboles de los bosques que ya no existen y desde ellas, y entre ellos, gruñen. Es la llamada de la selva: monitos de cabriola, pajarracos de graznido, loros de repetición.

Salgo a la calle y desaprendo el idioma en el que escribo. Los bárbaros me rodean. Es una epidemia, una enfermedad contagiosa, un proceso de degeneración. No hay vacuna ni terapia. Mejor largarse de aquí.

Cedo ahora, en contra de lo dicho, a la tentación de contar una anécdota —reveladora, paradigmática— que parece un chiste de esos ante los cuales no sabemos si reír o llorar.

Sucedió hace cosa de dos años. Acababa yo de dar una conferencia en el paraninfo de una prestigiosa universidad cuya ubicación y nombre no hace al caso. Hubo coloquio, como es usual en ese tipo de saraos y pantomimas culturales, y alguien, en el toma y daca de preguntas y respuestas, me pidió que le aclarase el significado de una palabra —«extrañísima», dijo— que yo, inmisericorde y sordo al imperativo de nivelación democrática impuesto por la medianía de la audiencia, había utilizado en el curso de mi intervención.

Era un chico joven y, a juzgar por su apariencia, de clase acomodada y bien educado. Hasta tal punto, por cierto, esto último, que había conseguido ya, o tal aseguraba, la licenciatura en ciencias económicas.

Inquirí, cortés, por la palabra en cuestión y, al oírla de sus labios, me quedé de una pieza.

—*Eximio* —dijo.

—*¿Eximio?* —repetí y subrayé, con incredulidad.

—*Eximio* —insistió sin ponerse colorado.

Recordé entonces que, muy de pasada, pues lo daba por sabido, había citado yo la célebre frase —«eximio escritor y extravagante ciudadano»— con la que el dictador Primo de Rivera definió, certeramente, a Valle-Inclán. Era éste, sin duda, ambas cosas, y las dos me parecen timbres de honor.

No supe digerir la asombrosa ignorancia que ponía de manifiesto la pregunta de mi interlocutor y lo fulminé con un sarcasmo del que luego, por su crueldad, me arrepentí:

—Pues mire —le dije—. Significa eso que usted no es un *ex simio*, sino que sigue siéndolo, tal como lo fueron sus antepasados.

Luego me eché a reír, quité hierro, le gasté una broma, di la sesión por terminada y cambié la seda de la universidad por el percal de mi intimidad.

Pero, mientras me iba, solitario, hacia ésta, algo me roía dentro: ¿cómo era posible que un titulado superior desconociese la existencia de una palabra tan usual como la que había suscitado el incidente? Si no era aquel sujeto excepción entre los mozos de su quinta y habitantes de su país, sino norma, y todo me llevaba a creerlo así, ¿dónde estaban mis lectores y los de mis colegas? ¿Para quiénes escribíamos, fuera de nosotros mismos y de un puñado de excéntricos? ¿A qué surcos de tierras áridas arrojábamos nuestras semillas? ¿Tenía algún sentido, en medio de semejante páramo gramatical, seguir publicando libros? ¿Debíamos, tal vez, cercenar, desmochar, mutilar, reducir a escombros sin que nos temblara la piqueta y la podadera de la pluma, el acervo de nuestro vocabulario, las frondas de nuestra sintaxis y el ramaje de nuestra morfología? ¿Aconsejaban las circunstancias que nos pusiéramos todos a escribir *El código Da Vinci* y otras paparruchas similares? ¿Tocaban a retreta? ¿Había llegado el momento de cambiar de oficio o de pedir la jubilación para irme a bailar la conga o a jugar al tute con vejestorios cachondones y gagás en los cementerios de elefantes del Imserso?

Sigo preguntándomelo, aunque sospecho que nunca seré capaz de volarme de ese modo la cabeza. Sería como admitir que he vivido, desde la infancia, en vano. Y vana también sería, si lo hago, mi muerte. La literatura es un destino, y la lengua, su sagrario, su liturgia y, ahora, su extremaunción. Seguiré, pues, predicando en el desierto del idioma en que he escrito siempre y arrojando a los analfabetos que lo habitan mensajes de náufrago metidos en una botella. Quizá quede aún algún oasis en el desolado paisaje de sus dunas.

Dejad toda esperanza, dije antes, incluso la de que sea un poeta —porque en España los asesinan— quien nos acompañe, como Virgilio acompañó al toscano, en nuestra travesía del infierno, y lo decía a propósito y como remache de las consideraciones dedicadas a la reapertura de las trincheras de la guerra civil y a la reactivación de los mecanismos ideológicos y emocionales que nos llevaron a ella. Los muertos que al morir el Caudillo mataron, con sensatez y por consenso, los líderes de la Transición gozan otra vez de buena salud.

Expuse entonces, asimismo, mi convicción de que la sangre, ahora, no iba a correr y de que, por ello, sería, afortunadamente, incruenta, parlamentaria, periodística, dialéctica, verbal, y punto, la contienda fratricida que vuelve a incendiar España, pero lo cierto es que no estoy demasiado seguro de que vaya a ser así. Una vaga inquietud, un comecome indefinido, turba mi sosiego y oscurece mis ya de por sí oscuras noches. ¡Ojalá sea simple exceso de precaución o delirio de persecución sin más fundamento que el suministrado por los fantasmas del estudio de la historia, por mis demonios familiares y por la resaca que en mí ha dejado el duro trajín de la escritura de *Muertes paralelas*!

¿Lecciones y obsesiones de la historia, que en principio, y mientras no se demuestre lo contrario, tiende siempre a repetirse? ¿Chisporroteo endemoniado de dioses lares, manes y penates? ¿Reflujo y bajamar del estado de mi ánimo después del subidón de la marea de mi último libro?

Todo eso, sin duda, cuenta, pero no es sólo efluvio de vocablos convertidos en venablos, incontinencia sonora y pólvora de fogueo lo que la actualidad nos depara, sino, también, y a menudo, episodios de violencia ideológica que no se producían en España, fuera del estrecho ámbito de lo que llaman *kale borroka* y del radio de acción de los cachorrillos hidrófobos que en ella se agrupan, desde los años infames de la Segunda República, en general, y —en particular— de los meses, semanas, días y horas que precedieron y condujeron a la brutal explosión de la guerra civil.

Me resisto a mencionar casos concretos, pues sé que cuando este libro se publique ya nadie, excepto los agredidos, los recordará, pero aludo, es obvio, a los numerosos atentados fascistas de los que han sido objeto en Cataluña, en Vasconia e incluso en algún lugar de León de cuyo nombre más vale no acordarse destacadísimos dirigentes del Partido Popular. También las sedes de éste son, a menudo, objeto de las iras del populacho de izquierdas, que no vacila en recurrir a lapidaciones, insultos, garrotazos, coctelería molotov, rotura de cristales, quema de contenedores, dentelladas, escupitajos, siliconazos y otros vandalismos y lindezas de varia lección más propios de alimañas nazis que de hijos de Grecia, de Roma y de Tartesos.

Me apresuro a añadir, pues de sobra conozco el paño en que me muevo, que también hay populacho de derechas, pero sus modales son infinitamente más educados. Lo siento, así es, así me lo parece, así lo digo, duélase quien se duela y ande yo caliente.

Todo empezó con lo de la foto de las Azores, el *no a la guerra*, el *Prestige* y el *nunca máis*, llegó a su culmen con las algaradas cuasi golpistas posteriores al atentado de Atocha y con la *noche triste* que precedió a la jornada electoral del 14 de marzo, y sigue ahora a cuento de cuanto concierne (o concernía y, seguramente, concernirá) al Estatuto de Cataluña y a las negociaciones con los etarras.

Intercalo, por cierto, una advertencia: no seré yo quien aquí y ahora —si acaso en otro sitio— hurgue con mi pluma en los dos últimos avisperos citados, pues doy ya, por una parte, a la España de ese modo rota por perdida, y creo, por otra, que ambos asuntos incumben sólo a los españoles (y no, por lo tanto, a mí) y a quienes, por sentirse sólo catalanes o vascones —o lo que en uso de su albedrío les venga en gana— no se consideren tales, pero sí me siento obligado, como autor de estas páginas, a poner cada vela en su palmatoria, y a llamar, porque lo son, fascistas de nuevo cuño a cuantos en España, con patente de corso concedida por el actual Gobierno, que lo es de izquierdas y subido color rojo, defienden ahora sus ideas a palo limpio, las imponen (o lo intentan) por la tremenda, esgrimen improperios y no argumentos, y a todos quieren vencer sin a nadie convencer.

Y eso —yo soy sólo un hombre honrado que digo, sin que la corrección política me intimide, lo que veo— es la izquierda, maestra siempre en el arte cucañero de la agitación y la propaganda, y proclive desde el día de su nacimiento, allá por la Revolución francesa, a encasquetar su moño en la cresta del contrario atribuyéndole la viga del ojo propio, la que ahora, una vez más, aquí, lo hace o, por lo menos, tira la primera piedra, marca el ritmo y condiciona al oponente, por más que, desgañitándose, aseguren lo contrario quienes insultan, quienes crispan, quienes se mofan, quienes asestan golpes bajos y manejan cual machetes las calumnias y, sobre todo, quienes con su demagogia y su falta de escrúpulos demuestran a diario, dentro y fuera de las Cortes, que su único objetivo es el de mantenerse sine díe en la silla de montura del machito del poder.

Y, para ello, está dispuesto el socialismo, pues de él hablo, y lo están sus socios apandadores, a lo que sea... A lo que sea, digo, y lo remacho, sin respetar a nadie y sin reparar en nada.

Calzarán babuchas, convertirán los campanarios en mezquitas, permitirán que el Turco se tome la revancha de Lepanto sentándose en el trono de Bruselas, consentirán que la mugrienta horda de la antiglobalización queme coches, rompa escaparates, destroce jardines, ensucie fachadas, defeque en los museos, derribe farolas y levante *yurtas* hasta en la Puerta del Sol, besarán los pies e impondrán la laureada de San Fernando a todo aquel que en cayuco y sin papeles arribe a nuestras playas, los instalarán en los chalés de las urbanizaciones que hayan sido abandonadas por sus amedrentados inquilinos y por último, pues de eso, en definitiva, se trata, otorgarán a los inmigrantes la plena ciudadanía y, con ella, en nombre del buenismo, el ternurismo, el igualitarismo y el sacrosanto multiculturalismo que todo lo nivela, descabeza, equipara y justifica, el derecho al voto.

Así, amigos, cayó Roma. Así caerán España y Eurabia.

Pero no quería yo llegar tan lejos. Estábamos sólo en lo de la resurrección del espíritu de la guerra civil, y decía que ese navajeo —el del gamberrismo de izquierdas y el asalto a las sedes y personas del principal partido de la oposición— me recordaba lo que en los años de la República y en los días, semanas y meses anteriores al 18 de julio, sucedía, en España, por doquier.

Quizá no sea para tanto, quizá exagere... Verdad es que, hasta ahora, no ha ocurrido nada irreversible, nada que no pueda recomponerse, restañarse y olvidarse en poco tiempo, pero mejor sería, digo yo, no hacer juegos malabares con antorchas y cuchillos, porque los carga el diablo y en cualquier momento puede rasgar el aire la detonación de un disparo en la nuca de un sargento o en la sien de un dirigente, y ya está, a lo peor, armada. Ni pensarlo quiero.

Papeles invertidos. España es un país nominalista: no importa en él lo que las cosas o los seres sean, sino el nombre que se les da. ¡Excelente sistema —el *performativo*[10]—ése para convertir a las víctimas en verdugos y a los verdugos en víctimas! Los jóvenes del botellón o el asilvestrado mocerío de las asociaciones supuestamente antifascistas —allá se andan los unos y los otros: violencia sin causa alguna, gamberrismo en estado puro y porque sí, *homo homini lupus*, crímenes gratuitos— se echan a las calles, las devastan, las cubren de cascos rotos, se mean por las esquinas como si fuesen perros sarnosos, impiden el sueño o turban la quietud de los vecinos, agreden a los viandantes, saquean los negocios, conculcan con alevosía, nocturnidad (o no) e intimidación la libertad ajena, y encima, cuando las fuerzas del orden se deciden a intervenir, aun a sabiendas —pobrecitas mías— de lo que los progres y sus voceros políticos, informativos, sindicales e ideológicos dirán de ellas al día siguiente, se crecen, plantan cara a los desmoralizados policías con pañuelos que ocultan sus rostros y les garantizan la cobarde impunidad del anonimato, los apedrean, los encajonan, los acojonan y los llaman fascistas.

Y fascistas, en efecto, serán a partir de ese instante los agredidos, y no los agresores, a los ojos de los imbéciles inscritos en el club jacobino de la progresía. Es ésta una especialidad ibérica. Sólo existe entre nosotros y, en menor medida, por extensión, en Italia y Francia. Latinidad, mediterraneidad, mitterrandidad, zapaterismo, segolenismo: *mondo cane*.

Lo que se dice un conjuro, una imposición de manos, un bautismo de fuego, un sacramento. Atribuye al adversario lo

10. La enunciación crea la verdad. Basta con decir una cosa para que la cosa exista. ¡Curioso engranaje de creación ex nihilo! Es, de hecho, el truco al que recurren la Biblia, el Corán y todas las Sagradas Escrituras. El suceso existe a partir de las palabras que lo cuentan. *Yo os declaro marido y mujer...* ¡Y plaf! Matrimonio habemus. La izquierda, cristiana al cabo, aplica siempre ese sistema, con resultados espectaculares, en sus catequesis, centros de apostolado y campañas de *agitprop*.

que eres, calúmnialo, llámalo no por su nombre, sino por el tuyo, y lo habrás vencido.

Pasmoso, ¿no?

Pues no. Lo sería, sin duda, en otras partes, pero en España sucede todos los fines de semana, cada vez que se celebra una fiesta popular —sanfermineros que somos— y, a menudo, no sólo en fechas señaladas, sino en rutinarios días laborables.

Papeles invertidos, dije, barbarie consentida, cuando no aplaudida, y el mundo, por las malas, al revés.

Es así, y quien me lea, progresista o conservador, lo sabe. Esta vez no exagero. Basta, para comprobarlo, con poner la tele. Publicidad, por cierto, la que ésta gratuitamente otorga a las jaurías de los mencionados aprendices de huno y alevines de cafre, que les servirá, supongo, de estímulo para seguir dando pábulo a sus instintos criminales. También lo es, espoleta, banderilla, fusta y aguijón, creo, para los terroristas y los convictos de malos tratos. Sería cosa de averiguar hasta qué punto tiene esa sospecha fundamento y de tomar, de ser así, medidas. ¿Censura? ¡Bendita sea si sirve para poner coto a los delitos de quienes, españoles al cabo, son capaces de cualquier cosa con tal de salir en la tele!

O inclusive, si no hay otro remedio, y perdóneseme la salvajada jurídica que voy a decir en gracia a la cólera —circunstancia atenuante, según el Código Penal, aunque debiera ser al revés— que en estos momentos me ofusca, ley del talión: la del ojo por ojo y diente por diente. Obras son amores, dicen, y sería de justicia, y de sentido común, que también pudieran ser dolores para quienes tanto dolor causan. *Lex amica non est lex.*

Es, en definitiva, cuestión de límites: los que el sentido común, la compasión y la voluntad de perdonar imponen.

No me atribuyan crueldad. Carezco, créanme, de ella, por socrático, por budista y por taoísta, pero uno de mis dos apellidos —Dragó, que remite a *dragón*— me obliga a bufar de vez en cuando y soy, además, de signo Libra, esto es, Balanza, lo que me constriñe a practicar la virtud de la justicia.

Lamento, verbigracia, no haber sido capaz de darle nunca un bofetón o un azote a ninguno de mis hijos. Soy bonachón y todo me lo tomo a broma, las travesuras me hacen gracia y, ante ellas no puedo contener la risa, no sirvo ni siquiera para matar mosquitos, prefiero espantarlos y, si no se van ellos, me marcho yo, nací el mismo día en que —bastantes años atrás— lo hiciera el padrecito Gandhi, levanto los castigos a los diez minutos de imponerlos, sí, sí, todo eso es verdad y me alegro, cómo no, de que lo sea, presumo, con razón, de buen carácter, claro, pero permítanme que insista: lamento, como dije, no haber dado nunca un bofetón a ningún miembro de mi prole que por su conducta lo hubiera merecido, pues de sobra sé que son tales medidas, en contadas ocasiones, necesarias y redundan en beneficio de quien las padece.

Mi padre no me las pudo aplicar, porque murió antes de que yo naciera, y seguro, aunque no lo recuerde, que las eché de menos. Mi madre me pegó sólo dos veces, y en las dos hizo bien: en la una, porque le alcé la mano, muy niño aún, y en la otra, también a cortísima edad, porque le mentí. Remedio infalible e instantáneo. Nunca volví a hacer lo segundo. Lo primero, sí, aunque muy rara vez y siempre sin llegar a mayores, pues dónde está el niño, me pregunto, que no se zurra alguna vez la badana con otro en el colegio, en la calle, en un descampado, en el pasillo de su casa o allí donde le pille, pero nada más que eso —cosas de chavales— y sin mucha convicción, sólo por el qué dirán y por mantener el tipo.

¿Ley del talión, entonces, con miras a restablecer un poco, siquiera un poco, el antiguo principio de autoridad —hoy, en España, inexistente— sin el cual no cabe respeto al prójimo ni, por lo tanto, posibilidad alguna de ser y de sentirnos libres?

Digo al respecto lo mismo que un poco más arriba dije, violando otro tabú de la corrección política y la moralina progre, a cuento de la conveniencia de atajar los desmanes y el mal gusto de la telebasura y los excesos informativos en general, imponiendo límites jurídicos que, so pena de graves multas o incluso de mordaza y cárcel, no quepa rebasar.

Asusta, bien lo sé, lo del talión, que suena a ley coránica, pero no nos asustaríamos tanto si dijéramos, por ejemplo, ley japonesa.

De acuerdo. Vámonos allí, a la otra punta del mundo, y echemos un vistazo a lo que ocurre cuando alguien se suicida, y lo hacen muchos, tirándose a las vías del tren o a las del metro.

Tranquilos todos. No es, por mi parte, propuesta de autoeutanasia general ni solución final para resolver el problema de España, despejar el ruedo ibérico y librar al mundo de nuestra enojosa presencia, sino ejemplo gráfico que ayudará a entender mejor lo que quiero decir.

Los suicidios cuestan dinero público y privado: el que se invierte en llamar al juez, levantar el cadáver, hacerle la autopsia, instruir un atestado... Y, sobre todo, el que se deriva de las pérdidas originadas a la empresa titular de la línea ferroviaria o metropolitana por las horas —muchas, a veces— en las que el servicio se interrumpe.

Y esos costes, privados o públicos que sean, ¿quién los paga? ¿Caronte? ¿San Pedro? ¿La diosa Amaterasu? ¿El buen Pateta?

O mejor dicho: ¿quién, ateniéndose a la lógica, a la equidad y a los principios de justicia distributiva imperantes, se supone, en cualquier Estado de derecho, debería correr con los gastos?

La respuesta es de cajón: quien los provoca. Esto es: el suicida.

Pero, dirían en España, ¿cómo cobrárselos, habida cuenta de que, el pobre, ha muerto? «¡Bastante tiene!», aducirá el funcionario de turno. Y, a renglón seguido, redactará un informe, lo sellará, dejará que corra la bola y se irá a tomar unas cañas con los deudos del finado.

O lo que es lo mismo: será el contribuyente —usted y yo, amigo lector, y sus vecinos, y los míos, y también el funcionario, ¡estúpido de él!— quien pague lo que otro ha hecho. Se asienta esa partida —la que se refiere a los gastos judiciales, y si hay por medio una empresa privada, allá ella— en el erario, y a otra cosa.

El dichoso *buenismo*, fruto de la hipocresía, virus que convierte la democracia en tiranía —la que ejercen los llorones sobre las gentes de bien— y dolencia que hace estragos en España.

Tendré que ocuparme algo más de él, pero será luego. Baste por ahora con decir, o con recordar, que los ladrones son, entre nosotros, gente honrada.

En Japón, no. En Japón, que es de verdad, y no de boquilla, un Estado de derecho, no de derechos, serán los hijos o los padres del suicida, o sus herederos, cuando no existan los unos ni los otros, quienes voluntaria o coercitivamente se hagan cargo de la deuda generada por el fallecido.

Y no les valdrán para escaquearse, como les valdrían aquí, pamemas, disculpas, apelaciones, declaraciones de insolvencia ni trucos de picapleitos. Quien hace en Japón las leyes, no hace la trampa. Y si no tienen los deudores, de momento, liquidez, ya la tendrán, y a corto plazo, porque sus nóminas o sus propiedades, judicialmente intervenidas, responderán de cuanto deben.

Eso tiene nombre: se llama *responsabilidad*. ¿Les suena?

Será de lejos, porque en España está bien visto escaquearse, y quien no lo hace y apoquina es un idiota, a los ojos de la gente, o un bicho raro.

El que no llora, no mama: ésa es la consigna, así se entiende y se aplica entre nosotros la entelequia del Estado de bienestar. Y quien más llora, más mama, de donde se deduce que los nacidos en España son una partida de mamones.

Acertó usted: va con segundas.

Me gustaría vivir en Japón. Ya lo hice. Algún día, antes de morir, lo intentaré de nuevo.

¿Ley del talión? ¿Ley nipona?

Ley a secas, pero que se cumpla en su dura literalidad, porque *lex amica*, ya se recordó, *non est lex*. En España no se ejecutan —hay ejemplos recientes y flagrantes— ni siquiera las sentencias del Supremo.

¿A do fue el principio de autoridad, manriqueña nieve de antaño sin la que ningún conjunto de personas —familia, escuela, sociedad, nación— puede salir adelante?

Si hay en el mundo un pueblo que necesita en estos momentos una buena tanda de azotes, es el nuestro (perdón. El de ustedes), pero ningún poder ejecutivo, cualquiera que sea su color ideológico, parece dispuesto a dárselos. Se convertiría, si lo hiciera, en blanco de las chuflas y las iras populares y perdería, a renglón seguido, las elecciones.

Sin buen señor, cierto, no hay buen vasallo, pero sin éste tampoco es posible aquél.

Un círculo vicioso acogota, desde tiempo inmemorial, España: el del clientelismo, pesadilla eterna, eterno grillete. No hay quien lo oxide ni descerraje. *Tu mi dai una cosa a me, io ti do una cosa a te.* Lo escribo en italiano, porque de Roma viene ese invento. De Roma, sí, y de muy antiguo, por lo tanto, pero en ninguna otra parte arraigó ni dio más venenoso y agrio fruto que en Iberia. Los españoles son estómagos agradecidos y si no hay alpiste o promesa de que lo habrá, casi siempre falsa, pero eso da lo mismo, porque a la gente le gusta ser engañada, no votan. Nadie piensa en el bien común, que es, a la larga, también el propio. Por eso, entre otras razones, jamás ha granado aquí, del todo, la democracia, y tampoco ahora lo hace. Puro paripé, la que tenemos, y esgrima de egoísmos ciegos —no todos lo son— disfrazados de altruismo. Nunca habrá otra ni nunca, de hecho, la ha habido. ¿Democracia? Venga, venga... ¡Demagogia! Colócanos, Zapatero, a todos, pon en nuestro pesebre alfalfa, y el que no te vote, que arree, ayune y haga penitencia. A tal señor, tal deshonor; a tal pueblo, tales políticos; a tales políticos, tal pueblo.

Los unos están a la altura de los otros. ¡Menuda tropa!

Un inciso, que ninguna relación guarda con el eje de este relato. Es gollería. La incluyo por prurito de exactitud.

Mentí antes. Di un bofetón, sólo uno, a mi hija Ayanta el día en que la pillé balanceándose sobre la barandilla del balcón de un cuarto piso con el ombligo como único punto de apoyo. Tenía la criatura tres añitos.

Me acerqué sigilosamente, como un *sioux*, la atrapé por los tobillos, tiré de ella hacia atrás, le aticé un sopapo y me vine, redondo, al suelo.

Nunca, que yo sepa, ha practicado mi hija ese ejercicio acrobático por segunda vez.

También mentí —redundante— cuando dije que jamás había vuelto a mentir después de que mi madre me arreara el bofetón al que más arriba hice referencia. Lo aclaro...

He mentido a las mujeres, pero siempre en defensa propia, tal como ellas, por lo mismo, lo hacían, esto es, para ocultar infidelidades o mezquindades y evitar, en lo posible, males mayores.

¿Tengo excusa? Sí, como la tienen ellas. El mayor monstruo, los celos. Yo, hace ya mucho, dejé de sentirlos, pero tuve que seguir mintiendo, porque mis mujeres —novias, amantes o cónyuges que fueran— sí que los sentían. No había en eso reciprocidad alguna. Paciencia.

También mentía a los sabuesos de la policía del Caudillo cuando me interrogaban.

El que roba a un ladrón...

Termina el breve excurso y abro otro —más largo— al hilo de lo que, para muchos, y yo entre ellos, no tiene enmienda. Mi pecado capital es la lujuria.

Mala consejera, pero divertida.

¿Tienen algo que ver los asuntos de mi entrepierna, así como los de los fantasmas que la atizan, con lo que aquí, *a contraespaña*, se plantea o es digresión ociosa y, en cuanto tal, caprichosa?

No, no lo es. El excurso coincide esta vez con el discurso.

Y lo hace porque, siendo yo, desde la niñez, recalcitrante —y, ahora, confeso— libertino, y hombre, ya dije, sumamente lujurioso, es el puritanismo y mojigatería de la que adolece, en España, la izquierda, por la que transité, con estúpido entusiasmo vital y comprensible desgana ideológica, en mis años mozos, una de las causas remotas de la aversión que actualmente me inspira España. Sin aquellos polvos no serían, quizá, los lodos que aquí describo tan densos y profundos como me lo parecen. Las heridas del sexo rara vez cicatrizan y dejan siempre, cuando lo hacen, marcas indelebles que estallan, como bombas de relojería, mucho tiempo después. De eso, en definitiva, trata la tragedia griega.

De sobra sé, porque lo he catado y padecido en otras partes, que el puritanismo de la izquierda, procedente de su raíz judeocristiana y, por ello, congénito, hace estragos por doquier, no sólo aquí, pero en todo, y también en eso, son mis ex compatriotas más papistas que la casta Susana. Y además, ¡qué diantre! Rojerío, lo que se dice rojerío, sólo lo hay ahora en España y, por extensión y herencia, en la América mal llamada Latina.

¿No dicen, por añadidura, y seguramente es verdad, que los españoles del día de hoy —posfranquistas que no se atrevieron a ser antifranquistas— son, *sociológicamente*, de izquierdas? Pues con su pan se lo coman, y ahí tienen, de paso, otro de los motivos por los que yo, pagano, nietzscheano, liberal, conservador, reaccionario, adversario de todo lo que suene o sepa a progresismo, monoteísmo y judeocristianismo, sivaíta, dionisíaco, valedor de la embriaguez sagrada y, ya dije, libertino, no me siento cómodo en un país donde sucede eso.

Llegado a este punto, es forzoso admitir que no escribo sólo *a contraespaña,* sino que también lo hago *a contraizquierda.* Sé a lo que, diciéndolo, me expongo, pero ¿qué pueden, a estas alturas, hacerme? Soy casi invulnerable. Tengo setenta años y la intención, ya expresada, de poner mucha tierra por medio entre los españoles y mi persona.

Nadie crea, sin embargo, que la derecha va a irse, en este libro, de rositas. Ya le llegará su turno, y no tanto por serlo cuanto por no atreverse, negándose a sí misma, a despacharse por tal. Eso es cobardía, mansedumbre y, a la larga, suicidio. El centro, en España, tiene los días contados.

Los episodios, y la atmósfera que los envolvía, a los que ahora voy a referirme, se remontan a los años cincuenta y sesenta, por lo que han perdido, afortunadamente, actualidad y son ya imposibles e impensables, mas no por ello resultan menos significativos y merecedores de análisis.

Hoy, en pleno zafarrancho de despiporre y fornicación generalizada, con Zerolo cantando a la diestra de Zapatero y las jineteras cubanas convertidas en principal cauce de financiación del parque temático castrista, cuesta creerlo, pero en aquellos años de nuestra educación sentimental, anteriores al advenimiento y parusía del mayo y Paráclito francés, se exigía a los miembros del Partido Comunista una conducta sexual que para sí habrían querido, todos juntos, santa María Egipciaca, Bernadette Soubirous, la Goretti, las pastorcillas de Fátima, la madre Teresa y monseñor Escrivá de Balaguer. Bastaba con acariciar la mano en el transcurso de un guateque, o en el cine, o en el Retiro, a cualquier camarada soltera y deseosa de dejar de serlo, para que el sacristán encargado de velar por el mantenimiento de las buenas costumbres en el seno y *nomenklatura* del Politburó te llamara al orden y al decoro, conminándote a contraer matrimonio lo antes posible con la candorosa muchacha, que a lo peor ya no cumpliría los cuarenta, a la que con tan malas artes y tan turbios propósitos habías asaltado y seducido. ¡Y excuso decir lo que sucedía en el caso de que la satiriasis hubiera conducido al camarada rijoso al extremo de pegar su mejilla a la mejilla de la zagala mientras, enardecidos los dos por el fermento y posterior efervescencia de la levadura de las hormonas, y exasperados por el peso y freno de la represión franquista, se marcaban un foxtrot o un pasodoble heroico de la guerra civil al amparo de la penumbra en el trastero de una chabola proletaria con olor a berza!

No es broma. Le pasó, tal cual, al escritor Antonio Ferres, valga el ejemplo, después de bailar un *agarrao* con la cuñada —Beatriz era su nombre— de no sé qué otro miembro del Partido con mayúscula y por antonomasia. Él no lo recordará, ni creo que se me enfade por contarlo, pues sucedió mediada la década de los cincuenta y la infracción, por ello, ya ha prescrito, pero yo sí que lo recuerdo, aunque no me viese implicado en el calentón ni afectado por sus consecuencias. Caprichosos y tortuosos son los senderos de la memoria.

Más de una vez, siguiendo con lo mismo, he contado —con el alborozo que cabe suponer— la bronca que me echó en la cafetería Montana, junto al cine Carlos III, mi amigo Enrique Múgica, miembros los dos por aquel entonces del dichoso Partido, aunque no en plano de igualdad, pues él me sobrepasaba en jerarquía, por haberme separado de mi primera mujer, Elvira, a la que un par de años antes me había unido en matrimonio —oficiado éste por un capellán de la Orden de la Merced que se llamaba, lo juro, Gumersindo Placer— en una celda de la penitenciaría donde, para variar, me encontraba. El bueno de Enrique, que siempre, judío al cabo, ha sido monógamo, me exhortó a recomponer incontinenti lo que se había roto, regresando con la cabeza gacha y el pito entre las piernas al domicilio conyugal, y lo hizo con el sorprendente argumento, que no requiere ulterior comentario, de que los comunistas «teníamos que dar ejemplo de responsabilidad burguesa». ¡Toma revolución! No invento nada. No añado una coma. Tampoco la quito.

Cambiemos el tercio, sin dar por terminada la lidia, y pasemos al capítulo de los vicios solitarios, que en aquellos años eran capitales. Glorioso fue, en lo relativo a la masturbación, lo que en el otoño del sesenta y tres, al hilo de mi tercer y penúltimo tránsito por la Prisión Provincial de Hombres de Carabanchel, me dijo un camarada, también encarcelado, al asegurarme, con expresión de gravedad y un aplomo que sólo la certidumbre absoluta confiere a quien la alcanza, que el buen revolucionario no debía hacerse pajas por ser el onanismo prueba y causa de disolución moral, anuncio de decadencia física y deplorable demostración de falta de disciplina.

Reconozcamos, eso sí, en descargo de quien así se expresaba —con vocablos y conceptos que parecían más propios de monseñor Tihamer Toth[11] que de un ateo progresista y reconocido héroe del antifranquismo— que mi interlocutor predicaba con el ejemplo, pues concluyó su perorata asegurándome que él no se había hecho ni una sola manuela desde su ingreso en la cárcel. ¡Y llevaba más de un año allí! Tan coherente, aleccionadora y gallarda actitud tenía, además, triple mérito: el que de ella misma, sin necesidad de otras pápulas ni aderezos, se derivaba; el que le confería la fatal circunstancia de ser aquel santo, como el conde de Montecristo, la Máscara de Hierro y Nelson Mandela, un preso crónico, pues se pasaba la vida, siempre por lo mismo, entre barrotes, lo que nos llevaba a algunos, yo entre ellos, a sospechar que la cosa era cuasi voluntaria y de su agrado; y, por último, el que le añadía morbosamente el hecho (que no fue de dominio público hasta mucho más tarde) de ser homosexual el censor, lo que sin duda constituía un tormento añadido a la cámara de los horrores de la castidad para quien, como era su caso, tenía que pasar las veinticuatro horas del día, durante semanas, meses, años y, a veces, lustros, rodeado de varones, muchos de ellos en edad de merecer, cuando no de lolitos y yogurcitos dispuestos, por dinero o por descoco, a cualquier cochinada del *Kamasutra* del uranismo.

Créanme: entrar en el Partido era, en lo tocante al sexo, como sentar plaza misionera de hermanita de la Caridad en un cráter de la Luna. ¡De Málaga salíamos los antifranquistas para caer en el Malagón de los clérigoleninistas!

Me perdí por los vericuetos de lo que no tiene enmien-

---

11.   El hombre que con sus anatemas y vaticinios amargó el despertar del sexo en los adolescentes de mi generación. ¡Llegaba a decir que derramar una chispa de semen era como sufrir una hemorragia de doce gotas de sangre! Ya hay que afinar.

da... Perdónemelo el Altísimo, perdónenmelo también quienes fueron mis camaradas —y, hoy, amigos— en tan intensos y hermosos años, perdónemelo incluso, si me está leyendo, el padrecito Lenin, al que en cierta ocasión, por cierto, encontrándome en Carabanchel, soñé que daba por culo (disculpen la rudeza de la expresión, pero así fue. ¿Qué significaría, oníricamente, eso?), y demos por terminada la digresión.

No me gusta hablar de política ni, menos aún, escribir sobre ella, pero hacerlo, tratándose de España, es cosa inevitable. Mal indicio. Sólo sucede eso en los países donde la gente es incapaz de plantar cara a los problemas reales (los de la propia vida, no los de la polis), descarga la responsabilidad de éstos sobre los hombros del prójimo y cree que son los políticos, y no ellos mismos, quienes deben resolverlos.

Naoko, mi mujer, dice que aquí, en España, cuando un grupo de amigos se reúne, sobre todo si son varones, la conversación se desliza inevitablemente hacia ese trillado y aridísimo territorio: el de la política.

Tiene razón. Nadie, en su país, lo hace, y aun añadiría yo que tampoco se habla de eso en la India ni en ninguna otra nación del sudeste asiático, que es la parte del mundo que más me gusta y en la que mejor me siento.

¿Derechas? ¿Izquierdas? Trifulcas propias del dualismo judeocristiano y musulmán, aunque de este último en menor medida, pues sus parámetros son medievales, y anteriores por ello a la Revolución francesa, y porque todos sus miembros, aún creyentes, cierran filas, en última instancia, alrededor de Alá.

He vivido muchos años en los países por donde nace el sol, y más que viviré, y juro, poniendo la mano sobre el ombligo de Buda, la verga de Siva, el tercer ojo de Laotsé y todas las posturas del *Kamasutra*, que nunca nadie —*nadie*, digo. Ni mujer ni hombre, ni joven ni viejo, ni tonto ni listo, ni rico ni pobre, ni albañil ni profesor de universidad— me ha hablado de la derecha o de la izquierda. Son, la una y la otra, palabras que no figuran en su vocabulario y conceptos inexistentes en su filosofía, en su imaginario y en su almario.

¡Felices ellos! Los judíos, los cristianos y los musulmanes, dualistas todos, siempre están en guerra —santa, por supuesto— con el vecino.

Bush y Ben Laden, Israel y Palestina, chiítas y suníes, turcos y kurdos, Sudán, Zapatero y Rajoy... ¡Qué cansancio! ¡Qué pérdida de tiempo! ¡Qué derroche de energía!

¿Cómo no reparar en la evidencia de que el delirio igualitarista falsamente atribuido al discurso de Jesús, que era dionisíaco, eleusino y meritocrático, es la matriz de la izquierda y de que, por ello, sólo en los países histórica y culturalmente vinculados al cristianismo existen izquierdistas?

Al cristianismo y, mayormente, dentro de él, al catolicismo, pues los protestantes jamás han hecho suya la tontería ésa —tan socialista y comunista— de que todos los pobres son buenos, por definición, y de que todos los ricos, sólo por serlo, son malos, de donde se deriva la asombrosa conclusión de que bastaría con redistribuir la riqueza, quitando a los unos lo que a los otros les falta, para que reinasen la justicia, la prosperidad y la felicidad en este valle que hoy, por culpa de quienes viven en la opulencia, lo es de lágrimas.

No voy a molestarme en rebatir tan simplista, maniquea y soberana idiotez, pues cualquiera puede hacerlo por sí mismo, sin necesidad de mi ayuda ni de la de nadie y sin más armas que las del sentido común, pero sí estoy obligado por el tema y enfoque de este libro a recalcar que el discurso de valores dominante en la España de hoy es ése —el del igualitarismo a ultranza, que todo lo nivela a ras de suelo y excluye la excelencia— y de que no hay, debido a ello, espacio disponible en mi país para quienes creen, como yo lo creo, que todo hombre es responsable de cuanto le sucede, así en la gracia como en la desgracia, y que la sociedad sólo puede y debe organizarse, para ser, de verdad, equitativa, en función del mérito individual, inexpropiable, inextinguible e intransferible de quienes viven en ella.

Corolario: yo —de los demás nada digo. Es asunto de ellos— me ahogo en España, me siento acosado, discriminado y perseguido, se me tolera, pero no se me respeta, me miden con el rasero de lo general y no de lo particular, me obligan a volar bajo, y tengo que disfrazarme y que ocultar mis ideas, y mis sentimientos, y mis inclinaciones, y mis emociones, y mis gustos, y mis simpatías y antipatías, renunciando al uso del albedrío, para poder vivir en relativa paz.

La exterior, claro, porque la interior depende sólo de mí y nadie puede dármela ni arrebatármela.

Tengo que intercalar aquí, porque viene al dedo y porque yo no sólo soy yo sino también mal que me pese, mi circunstancia, la *epístola moral* que, el 12 de agosto de 2005, me sentí obligado a escribir como respuesta a un alfilerazo (sólo eso) de mi buen amigo Leopoldo Alas. La iba a publicar, con el título de «¿Política? No. Filosofía», en el diario *El Mundo,* que es donde había aparecido el comentario que dio pie a tan afectuoso y apacible *casus belli* y, también, donde se había publicado la columna a la que mi epístola responde, pero la extensión del texto —excesiva, como de costumbre, en mí— lo impidió.

La lógica, el afán de claridad y el deber de suministrar al lector los antecedentes de la epístola me constriñen a reproducir aquí lo que Leopoldo Alas decía, con el título de «El juego de las marcas»,[12] a cuento de mi persona...

12. Publicado el 12 de agosto de 2005.

En una carta al director, Fernando Sánchez Dragó puntualizaba que no prefiere la derecha a la izquierda por parecerle aquélla más cristiana que ésta, como se había publicado en la entrevista que le hizo Pedro Simón, sino todo lo contrario. Según él, el socialismo es una secta o herejía del cristianismo mientras que el liberalismo hunde sus raíces en la tradición pagana. Y hacía constar su apoyo por otros motivos a la Iglesia en su actual pugna con el Gobierno. No sé qué motivos tendrá, pero me pregunto qué pensará sobre la manifestación del 18-J,[13] en la que primeros espadas del PP, como Acebes y Zaplana, marcharon del bracillo de los obispos a clamar contra los derechos de una parte de la ciudadanía. ¿Qué más pruebas necesita el escritor del cristianismo de ese partido? No parece nuestra derecha (la suya) el mejor ejemplo de la tradición pagana que él invoca. La situación es justo la inversa: el PSOE apoya una sociedad mayoritariamente laica, democrática y jurídica, y el PP, que sólo es liberal en lo económico, antepone a ella los dogmas de la fe y la doctrina católica. Le doy un consejo a Fernando: que se replantee su postura, que vuelva a pensarla. Las generaciones pasan, los tiempos cambian y, en caso de que él siga siendo un heterodoxo, ¿de verdad cree que hoy la heterodoxia se encuentra ahí, en esa oposición empecinada y catolicona o en ese constreñido canal autonómico?[14]

13. Alude Leopoldo, confundiendo el cristianismo con el clericalismo, a la manifestación celebrada en Madrid el 18 de junio de 2005 para denunciar la equiparación de la pareja homosexual a la heterosexual en todo lo concerniente al derecho de familia. El recuerdo de tales bagatelas se desvanece casi a renglón seguido. La actualidad rara vez pasa a la historia. Por eso añado esta nota a pie de página. ¡Qué manía tan tonta y tan burda, en todo caso, la de convertir las fechas en iniciales! «Siglo de las siglas», decía ya, quejumbrosamente, Dámaso Alonso cuando las cosas no habían llegado, ni con mucho, a tales extremos!

14. Se refería a Telemadrid, donde dirigía y presentaba entonces, ni *constreñido* ni estreñido, y sigo, por ahora, haciéndolo, «Las Noches Blancas». Olvidó decir Leopoldo que una de las primeras decisiones tomadas en el ámbito de la televisión pública al llegar al poder ese partido suyo «que

Abro aquí otro excurso, que será largo, sustancioso y, quiza, sabroso. Luego llegará la carta[15].

No estaba yo en Madrid, sino sabe Dios dónde cuando la Iglesia organizó la marcha —pacífica, me contaron— del 18 de junio, de modo que no la vi ni la oí, ni la tenté, ni la caté, ni la calibré. Tontunas, *bagatelas* (vale también esa palabra, que ya he utilizado, para esto), en las que yo, convóquelas quien las convoque y cualquiera que sea la causa que sus organizadores invocan, como buen ácrata, jamás participo. Lo hice, sin embargo, equivocándome, dejándome seducir por los cantos de sirena del Maligno, que se había disfrazado para la ocasión de padrecito Gandhi, de madrecita Teresa Rigoberta Menchú, de santo de Asís y de cordero balador, en la se-

---

apoya una sociedad mayoritariamente laica, democrática y jurídica» fue la de expulsarme por las buenas de una casa en la que, con mejor o peor fortuna, que en eso no voy a entrar, pero con casi unánime consenso en el elogio, la fidelidad y la aceptación por parte de la crítica y de los espectadores de uno u otro signo, o de ninguno, llevaba yo impartiendo y repartiendo cultura y literatura a manos llenas, siempre de modo libre y plural, respetuoso y ecuánime, la friolera de veintiocho años prácticamente ininterrumpidos (con la excepción de los tres últimos, y muy inquisitoriales, de la hégira felipista), y la de suspender con nocturnidad, fractura, escalo, felonía y otras circunstancias agravantes la emisión de «Negro sobre blanco», y que ambas decisiones se tomaron por motivos ideológicos y, en cuanto tal, anticonstitucionales, pues otros no había. Fue una represalia, un ajuste de cuentas, una medida persecutoria y discriminatoria. Nadie, por cierto, se tomó la molestia ni tuvo el coraje de denunciar la tropelía entre los chicos del *hay motivo*, el *no a la guerra*, el *nunca máis*, y el *Aznar asesino*. Excuso decir el pitote que semejante coro de grillos obedientes a la voz de su amo y firmes siempre —*¡Señor, sí!*—, como quien acude al sorteo del *gordo*, en los primeros lugares de la cola del reparto de prebendas habría organizado si la medida de fumigación, desinsectación y depuración ideológica que se tomó conmigo la hubiese aplicado un gobierno de derechas con cualquier profesional, mindundi o no, de filiación izquierdista.

15.   Será en la página 152.

gunda de las dos grandes manifestaciones madrileñas contra la guerra de Iraq, y me quedé literalmente horrorizado al percatarme de que aquello, lejos de ser un acto pacifista, lo era —y en grado superlativo— descaradamente belicista. Seguro que Leopoldo andaba también por allí. ¡Qué espanto! Rostros desencajados, gestos de chimpancé, aullidos de hiena venteando carroña, muecas de demonio y generalizado talante —va con bala— de vampirismo, canibalismo y licantropía. Lo de menos, para aquellos energúmenos y endriagos, era la guerra, que les importaba un pito. Lo que querían era vociferar contra Estados Unidos, ridiculizar al trío de las Azores, insultar al jefe de un Gobierno que no les daba tanta sopa boba, aunque alguna daba, como el anterior, e increpar a su partido. Nada más y nada menos. No sé lo que vería y oiría el buen Leopoldo, que es seguramente un hombre honrado, como Bruto, porque vemos lo que nos agrada ver y no oímos lo que no nos gusta oír, pero yo sólo vi y oí gritería de frondas de la jungla, balidos de la plebe y gestos de violencia y miseria moral e intelectual.

La persona, cuando se agrupa, deja de serlo y vuelve al mono. El pueblo unido es gentuza, canalla, populacho. Cuando la gente sale a la calle, como señalara Ortega y dice Álvaro Mutis, no es nunca para nada bueno. ¿Rebelión de las masas? Eso era antes. Ahora estamos, ya lo he dicho, en plena rebelión de la chusma.

Lo vimos muy pocos días después. La horda de los pacifistas, agavillada —apandillada, mejor— esta vez en Barcelona, asaltó el edificio de El Corte Inglés en la plaza de Cataluña y arrambló con todos los jamones puestos allí a la venta.

¡Metáfora insuperable, vive Dios! ¡Ni don Blas Piñar en sus más fogosos momentos lo hubiera superado! ¿Eso es lo que quiere la izquierda? ¿Sólo mueve a sus desharrapados miembros la envidia y la codicia del patrimonio ajeno? ¿Aspira, únicamente, a comer jamón, y cuanto más negra tenga la pata, mejor, y si sale gratis, ni te cuento?

España, España... Todo en ella, a la hora de la verdad, nos pongamos como nos pongamos, y por muy modernos, cosmopolitas y globalizadores que finjamos ser, gira alrededor de la matanza del cerdo, nuestro Señor de las Moscas: de éste somos, en éste pensamos, a éste volvemos, por éste vivimos, con éste soñamos y nos conformamos, y a éste, y sólo a éste, adoramos. Monoteístas al fin, el cochino es nuestro único dios verdadero.

¿Único? Sí, porque todo nace de él y en él desemboca, pero de índole trinitaria: presidente o consejero delegado, por así decir, de una trimurti y multinacional compuesta por el Balón, el Televisor y el Ordenador, deidades todas ellas de novísimo cuño, a diferencia de quien las acaudilla, que acatan la autoridad del excelentísimo Señor Jamón de Pata Negra, negrísima, que por algo se ha convertido en seña de identidad de los españoles, en buque insignia de la flota de la Hispanidad, en mascarón de proa de las campañas que organizamos para atraer turistas (¡no saben los pobres en qué patio de Monipodio se meten!), en varita mágica que esgrimen con ojos picaruelos nuestros ministros de Asuntos Exteriores y que figura de oficio en el neceser de nuestros diplomáticos (como es lógico, pues su principal, por no decir única función, consiste en organizar cócteles para que sus colegas extranjeros y ellos mismos se pongan morados a nuestra costa), en símbolo postrero de la unidad de un país que se desencuaderna por todas sus costuras autonómicas y en pensamiento único de la gastronomía ibérica.

España dejó de ser *diferente*, claro que sí, en eso llevan razón los gilipuertas de los adosados y los diputados por ellos elegidos, cuando entró en Europa, hoy Eurabia, por culpa de los inconfesables deseos, serviles desvelos y obsequiosos oficios de una partida de politicastros trileros que deberían estar cubiertos de grilletes por haber incurrido en un delito de alta traición, pero el porcuno dios ibérico no ahoga y gracias a Él nuestros jamones, genuinos y portátiles tarritos de las esencias patrias y trémulos banderines de enganche del *made in Spain*, siguen siendo distintos a todos los demás y patrimoniales, solariegos, exclusivos connotadores de nuestra raza, aunque, eso sí, lucrativamente exportables al resto del mundo no musulmán ni judío previo pago de su peso, huesarrón incluido, en oro de ley o en divisas fuertes, como lo son el dólar o el yen.

La fuga es imposible. Resignémonos. Ningún españolito puede escapar —haciéndose vegetariano, convirtiéndose al islam o poniéndose a dar cabezazos con trencitas y chistera en el Muro de las Lamentaciones, por ejemplo— a tan férrea unidad de destino en lo comensal. Recuérdese que en español castizo la propina se llama *jamona* y *jamonas* son las mujeres con las que cualquier varón no gay (más jerigonza) ni metrosexual se perdería a gusto en una calle oscura.

Vayas aquí donde vayas, así sea refitolero restaurantón para uso de la princesa altiva o mugriento figón al servicio de la que pesca en ruin barca, el camarero te propondrá como pistoletazo de salida del condumio una ración de Jabugo más falso que las promesas de los socialistas. ¡Qué pesaditos se ponen todos con lo del jamón ibérico, que al morir el Caudillo —bondades de la democracia, regalo de los dioses, que de este modo nos premiaban— se hizo carne y habitó entre nosotros! La nueva eucaristía, el principal sacramento de esa España de Felipe que, efectivamente, como desde la cocina dijese el Guerra, profético, tonitronante, que iba a pasar, ya no la conoce ni quien la parió. Y, ya puestos, y para que no falte de nada en el ritual, no vaya a ser que la curia de la Generalidad nos acuse de blasfemia, sacrilegio y herejía, la Sagrada Forma jamonera puede y debe ingerirse acompañada por ese transubstanciado y repulsivo elixir alcohólico al que los cursis llaman *cava*. ¡Dios nos libre de esa espumajeante peste! Hasta en vaso de plástico son capaces, los muy horteras, de escanciarlo. No existe bebida que más ofenda el buen gusto de los comensales ni que con más eficacia y rapidez anestesie el paladar de quienes palmoteando la trasiegan.

Pero, decía, cuando el Santísimo Cerdo de Bellota crucificado en el Gólgota de la Matanza se cruzó en mi camino, que ni Leopoldo Alas ni nadie deberían, en el futuro, perder su tiempo buscándome en el bochinche de las manifestaciones, porque no me encontrarán en ninguna de ellas, ni de obispos ni de ateos, ni de meapilas de izquierdas ni de santurrones del bando opuesto. *Nunca máis*. Con la de la guerra de Iraq tuve bastante.

«¿Sociedad mayoritariamente laica?» ¡Pero si vivimos, más de lo que lo hayamos hecho nunca, metidos hasta el cogote en un nauseabundo Estado confesional!

Me refiero a esa religión ecuménica de nuestro tiempo que es la democracia. Sí, sí, *religión* he dicho, con todo el peso histórico, semántico y litúrgico de la palabra. Consiéntaseme que, para demostrarlo, recurra a unos símiles.

Pero, antes de que lleguen, una observación: el hombre no sabe vivir sin dioses y por eso, en cuanto mata a unos inventa a otros. Me lo dijo una vez Caro Baroja: fantasmas que se expulsan por la puerta, duendes que se cuelan por la ventana.

Todos los esfuerzos de deicidio, por saludable que sea a veces (sólo a veces) la intención que los anima, son inútiles. Lo teocrático es gen o cromosoma inscrito en el ADN del *Homo sapiens*, reflejo condicionado por nuestra irrevocable naturaleza... Nunca ha existido y, probablemente, nunca existirá una sociedad laica —por más que sus miembros afirmen que lo son— que de verdad lo sea. Puro voluntarismo que no conduce a puerto alguno ni sirve para transformar en hechos los propósitos.

Véase, por ejemplo, lo que sucedió en la Revolución francesa: a los pocos días de estallar, y de abrirse en todo el país la veda de los curas, ya estaban los *sans-culottes* y los líderes de la greña jacobina elevando a los altares y paseando procesionalmente por las rúas del París pagano a la nueva diosa: la Razón. No es metáfora, como saben los bachilleres anteriores a la LOGSE, sino noticia cierta. Así la llamaron y así la bautizaron con sangre bendita en la pila del bautismo: *dée*.[16] A liturgia muerta, liturgia puesta. Subía, sí, el cristianismo a la guillotina, y antes de que le cortaran el pescuezo, cosa, al parecer, y por otros motivos, imposible, ya estaba el *teísmo*, la nueva religión, instaurada en el imaginario de las gentes y en los sermones de los teólogos que, despachándose por filósofos, predicaban sin dar trigo desde los púlpitos de la Revolución.

Véase también lo que sucedió, verbigracia, en Rusia, después de que Lenin y sus jinetes del Apocalipsis profanaran San Petersburgo, convirtieran en albóndigas a los Romanov, que eran zares por derecho divino, clausuraran los lugares de culto y declarasen a tiro limpio, pues nadie ignoraba (y los comunistas, menos) que la letra con sangre entra, el estado de ateísmo.

¿Dejó, por ello, de existir lo que antes de la Revolución bolchevique se entendía por Santa Rusia? No, ni por asomo. Desaparecieron las sotanas, las misas y los crucifijos, pero surgió inmediatamente —como más tarde sucedería en la China de Mao, en la Rumania de Ceaucescu, en la Corea de Kim Il-Sung, en la Cuba de Fidel, en el Congo de Lumumba, en el Vietnam del tío Ho o, cambiando el tercio, en la Uganda de

16. ¿Hace falta traducirlo? Supongo que sí. Ya nadie habla, extramuros del país donde nació, la hermana lengua francesa. Mugre, una vez más, de este siglo de barbarie. Dedúcese, sin embargo, del contexto, por lo que cualquier aclaración, en definitiva, sobra, que *dée* significa «diosa».

Amin, en la Libia de Gadafi, en el Zimbabue de Mugabe, en el Iraq de Saddam Hussein y en tantos otros regímenes de similar vitola— el *culto*, la palabra lo dice todo, *a la personalidad*; y la carota de aquel nuevo Sumo Pontífice, o más bien constantinopolitano de Moscú, que fue Stalin, se colgó hasta en los platos de sopa y en los fondillos de la lencería de las prostitutas, y su cadáver, embalsamado como el de los faraones y el papa Wojtyla, se expuso junto al de Lenin en la cripta del pudridero del Kremlin para que los fieles pudieran postrarse ante él como se postran los peregrinos jacobeos ante la supuesta tumba del Apóstol que jamás, ni vivo ni muerto, viajó a Galicia; y alrededor del hipogeo plantaron los mercaderes, como lo hacían en el templo de Jerusalén aquellos otros a los que, según un bulo muy extendido, expulsara Jesús, sus puestos de venta de reliquias, exvotos, iconos, medallas y escapularios; y exactamente lo mismo sucedió en China *ante portam* del mausoleo de Mao; y en Hanoi, cabe el megalómano túmulo de Ho Chi Minh; y en Ankara, para cambiar otra vez el tercio del comunismo y dar cabida al de la presunta secularización del islam, intramuros de la imponente basílica fúnebre donde reposan los restos del borrachín Atatürk, fantoche y deus ex máchina —como lo sería Sun Yat-Sen en la antigua Catai— de la modernización a todo trapo y máximo responsable de la destrucción de la fastuosa y civilizadísima cultura otomana, pues en todas partes se cuecen desde que el mundo es mundo los mismos lodos. Recuerde el lector que estoy hablando de *confesionalidad* (vigente, a mi juicio, *urbi et orbi*) y de ese *laicismo* superficial, sólo superficial, una capa de barniz, una mano de pintura, del que presumen sin fundamento las sociedades democráticas paridas por el secarral y socarral de la Revolución francesa.

La americana fue otra cosa, y lo sigue siendo, —*sociedad civil*, dirían ahora, incurriendo en flagrante desatino idiomático de lesa redundancia—, porque allí se luchó por los derechos del individuo, no por los del Estado.

Lo que entre nosotros, en el mundo occidental, se entiende por *laicismo* es mera sustitución del cristianismo por una religiosidad difusa, tentacular, amorfa, proteica, blanduzca, blancuzca, morcillona y deslavazada que viste de paisano, carece en apariencia, aunque no sea en el fondo así, de Sagradas Escrituras, silencia el nombre de Dios, no menciona las postrimerías ni se mete en arabescos escatológicos, rechaza o ignora la posibilidad de que lo invisible exista y pone nombres nuevos a las cosas viejas.

Se entenderá, supongo, mejor si recurro a los símiles que anuncié hace un rato. Aquí van algunos, pero sin olvidar que todos ellos apuntan, sirviendo a mi propósito, a la evidencia —para mí lo es— de que la democracia, tal como ahora se entiende y se aplica, es una religión: la única que *oficialmente* existe en nuestro tiempo. Las demás son, por así decirlo, *privadas*, lo que sin embargo, por paradójica que esa aparente contradicción resulte, no les impide estar en continuo crecimiento. Cada vez hay más católicos, cada vez hay más protestantes, cada vez hay más evangelistas, y más budistas, y más hinduistas (esto último no me consta, pero lo deduzco), y más seguidores del sincretismo de la nueva era y, sobre todo, cada vez hay más musulmanes. ¡Que tiemble Europa después de haber reído!

Los símiles...

Sostiene Roma (o sostenía. Ahora prefieren desviar la mirada y hablar de otra cosa) que fuera de la Iglesia no hay salvación. Lo mismo dice, de ella misma, la democracia.

Los Reyes Magos traen carbón a los niños que no se portan bien. Los países democráticos se niegan sistemáticamente a ayudar a quienes no lo son y exigen, para abrir la espita de los préstamos, las subvenciones y las donaciones, que los gobiernos díscolos y los gobernantes réprobos se pongan corbata, adopten el *way of life* político de los euroamericanos y llamen a elecciones por sufragio universal, multicultural, promiscuo, mestizo, xenófilo, libre, directo e invertebrado supervisadas por los golfos apandadores, los melifluos oficinistas, las alegres comadres y los parranderos goliardos azules de la ONU.

¿Insulto? No. Describo, defino y derribo. Esas tres tareas forman parte de la lista de los deberes del escritor tal y como yo concibo a éste: «Inquirir verdad», decía Unamuno; «encontrarla», añadía Ortega; y «proclamarla», sugería Bergamín. No es la primera vez que menciono por escrito este código de conducta.

Los voceros de la democracia —es decir: los políticos que la proponen como panacea, bálsamo del tigre y ungüento amarillo, y que trabajan en su ámbito, así como los periodistas y contertulios sabelotodo que cobran por cantar sus excelencias y divulgarlas— sustantivan los adjetivos, como también lo hace la Iglesia, dando a menudo en expresiones tan presuntuosas, arrogantes, excluyentes y dogmáticas como la de *los violentos*, para referirse a los agamberrados fascistillas de la *kale borroka* y más aún a quienes los nutren, manejan y azuzan, y *los demócratas*, en untuosa alusión a quienes afirman, genuflexos, carialegres, merengosos, que todos los conflictos deben resolverse a priori y a posteriori, sin matices, incurriendo así en lo que Tocqueville calificaba de «tiranías democráticas», por el angosto cauce de las Cortes y otros organismos que tal y tan mal bailan. La invasión de los ultracuerpos de lo político, acompañada y coreada por el famoso *diálogo* y por el no menos célebre *talante* o buen rollito, que consisten, fundamentalmente, en hablar a lo Cantinflas, sin decir nada, a cuento de problemas que sólo a partir de ese instante existen y en desviar la atención debida a las cuestiones de fondo sin enfrentarse nunca a ellas. Espantar moscas a cañonazos nucleares, provocar tifones en albercas de aceite estancado y esconder la cabeza entre las nalgas, por difícil que semejante contorsión resulte, cuando llueva o truene: a eso y sólo a eso se dedican profesionalmente los políticos, y que conste que me estoy refiriendo a casi todos los socios de ese club al que yo —vuelvo a Groucho Marx— nunca pertenecería, y no únicamente, como cabe deducir de mi irónica mención del *talante* y el *diálogo*, a Zapatero, sus discípulos y sus cómplices.

Y si digo lo de *casi* no es por caridad, pusilanimidad o prudencia, sino porque podría citar al menos dos excepciones. O incluso, ea, tres. No diré cuáles, porque no quiero que a Leopoldo le dé un soponcio, ni que me retire el saludo, ni que se rasgue los calzoncillos de Calvin Klein, pero me apresuro a declarar, para que se tranquilice, que uno de ellos es socialista y, por añadidura, de relumbrón. ¡Lástima que fuera, hace ya mucho, fulminantemente expulsado del Gobierno por quien durante tantos años había sido el único Felipe de su vida!

¿Felipe? ¿Zapatero? ¿Excepciones? Decía el *magister* Hemingway, tirando con bala dum-dum y argumentos de plomo contra los escritores politizados —él, durante nuestra guerra, metiendo hasta el fondo la pata estalinista, lo estuvo, y bien que se arrepintió—, que el lector del futuro, si dichos colegas lo tuvieren, tendría que prescindir del contenido político de sus obras al leerlas.

No llego yo, en un postrer coletazo de mi ya inexistente vanidad (mi amigo Terenci me dirige ahora un gesto de reproche desde el cielo, pues sostenía, aún vivo, y probablemente con razón, que la modestia es una horterada y, en todo caso, añado yo, virtud de hipócritas), al extremo de suponer que este libro pasará a la jurisdicción de la posteridad, esa opima señora de fruncido coño y ubérrima pechuga, pero pese a ello me pregunto si no debería eliminar de él, ahora, los nombres de Felipe y Zapatero, precaución ésta que ya he tomado en lo relativo a las excepciones, porque es seguro, abundando en lo que dice Hemingway, que dentro de nada nadie se acordará de ellos. No hay mal ni malo que cien años dure, verdad es, pero en el ínterin... Fíate de Bambi[17] y no corras, aunque en lo concerniente a él, mucho mejor es que incumpla sus promesas a que las cumpla. Sería una catástrofe nacional que rayara a la altura de las expectativas suscitadas, y lo malo —lo peor— es que en no pocas cosas lo está haciendo. ¡Con decir que Felipe, al que tanto detesté, me parece ahora un mirlo blanco! ¡Quién lo tuviera de nuevo! Mejor la gripe que la peste. *Vivir*, al fin y al cabo, *es ver volver.* ¿Volverá Aznar?

Zapatero no se limita, como sus congéneres de la izquierda y de la derecha, a sustantivar teológica y clericalmente los adjetivos, sino que, rizando con ello el rizo de los desbarros gramaticales, adjetiva también los sustantivos, trivializándolos y desposeyéndolos, a veces, de todo significado, como lo hizo con la palabra que puso de moda cuando llegó al poder y que no se le caía, entonces, de la boca, aunque últimamente la tenga en desuso: *talante.* Cualquier españolito anterior a la LOGSE, la LOE y la ESO sabe que ese sustantivo, que tanto agradaba a Ortega y a sus gentes, carece, en sí mismo, de connotaciones morales, no entraña

17.   Sepan los lectores de la posteridad que así, con ese apodo de dibujo animado, llamaban los miembros de su propio partido, el socialista, a un tal Rodríguez Zapatero, leonés que fue jefe del Gobierno español desde el 2004 hasta... *E chi lo sa?* No pintan bien las cosas. Lo mismo lo tenemos para rato. ¿Para *Rato?* Si don Rodrigo volviera...

juicio de valor alguno, no califica ni descalifica, no justifica el elogio ni el improperio, no merece ni desmerece, no es positivo ni negativo, vicioso ni virtuoso, bueno ni malo, si no va en compañía de un adjetivo insuflador de implicaciones semánticas que de otro modo, a palo seco, no tendría. *Talante*, en tanto los socialistas no dicten una ley, que a buen seguro apoyarían los del PNV y Esquerra, estableciendo que el Diccionario de la Española miente, significa «modo o manera de ejecutar una cosa, semblante o disposición personal, estado o calidad de las cosas, voluntad, deseo», y *res més*, dicho sea en catalán o en valenciano, de forma que los zapateristas, cuando dicen que ellos, a diferencia de los aznaristas, «tienen talante», no están diciendo absolutamente nada. Talante, señores míos, tenemos todos, por definición, hasta que la muerte nos lo arrebate, y después, gloria. Cosa muy distinta sería tener *buen* talante, lo que a todas luces no sucede en el caso de Zapatero ni en el de la mayor parte de sus conmilitones. ¿No sería mejor arriar esa bandera y arrumbar el palabro que tan desviadamente utiliza el cervatillo leonés para sustituirlo por otro, más usual, más sencillo, que fonéticamente se le asemeja, hasta el tonto del pueblo entiende y no necesita de adjetivos para suscitar la unánime aprobación y conseguir la entusiasta adhesión de todos los ciudadanos (*y ciudadanas*, añadiría cualquier analfabeto de los que en sus mítines, comunicados y declaraciones acuchillan el idioma e insultan a las mujeres, animalizándolas, al excluirlas del radio de acción de la palabra *hombre*, bajo la cual, asegura la Academia en su biblia del léxico, «se comprende todo el género humano»)? ¿No nos convendría a los españolitos, incluyendo en el gentilicio a los vascones y los catalanes (y que no se me sulfuren, entre ellos, los independentistas, porque lo digo sólo para entendernos. A mí, la unidad de España, como a Savater la bandera, me la sopla[18]), estar gobernados por un hombre, por un Consejo de Ministros, por unos socios parlamentarios y por un partido que tuvieran menos *talante*, pero más *talento?*

Lo de *ciudadanos y ciudadanas* —o madrileños y madrileñas, o socios y socias del Real Madrid, o escritores y escritoras andaluces y andaluzas— también lo dicen los del PP, los de Izquierda Unida y hasta los batasunos.

Y batasunas.

El talento necesario, por ejemplo, para no desenterrar, resucitar y devolver a las calles el espíritu de la guerra civil.

Ya sé, ya sé, que según *ellos* son los *otros* —la derecha, la derechona, la derechita— quienes hacen eso, pero yo, por más que miro a mi alrededor, y miro mucho, por la cuenta que me trae y que le trae a este libro, no lo veo así, sino justamente al revés.

¿Habló alguna vez Aznar de guerra civil?

¿No fue Felipe quien, con extrema ruindad, crueldad y falsedad, inventó y esgrimió la metáfora del dóberman para ganar (o para no perder) unas elecciones?

¿Quién se ha sacado de la manga la mandanga de que hay que recuperar la memoria histórica? Curiosa expresión, por cierto: la memoria es recuerdo de lo que pasó filtrado y condicionado por la emotividad, y resulta por ello, excepciones aparte, mucho más histérica que histórica.

Lo gracioso, dicho sea de soslayo, es que ese tiro está yéndoseles por la culata a quienes sin venir a cuento, por capri-

18.   La unidad, digo, no así la *idea* de España, que puede sobrevivir aunque la nación se rompa. ¿Acaso no sobrevivió, como concepto y espacio mental, la Hélade? Las cosas se desvanecen, su espíritu permanece. *Idea*: representación intelectual y, por ello, abstracta de algo, conocimiento puro, imagen de una realidad percibida por los sentidos... Son definiciones del diccionario.

cho, por inquina, porque sí, desenfundaron de nuevo las pistolas que tiritaban bajo el polvo. Los libros sobre la guerra civil que mejor se venden no son los escritos con óptica izquierdista, pues la gente ya se ha cansado de escuchar una y otra vez —falaz o veraz que sea— la misma matraca, sino los que firman, manejando otras lentes y fuentes, y muy distinto rasero, personas como Pío Moa, César Vidal o Stanley Payne. Diciendo esto, que es un dato objetivo, a nadie doy la razón ni se la hurto. Tiempo habrá más adelante, si así lo decido, para hacerlo. Pero la ecuanimidad me obliga a decir que, al contrario de lo que la izquierda afirma, la versión *oficial* y, por ello, tópica, aburrida, sabida, sobada, de la guerra civil no es la que nos dio Franco, sino la que, inicialmente fuera de España y posteriormente dentro de ella, pusieron en circulación los estalinistas, los tontos útiles, los intelectuales *engagés* y *enragés* y quienes les reían las gracias. Los republicanos perdieron la batalla militar, social, económica y política, pero ganaron abrumadoramente la histórica, ideológica, cultural, profesoral, literaria y publicitaria. La izquierda se mueve en todos esos ámbitos con reconocida soltura e indiscutible eficacia, que la derecha, torpona, fondona, dengosa, clorótica, desatenta, amanerada y acomplejada, ignora y envidia.

¿Quién, y es el último ejemplo que pongo, arrambló —tontamente, inútilmente, puerilmente— con la estatua ecuestre de Franco sita en la madrileña plaza de San Juan de la Cruz, junto a los Nuevos Ministerios levantados precisamente por él (por el Caudillo, digo, no por el santo), que era ya sólo, para el sentir de los más, un inocuo elemento configurador del paisaje urbano y desprovisto de implicaciones ideológicas que lo vincularan a la dictadura impuesta por el jinete con tan discutibles modales ahora desarzonado?

Pavorosa es no sólo la inutilidad y el infantilismo de esa defenestración, sino también el sectarismo y la necedad y nesciencia que en ella se ponen de manifiesto. No es tarea que incumba a los políticos la de remover los cimientos de la historia para reescribirla según sus perecederos intereses. La guerra civil fue infamia colectiva y error de todos los que participaron en ella, rojos y azules, convirtiendo un golpe de Estado seguramente inevitable y pedido por media España en una escabechina que duró tres años, y no sólo —error e infamia, decía— del hombre que, a regañadientes, al principio, se sumó a ella, acaudillándola después y capitalizándola durante la larga posguerra y dictadura. Lo que sí cabe, en cambio, achacar a Franco y a su régimen, porque en lo tocante a eso no es posible repartir las culpas entre los vencedores y los que no se hicieron con el poder, es la absurda decisión de no aplicar la sensata receta azañista que todos, en un bando, y muchos, en el otro, habrían entendido y aplaudido.

Ya saben: *paz, piedad y perdón.*

Pero tampoco Stalin, caso de ganar la guerra los frentepopulistas, habría permitido a éstos que la aplicasen. Las represalias habrían sido feroces.

Absurda decisión, digo, además de inicua, pues era, a todas luces, innecesaria. ¿Qué le habría costado hacerlo? Todo lo tenía el Caudillo en su puño, todo rodaba a su favor. De haber dado ese paso, de haber extendido sobre la piel del país, exangüe, exhausto, el ungüento generoso y milagroso de la misericordia y la indulgencia, el juicio de la historia sobre Franco y sobre el régimen político que instauró y durante casi seis décadas manejó con ambigua habilidad, a hierro y a terciopelo, habría sido muy distinto al que sin serenidad alguna y con escaso fundamento histórico y rigor moral, pues la izquierda —acuartelada en el rencor y el partidismo— manipula y miente, y la derecha —aquejada de inexplicables miramientos y ridículos repulgos de niña cursi (lo que Federico Jiménez Losantos, ocurrente siempre, llama «maricomplejines»)— no se atreve a levantar la voz, impera ahora en casi todos los ámbitos y tribunas de la opinión pública y publicada. Sorprende, por ejemplo, e indigna, supongo, a muchos de los nacidos antes de los años sesenta, lo que dicen los jóvenes de hoy, ignaros por completo y víctimas del fanatismo de la propaganda, respecto a un período de la historia de España que no conocieron y del que sólo poseen informaciones vagas, subjetivas y de segunda mano.

Aquel general bajito, insípido, previsible a la vez que inescrutable, astuto, sentencioso, cauto, de firmeza rayana en la crueldad, mirada inexpresiva y sangre gélida —y que Dios y el *santo dos croques*, por atreverme a decirlo, me protejan— no fue tan malo para España como hoy se dice ni tan bueno como se decía mientras estuvo vivo.[19] Y lo decían también, por cierto, bastantes de quienes ahora, arrimándose al árbol que mejor sombra da, sostienen lo contrario. Pasó ese personaje, Francisco Franco, entre luces y sombras, en claroscuro, a la historia siniestra de la siniestra España, porque otra no hay, y punto redondo. Yo, desde luego, no lo habría descabalgado de su estatua madrileña, ni de ninguna otra, como puerilmente, inútilmente, tontamente, y tardíamente, ¡ya son ganas!, la corte de los desmilagros que en estos momentos nos desgobierna y cuyo único móvil es, a cuanto parece, el de desenterrar el hacha de una guerra que algunos, olvidando la milenaria trayectoria del país en que para nuestra desgracia hemos nacido y vivido, dábamos por terminada. Ya, ya...

Leo hoy en la prensa, precisamente hoy, a 29 de agosto de 2005, pocas horas después de haber escrito estas líneas, que los listillos de turno, con el apoyo o, por lo menos, el níhil óbstat de los ediles locales de Izquierda Unida, van a cons-

---

19.   Véase al respecto la curiosa cita de una frase de Pepín Bello incluida en la p. 233.

truir y poner en marcha un conglomerado turístico para clientes de muchos posibles en el lugar del municipio de Casas Viejas donde se produjo el tristemente famoso motín y posterior masacre del grupo de comunistas libertarios que, allí, en 1933, quiso transformar en realidad una antigua, reiterada, imposible y no sé si deseable utopía: la de la autogestión agraria.

Cuesta trabajo creerlo. Que si un campo de golf en tan sediento secadío, que si una plétora de restaurantes de no sé cuántos tenedores e ínfulas de nueva cocina para paladares redichos, que si un hotel de cuatro estrellas... Lo llamarán La Libertaria, como pintoresco, sardónico y satánico homenaje a María Silva, nieta del legendario anarquista Seisdedos, que a los diecinueve años fue fusilada por un pelotón de gentuza con sensibilidad de roca berroqueña. Estaba amamantando a un hijo.

¿En eso consiste la *recuperación de la memoria histórica*? Pues bien andamos, hijos, bien andamos... ¿Recuerdan los progres (y los regres) lo que cantaba Jesús Munárriz en los últimos años de la dictadura? «Todo se compra, todo se vende, todo es pura transferencia.»

Se me desvió un poco —un mucho— la pluma cuando hablaba de la unción y fruición presbiterial con la que los *demócratas* tienden a sustantivar los adjetivos, pero es ya hora de regresar a puerto. ¡Curiosa actitud, la antedicha, cuando se eleva a criterio de clasificación de la sociedad! ¿Es, acaso, *demócrata* todo el que no sea *violento* y *violento* todo el que no sea *demócrata*? ¿No hay otras opciones, no hay matices, no hay posturas intermedias o, simplemente, excéntricas respecto a tan rotunda sistematización? ¡Caramba! Yo, sin ir más lejos, soy sumamente escéptico en lo que a la democracia se refiere, pero me tengo, y les aseguro que así es, por persona incapaz no sólo de matar una mosca, sino incluso, excepto en contadísimas ocasiones, de fruncir el ceño y enfadarme. La sustantivación de los adjetivos convierte a quienes tal hacen en evangelistas, en teólogos, en misioneros, en sacerdotes, en sacristanes, en beatas... Para ese tipo de personas, siempre dualistas y maniqueas, el mundo se divide en *buenos* y *malos*, *justos* y *pecadores*, *infieles* y *musulmanes*, *cristianos* y *paganos*, y —sobre todo— en *ateos* y *creyentes*. Lo de *agnósticos*, por cierto, es una gilipollez que se sacó de la bragueta algún pichafloja.[20]

La Biblia de la religiosidad democrática, pues también la tiene, faltaría más, es, por supuesto, la Constitución. *Carta Magna*, la llaman... ¡Y tan magna! ¡Como que es, a todos los efectos, Palabra de Dios, tabla de la ley, código esculpido en piedra por el demiurgo del Sinaí! Por eso, a quienes aspiran a manipularla, a modificarla, a *reformarla*, se les considera heréticos, e integristas, inmovilistas, ortodoxos, en cambio, a quienes se oponen a ello. Tridentinos, en consecuencia, los unos, o Hermanos Musulmanes, que tanto monta, y de Lutero los otros. Seguimos, pues, hundidos hasta las cachas en los cenagosos pagos de las religiones y de sus clásicas y eternas, prolijas disputas sobre la literalidad, la libre interpretación y el sexo de los ángeles.

¿Habrá ya, me pregunto, alguna niña a la que cualquier ciudadano (o ciudadan*a*) políticamente ultracorrecto o ultracorrect*a*, de ésos, o és*as*, verbigracia, que envían cartas al director de *El País*, haya impuesto en la pila bautismal del edificio de las Cortes el nombre de *Constitución*? Seguro que, como sucedió con la libertad sin ira, «muy pronto la habrá». ¿Estaré dando ideas? Mejor me callo, pero no sin sugerir antes al Gobierno que imponga por ley la obligación

---

20. Sincronías, una vez más. Fue Thomas Huxley, que pichafloja no era. Me enteré anoche (la del 24 de noviembre de 2007). ¿Cómo? Leyendo.

de que se llamen así —*Constitucionitas*... ¿Por qué no? Suena a Conchitas— todos los bebés de sonrisa vertical nacidos el 7 de diciembre. También los rorros de padres gays, si tal es el capricho —el *antojo*— de quienes los parieron (o de quienes *no* los parieron, por ser el suyo matrimonio de homosexuales varones). Cabría someter lo que propongo a referéndum. Los catalanistas, estarían encantados y no creo que la Iglesia montase en cólera, pues al fin y al cabo mi sugerencia está en consonancia con la costumbre de imponer al recién nacido el nombre del santo del día.

Sólo me queda una duda: ¿habré incurrido, burla burlando, en un imperdonable delito de *violencia de género*?[21] Lo pregunto porque sin darme cuenta estaba negando a los bebés varones el derecho de llamarse como sus hermanitas o sus amiguitas. Pido excusas. No lo hice con mala intención. ¿Cómo pude ser tan despistado? ¿De qué me sirvieron las clases de Formación del Espíritu Nacional, que ahora se llama de Educación para la Ciudadanía (los nostálgicos del Antiguo Régimen suspirarán con alivio al comprobar que con Zapatero las cosas vuelven por donde solían), recibidas en la universidad de Franco? ¿A do los fueros del igualitarismo? ¡Dónde tendría yo la cabeza! *Conciencia laxa* se llama eso, si no recuerdo mal.

21.   Otra atrocidad lingüística. Se rebaja, con ella, el *incidente* conyugal, familiar, de barraganía o de noviazgo a la condición de mero *accidente* gramatical. A no ser, claro, que las dos últimas palabras del disparate en cuestión —*de género*— nos remitan a lo que esa ambigua locución significa sólo en el ámbito de la pintura y escultura: «Dícese, según el diccionario, de las obras que representan escenas de costumbres o de la vida común.» Y aunque cada vez más comunes y consuetudinarias son, en efecto, las agresiones practicadas en el seno de las parejas, no creo que fuera tan sarcástica intención la que animó a las (y *los*) feministas a acuñar el flagrante desatino al que esta nota se refiere. ¡Ah, la dichosa corrección política! ¿Por qué no decimos, como se ha dicho siempre, *crímenes pasionales* y dejamos de acuchillar —de *maltratar*— el idioma?

¡Ave María de la Constitución Purísima sin semen varonil concebida! Me acuso, padres fundadores —los hay, y también los llaman, como a los de la Iglesia, así: *padres*— de haber pecado contra el sexto mandamiento. Soy un sextista, digo, un sexista. Impónganme la penitencia que juzguen oportuna. ¿Subir de rodillas las escalinatas del Congreso? No se hable más. ¿Tragarme de pe a pa el debate sobre el Estado de la Nación? Son ustedes excesivamente duros, pero en fin... ¿Cómo? ¿Que además tengo que leerme de cabo a rabo todos y cada uno de los artículos de la Constitución? ¡Ah, no, por ahí no paso, eso sí que no, María Constitucionita, que no, que no!

Obsérvese, ya que me he metido en esto, la semejanza existente entre el citado día —el 6 de diciembre, fiesta de la Epifanía de la Democracia— y los del 25 del mismo mes, en el que los romanos celebraban heliolátricamente el solsticio de invierno y la festividad del Emperador Augusto e Invicto, y los cristianos, también idólatras, la Natividad del Señor, y el 6 del mes siguiente. En ambas fechas fueron los adoradores del Niño, pastores o reyes que fueran, a Belén... ¿No es, acaso, lo mismo que hacen los ciudadanos (y ciudadan*as*) el Día de la Constitución, cuando graciosamente abren sus señorías (y señorí*as*) los portones del suntuoso paritorio —por las paridas que en él se cuecen... Nada que ver, por cierto, con la franciscana humildad del portalillo y espelunca citados (¿será porque España va bien, como piensan quienes reducen un país a su economía?)— y se forman larguísimas y sufridísimas colas de pastorcillos, borregos y otras especies lanares en la Carrera de San Jerónimo y calles aledañas? ¿No van, incluso, los Reyes Magos de La Zarzuela ese día al Parlamento? La verdad es que, en lo relativo a este último detalle, a esa guinda, del pastel, carezco de información. No suelo ver la tele. Vivo in albis.

La conducta de mis semejantes es para mí fuente de continuas y siempre renovadas sorpresas. Yo no haría eso —lo de visitar las Cortes— ni aunque me llevaran en parihuelas o a la sillita de la reina dos fornidas esclavas nubias con las tetas bamboleantes a modo de balancín.

Fui en cierta ocasión, lo reconozco, a Belén, pero era para escribir un libro que todavía no he escrito, aunque no lo hice, por supuesto, ¡ni que estuviese loco!, el día de Navidad, y me dio asco.

Así las cosas, y habida cuenta de lo que a cuento de la Pascua decembrina acabo de decir, forzoso resulta plantearse la cuestión de si existe o no un paralelismo análogo entre la Resurrección, que lo es en realidad del equinoccio de primavera, y la de la regeneración de la Democracia, sometida siempre al acoso —según la izquierda— de la derecha, en la que los herejes socialistas del cristianismo, como lo hacen los luteranos con los vaticanistas, ven la encarnación de las fuerzas del Mal.

Y bien... Debo admitir que, en lo relativo a ese punto, la red de equivalencias que estoy tejiendo tiene una desmalladura, pues la resurrección de la Democracia, para darse, exigiría, como la de Cristo, una Crucifixión previa, y eso es algo que, gracias a Dios, no sucede casi nunca y, en cualquier caso, cuando se produce, no lo hace ateniéndose a periodicidad alguna. Malamente podría resucitar lo que por definición, y a diferencia del Jesús humano, es inmortal, ¡ra, ra, ra!, aunque a veces, resignémonos compungidamente a ello, irrumpa en el hemiciclo con la pistola amartillada y el bigote echando chispas un coronel con tricornio ansioso de emular a Herodes, Judas Iscariote, los jueces del Sanedrín y Poncio Pilato. Anécdotas, y sólo anécdotas, que ninguna huella dejan en el cuerpo de la Inmaculada Democracia.

Tengo, sin embargo, un amigo cuyo padre, que por razones de edad, como me ocurre a mí, ya no teme a nadie y dice siempre lo que piensa, asegura, con gracejo y excelente punte-

ría, que las democracias son sólo períodos de inestabilidad entre las dictaduras. ¡Menudo herejote! ¡Y eso que es catalán!
¿Tendrá, Dios no lo quiera, un puntito de razón?

¡No, no, aparto de mí ese cáliz! ¡Anatema sea el progeni-
tor de mi amigo! ¡Sus canas no merecen ningún respeto! La
democracia tiene su propia *parusía*, su Maitreya, su Mahdi, su
Kalki... Habrá siempre, bien se lo avisaron los antifranquistas
al Caudillo, una Segunda Venida.

O las que hagan falta.

Lo que sí existe en la religión democrática es el mandamiento de comulgar por Pascua florida, aunque los partidos
políticos, siempre más liberales que la Santa Madre Iglesia, y
los diputados (¿vendrá de *puta*, por lo venal de su condición,
esa palabra?),[22] siempre más tolerantes que sus colegas, los curas, no nos obliguen a practicar la eucaristía todos los años,
sino una vez cada cuatro, a no ser que se produzcan dentro o
fuera del Parlamento circunstancias especialmente graves. De
igual modo que en la comunión cristiana introduce el feligrés
una fina oblea por la hendidura de su boca, así también desliza el piadoso parroquiano de la Democracia una feble papeleta por la ranura de la urna, que es el Copón, cuando llega el
momento, rantataplán, de votar por una lista cerrada. ¿Dije
papeleta? ¿No habría sido más exacto (aunque también menos
correcto) decir piedra de molino? El día de las elecciones acuden, gozosos, los ciudadanos (y las ciudadan*as*) a participar en
ese ágape de universal concordia que es la comunión democrática. Dicen que es una fiesta; yo la veo como un coñazo.
Largas colas, y demás. Tampoco, pues, me busque nadie, excepto en situaciones de emergencia y necesidad de defensa

22.   Me parece que ya he gastado esta broma en lo que va de libro,
y si no ha sido aquí habrá sido en alguna otra parte, pero no me importa reiterarla. Esos personajillos, al fin y al cabo, joden mientras trabajan,
y lo hacen por dinero.

propia, como lo fue el felipismo y lo es ahora el zapaterismo, en las sedes electorales. Ni aunque quisiera... Voy a empadronarme en Castilfrío, extramuros de todo, periférico a rajatabla, fuera del mundo y del Sistema. Me he encastillado ahí, con otras veinticinco personas (creo que ésa es la cifra de su censo). Soy como el Papa Luna. ¡Las tropas del Vaticano de la Carrera de San Jerónimo no pasarán! ¡Tampoco las de los arzobispados de Ferraz y Génova!

¿Sabe alguien, por cierto, que la expresión *ra, ra, ra*, utilizada antes por los hinchas de ese cataclismo de nuestro tiempo que es el fútbol y empleada por mí, en otro contexto, hace unas líneas, es invocación del dios egipcio, y solar, que llevaba por nombre tan vibratorio monosílabo? De igual forma, aunque ningún cristiano lo sepa, el *amén* que tan a menudo pone fin a sus oraciones o corona sus letanías, y que fonética y semánticamente también coincide con el *aum* del hinduismo y el budismo, no es sino el Amón de la antiquísima religión del Nilo, acaso la primera que hubo, de la cual, modificando la pulpa, pero conservando el güito, se derivaron todas las restantes. ¿Será, quizá, por eso, se me ocurre ahora, nunca lo había pensado, por lo que los súbditos (y las súbdi*tas*) de las teocracias democráticas dicen sumisamente amén a todo lo que sus obispos les proponen?

Chanzas aparte, resulta evidente que las levaduras, fermentos y catalizadores religiosos son en los humanos tan antiguos, y, a la vez, tan modernos, tan simétricos y tan perseverantes, y por ello inextirpables, como puedan serlo, pongo por caso, su cerebro, su corazón y sus testículos... ¡O sus ovarios, coño, y picha, no vaya a ser que por segunda vez en unas horas se me acuse de sexismo!

Tampoco faltan, en la religión a la que me refiero, *concilios* a los que agarrarse, y los hay en ella, lo mismo que en la cristiana, de dos clases: los *ordinarios* y los *extraordinarios*. Los primeros se dividen, a su vez, en *ecuménicos* —la Asamblea General de las Naciones Unidas que todos los años, allá por septiembre u octubre, me parece, se celebra en Nueva York— y en *nacionales* o *locales*, que coinciden en cada país, los unos, con el preceptivo debate sobre el Estado de la Nación y, los otros, y únicamente por lo que se refiere, que yo sepa, a España, con esa misma iniciativa, pero limitada a los parlamentos autonómicos. Algunos de éstos, por cierto, son ya *nacionales*, debido a los Estatutos recientemente aprobados. Y aún tendríamos, por último, en la brega sinodal de la curia democrática un tercer tipo de concilios, más extensos e intensos y de mucho mayor alcance teológico y peso litúrgico: los *constituyentes* —dicen que se acerca uno—, en cuyas solemnes sesiones y aplastantes, inapelables conclusiones llegan sus señorías y eminencias o eminencios al inaudito, insolente y endiosado extremo de modificar lo establecido en las Tablas de la Ley por los patriarcas y ya mencionados padres de la Iglesia —Moisés, Abraham, Clemente, Tertuliano, Pérez Llorca, Cisneros, Solé Tura, Guerra, Abril Martorell, Peces Barba, Fraga Iribarne... ¡Qué sé yo! No soy persona ducha en tan apostólicas y sacramentales genealogías— enmendando de ese modo la plana, ya es valor, al Antiguo Testamento de la Carta Magna, como los evangelistas del buen Jesús Suárez lo hicieron respecto a los principios del Movimiento Nacional en los años de la Santa Transición del francopaganismo a la cristodemocracia. Por ahí puede llegar la guerra de los mundos ibéricos y la batalla de Armagedón que definitivamente coloque a la diestra de Dios Padre la unidad de España y a su siniestra la fragmentación del país, que de ese modo, si el Maligno vence, dejará de ser, como lo era el Cerdo de Pata Negra que a todos nos mancomuna, Uno —ni Grande ni Libre— y se convertirá en trino: Madrid, Barcelona, Bilbao.

¡O en cuádruple, recórcholis, con permiso del Apóstol!

Ya fue adelantado de ello el obispo Gelmírez, que quería elevar a capital de un estado pontificio independiente el término de Santiago de Compostela.

¿Debo aclarar que la mención del Maligno es irónica y sarcástica? Más me vale, porque ni los separatistas ni los españolistas suelen tener mucho sentido del humor. Las izquierdas, tampoco, y las derechas, según... A los liberales, en cambio, nos sobra, pues todo, menos la libertad, nos parece relativo y negociable.

Incluso, lo que ya es incluir, la noción, definición y delimitación de España.

Más símiles, más paralelismos, más puntos de coincidencia y factores de convergencia entre la democracia y la religión...

Procesiones en ésta y *manifestaciones* en aquélla. ¿No son lo mismo?

Mítines: el Papa se dirige o simplemente saluda y da su bendición a las muchedumbres que, histéricas, chillonas, entregadas, aúllan su nombre y corean consignas en la plaza de la Conciliación. Nuestros *politeólogos*, en cambio, lo hacen en la de la Crispación.

No sólo eso: llega la campaña electoral y los políticos se desgañitan, encaramados al púlpito de una tarima rematada por un cartelón en el que revolotea y resopla el Espíritu Santo en forma de consigna, no de palomo, ofreciendo paraísos que jamás llegarán o anunciando, a quienes voten por otros, infiernos que sólo en su imaginación existen. *Discursos* o *sermones*: tanto monta. Lo que con ellos se hace, hágalo el cura o el aspirante a diputado, virtuosos los dos en el floreo, solfeo y arte de las promesas falsas, es predicar y no dar trigo.

¿*Misioneros*? ¿*Domund*? No han de faltar: son los cooperantes, los voluntarios, los funcionarios de los organismos internacionales y los miembros de las organizaciones no gubernamentales.

¿Qué diferencia hay entre el latrocinio del impuesto de la renta de las personas físicas y los *diezmos* y *primicias* que la Santa Madre Iglesia exige a sus fieles? Cuantitativa sí que la hay, pero cualitativa, no. Es ahora el Santo Padre Estado quien lo hace. Lo de *diezmos* es una forma de hablar, porque los recaudadores del arzobispado de la Hacienda Pública son mucho más codiciosos que los curas y aplican tipos impositivos bastante más elevados que los de Roma.

El demencial impuesto sobre el patrimonio, extorsión pura, que en casi ninguna parte del mundo existe, pero en la sufrida España, sí, qué le vamos a hacer, siempre nos toca bailar con la más fea, pedigüeña y aprovechada, no es sino la emanación, extensión y aplicación tributaria de la filosofía simplificadora, demagógica, mecanicista y reduccionista del cristianismo, según la cual —ya lo mencioné— todo pobre es automáticamente bueno y todo rico irremisiblemente malo. ¡Antigua, populista y oportunista copla ésa de que más difícil es para un hombre que ha levantado un patrimonio con el ingenio de su frente y el sudor de su diligencia entrar en el Reino de los Cielos que para un camello proletario con alforjas y orejas de burro pasar por el ojo de una aguja! Los izquierdistas —Zapatero solo es zapaterista— así lo piensan.

Gozan los diputados de inmunidad parlamentaria, ¿no? ¿Y en qué, me pregunto, se diferencia tan inconcebible privilegio del que otrora se acordaba a quienes —la expresión lo dice todo— *se acogían a sagrado*? Derecho es ése discriminatorio en grado sumo, insultante, amén de irracional, y patente de burladero para que en él se cobijen crímenes impunes y las leyes no lo sean para todos. Quien las hizo, como de costumbre, tendió la trampa.

¿Censura? ¿*Índice*, quema de libros, restricción mental, control de prensa, delitos de opinión, mordazas de toda índole? Así ponían las bolas de billar y las barraganas (se supone) a don Fernando VII. La respuesta es fácil. Se llama *corrección política*.

¿Seguridad Social? Pues sí... Esto es: cepillo de las iglesias, ropero de San Vicente de Paul, instituciones de beneficencia, obras de misericordia... Están, las últimas, en el catecismo. En España se lo saben (y lo aplican) hasta los ateos.

¿Enseñanza universal, obligatoria y gratuita? Dejémonos de cuentos: catequesis. El estudio no es derecho de todos, sino vocación de algunos. Lo contrario sólo sirve para convertir las aulas en rediles y en ovejas y borregos (o carneros) a los alumnos.

El *Tribunal Constitucional*, cuyas sentencias son, como las del Papa, infalibles y cuyos miembros, cuando se pronuncian sobre asuntos que afectan a la fe, las costumbres o el dogma, lo hacen ex cáthedra, sería el Vaticano, y su Presidente, el sucesor de Simón Pedro.

La *Cámara alta* acoge y estabula a los lores, a los *seniores*, a los senadores, y equivale, por ello, a la *Conferencia Episcopal*. Hubo, por añadidura, hasta hace poco tiempo, aunque ya no los haya, *ancianos* en ese cónclave, como Julián Marías y Camilo José Cela[23], que lo eran por designación real, o sea, por *ius Dei*. ¿No recuerda eso el *derecho de presentación* que los reyes ejercían cuando el Sumo Pontífice, o su nuncio, o el cardenal primado, o quien demonios fuese, pretendían que la autoridad civil aceptara y ratificara la candidatura de un obispo? ¿O era al revés, y ostentaba esa regalía el Papa frente al monarca? Poco sé yo de derecho canónico y de las triquiñuelas jurídicas que de él dimanan, pero para el caso, aunque en sentido inverso, nada importa, porque ambas hipótesis son

---

23.   Y el inefable, verbo diarreico y pesadísimo Xirinachs, que ya no figura en nómina. Dios, en su infinita misericordia, nos ha exonerado de su presencia. ¡Prosiga en el Cielo su prédica el mosén como en sesión plenaria del Senado le sugiriese su cofrade Cela tras soltar un cuesco!

ejemplo de lo mismo: de recíproca injerencia entre lo sagrado y lo profano. Vale decir: de democracia.

Pero el poder real, el auténtico, el que cuenta, el que los ciudadanos o parroquianos sienten y condiciona sus vidas, está en la *Cámara baja*, que es donde se nombra y destituye el Gobierno. Reside en ella, en sus escaños, el *clero regular*, el seglar, el que día a día se ocupa, en teoría, de resolver los problemas cotidianos de los feligreses.

Dicho lo dicho y visto lo visto, ¿se sorprenderá alguien si menciono ahora la evidencia de que los partidos políticos, a los que todos esos próceres —senadores, diputados, ministros— pertenecen y a cuya sombra medran, son a la Democracia lo mismo que para la Iglesia representan sus distintas órdenes, cabildos y congregaciones? Poderosas y opulentas algunas, como las de los agustinos, dominicos, jesuitas, marianistas, *psocialistas*, peneuvistas, populares y convergentes, y pobretonas, menesterosas las otras, las de los franciscanos, cartujos, misioneros, frailes mendicantes, monjes y monjas de clausura, Izquierda Unida y grupos extraparlamentarios, pero todo es bueno, el atún y el duque, la mortadela y el jamón, el vino y el agua, para el convento o el monipodio y para engrasar, de paso, los mecanismos del Sistema y engrosar, engatusándolos, untándolos, acariciándoles el lomo, el número de sus simpatizantes y cotizantes.

¿Voto de obediencia? El de la *disciplina de partido*, para sus señorías, y el de elegir *listas cerradas* para los hermanos legos y modorros que, tolón, tolón, depositan sus papeletas, cabeceando, en el sanctasantórum de las urnas.

¿Voto de pobreza? El que formulan los diputados, alcaldes, ministros y demás prebostes cuando hacen pública su declaración de impuestos como garantía de que al dejar el cargo únicamente se habrán enriquecido mediante las trapisondas, arqueos, redondeos y cambalaches que de él se deriven los parientes cer-

canos, los amigos, las queridas, las secretarias para todo, los testaferros y el número de dígitos en las cuentas ocultas de los paraísos fiscales.

¿Voto de castidad? Bueno, bueno... Sólo hasta cierto punto —mucho más en los puritanos países anglosajones que en la libertina España— y siempre, allí como aquí, con la boca pequeña, muy pequeña. Pero también en eso, en simular, en esconder la mano (y otros apéndices y oquedades), en no decir lo que *si fa* y en no hacer lo que *si dice*, y en practicar la hipocresía con cara de póquer, se asemejan los diputados a los curas del Aretino y las diputadas a las mujeres de Boccaccio. Proverbiales eran las coimas y efebos de los unos, y las tríbadas y maromos (mayormente confesores, jardineros o sacristanes) de las otras, y en las mismas, según la prensa, que es muy mala, siguen, lo que me parece muy bien, pues sabido es que los asuntos de la entrepierna, hoy como ayer, y como mañana, no tienen enmienda, pero que no presuman de lo contrario, ¡caramba! Es lo único que les pido.

Año tras año, al sonar la fecha del 25 de julio, que siempre me coge en el pueblo, porque en verano sólo salen de casa, mayormente, los turistas, los políticos, los asalariados, los horteras, las marujonas, los niños apestosos, las niñas zanguangas, los adolescentes con acné, las adolescentes en coturnos y con el elástico de la braga al aire, los hinchas de los equipos de fútbol ingleses y los guiris de pantalón corto y sandalias de chancleta, me quedo pasmado, sobrecogido, ante la pantalla del televisor al comprobar —bochorno reiterado— que los Reyes, una vez más, ¡maldición!, en compañía de una montonera de fantasmones con mando en plaza, han acudido a la catedral de Compostela para asistir a la *tradicional ofrenda* a ese Apóstol que, como ya he dicho mil veces, nunca, ni vivo ni muerto, estuvo en España.

¡Y aunque hubiese estado, *sapristi*!

Cuál no sería mi estupor, y mi rubor, el día en que con estos ojitos castaños que algún día devorará la tierra vi cómo un destacadísimo dirigente del Partido Popular se plantaba en la cripta jacobea para pedir a los huesos que en tal sitio *no* se pudren que echasen una mano en lo relativo a la *catástrofe humanitaria* del *Prestige*...

¡Y eso metidos ya en el vigésimo primer siglo de la era cristiana, que, efectivamente, hace honor a su nombre! ¡Toma modernidad! ¡Toma aconfesionalidad del Estado! ¡Toma laicismo, progresismo, Constitución, Ilustración y racionalidad!

Me llega hoy la noticia de que han nombrado a santa Eulalia alcaldesa perpetua de Mérida y que Ruiz-Gallardón renovó hace unos meses el voto que consagra la Villa y Corte (*de los Milagros*, habría que matizar) a su santa patrona. ¿Será la Almudena concejala del PP? ¿Y si se descubriera que vota al PSOE?

¡Y se meten con el Caudillo por lo del brazo de santa Teresa y el manto de la Pilarica! ¡Pero si era, en comparación con todo eso, un aprendiz de brujo!

Subrayé más arriba lo de la *catástrofe humanitaria* para poner una vez más en solfa a quienes desde todas las tribunas públicas y mediáticas asesinan la lengua sin que el respetable rechifle ni la Española diga nada. Sólo Tamarón y Álex Grijelmo, fallecido ya don Fernando Lázaro Carreter, protestan. ¡Pero díganme ustedes, señores políticos, señores periodistas, señores miembros de las oenegés, cómo puede ser *humanitaria* una *catástrofe*! ¿No será ésta, más bien, y como sugiere la lógica, lo contrario?

Intercalo otro asunto, no desprovisto de relación, por más que lo parezca, con todo esto. Seguro que a Leopoldo Alas va a interesarle, porque le toca muy de cerca. Mentemos la soga en casa del ahorcado, y hagámoslo por poderes: los de la pluma ajena.

Lo de *pluma* es literalidad y casualidad. Nadie se pase de listo. No va con segundas.

Reproduzco aquí, pues guarda muy estrecha relación con el asunto —el de la grotesca sacralidad de los matrimonios laicos, ya sean entre heterosexuales, ya entre homosexuales— que deseo glosar, la columna que hace algún tiempo, no sé cuánto, porque la recorté en su día y no anoté la fecha,[24] publicó en *El Mundo* la periodista Isabel San Sebastián. Es ésta, y —como a renglón seguido se verá— sola se alaba, no tiene desperdicio...

El niño Marcel ya es miembro de la comunidad de Igualada, provincia de Barcelona. Su recibimiento civil por la casa del pueblo se produjo el domingo, al son del violonchelo, en el transcurso de un emotivo ritual concelebrado por el alcalde, Jordi Aymamí, quien leyó fragmentos de la Constitución y la Carta de Derechos del Niño de la ONU, y una amiga de la madre del recibido, que declamó el poema titulado *Un castel per a tu*. Imaginamos que la elegante compañía se desplazó después a festejar el evento en algún restaurante de postín inequívocamente laico.

Dentro de unos años, cuando Marcel alcance la edad adulta, la comunidad querrá saber —suponemos— si el muchacho comparte los principios (laicos) de igualdad, libertad, solidaridad y respeto anunciados por el primer edil en la ceremonia de acogida del neófito. Con el fin de permitirle formular sus votos de ciudadanía, se organizará el correspondiente acto solemne laico, oficializado por el alcalde o una autoridad superior, con amplio despliegue de

24. Fue, desde luego, en el verano de 2005, cuando andaba yo metido hasta el pescuezo del alma en la lidia de *Muertes paralelas*.

vestuario dominical, canciones tradicionales y banquete de ritual.

Vendrá después la boda civil, de chaqué él y con la novia de blanco —¡faltaría más!— en un consistorio bien engalanado con flores para no deslucir la laica ocasión. Siguiendo la moda impuesta hace apenas dos siglos por los muy laicos y demócratas Danton, Marat y Robespierre, es probable que para entonces los legítimos defensores del ceremonial civil hayan escogido un símbolo sustitutivo del Dios de los cristianos; algo equivalente a la laica diosa Razón revolucionaria, pero en versión carpetovetónica. Dado el carácter latino y viril de este país nuestro, descarto de antemano las opciones de igualdad, libertad y solidaridad, términos femeninos de nuestro diccionario, y me quedo con el dios Respeto, o tal vez el más actual Talante, dotado de un gran falo equiparable a los pechos desnudos de la deidad venerada por nuestros vecinos. Podrían incluso convocarse concursos públicos para dotar a todos los ayuntamientos de las correspondientes estatuas laicas, lo que daría un toque indudablemente vanguardista a nuestras casas consistoriales y animaría la economía de muchos artistas. Como lápida funeraria, resultarían ciertamente innovadores e impregnarían los cementerios de un fascinante toque vitalista.

¡Si don Pío Baroja levantase la cabeza!... ¿Qué dirían los de su generación de este laicismo de vanguardia que abandera la muy patriótica Igualada? «España y yo somos así, señora.»

En efecto. Y gracias, Isabel. Perdona que haya abusado de tu *copyright*.

¿Tiene alguien, homosexual o heterosexual que sea, algo que objetar? ¿No es ridículo? ¡Los jueces echando sermones! ¡Los mariquitas vestidos de tul ilusión! ¡Los bebés bautizados por un concejal en la sala de plenos de la alcaldía! ¡Los alguaciles y maceros dando lectura al texto de la proclamación de los Derechos Humanos con turíbulos, hisopos, estolas, dalmáticas y mitras mientras un coro de voces blancas entona el *Ave María* de Gounod con música de *La marsellesa* o la *Marcha* de Mendelssohn en versión de David Bisbal!

Hasta los gatos quieren zapatos, pero la mona, aunque se vista de dulce... Nunca se ha llegado más lejos en el ejercicio, exaltación y explotación de la cursilería. ¡Puños con puñetas de encaje y gemelos de plata Meneses en alto! ¡En pie los horteras de la Tierra, en pie la atiborrada legión! ¡Sus y a los jamones, ciudadanos, que ya son nuestros! ¡Barra libre, champaña catalán a chorro, canapés precocinados a discreción, licores de garrafa, pasteles de María Antonieta gratis *pour les enfants de la patrie*!

¿Para esto han muerto, en nombre del laicismo de la democracia, millones de personas?

Que nadie, nunca, se atreva a decir delante de mí que ese régimen —*régimen*, sí, porque lo es, y no, simplemente, sistema de *gobierno* de la cosa pública; entre esos dos conceptos hay la misma distancia que va de *ciudadano* a *súbdito*— es laico. No pongamos la zorra a cuidar de las gallinas ni a los curas sin alzacuellos a clausurar iglesias. Puesto que la democracia, como intento demostrar, se ha transformado en una teocracia, en una Iglesia, en una Comunión de los Santos, en una basílica de Roma, en un vergonzante sucedáneo de la religión, todo, dentro de ella, es forzosamente confesional. El Estado, por definición, ya que de no ser así estaríamos ante una *contradictio in terminis*, no es, no ha sido, no será nunca laico. ¿Cómo podría serlo semejante Manitú, tan descomunal demiurgo, tamaño leviatán?

¡Y aún tienen los partidos de izquierda, presos en su demagogia, lacayos del populismo, insaciables en la codicia de poder, el descaro de asegurar con sollozos de plañidera y desgarro de vestiduras que urge *profundizar*, como si de un pozo de petróleo se tratase, *en la democracia*!

¿Todavía más? ¿No tienen bastante? ¿Adónde quieren llegar?

Yo estoy harto, y seguro que otras muchas personas decentes, racionales y *aconfesionales* también lo están. Me ahogo. Necesito vivir fuera de España, fuera de Europa, fuera de América, fuera del mundo occidental. Sueño con irme de aquí. Mi devoción por Oriente o, en su defecto, por África no es un capricho, una *pose*, una pamema intelectual, un visaje filosófico, sino un desesperado aspaviento de náufrago al que le falta el aire en los pulmones. Puro instinto de conservación. Lo repito: aquí me ahogo. Hastiado, empachado, estomagado. No puedo más.

¿Dónde lo sublime? ¿Dónde el éxtasis? ¿Dónde la iluminación? ¿Dónde la Ilustración? ¿Dónde el criterio de excelencia? ¿Dónde el mérito y la aristocracia espiritual que de él emana? ¿Dónde la jerarquía?

En ninguna parte, que yo sepa. No es, sólo, que el mundo no avance: es que retrocede. Ya lo anunció Donoso Cortés —precisamente en las Cortes— hace siglo y medio. Estamos en pleno *Satiricón*. El Turco nos invade. La bóveda del templo se desmorona sobre nuestras cabezas de filisteos. ¡Y encima, siendo como lo es el fundamentalismo de la democracia entendida como religión el principal responsable de todo eso, quieren intensificarlo, extenderlo, *profundizar* en él!

Reitero mi pregunta: ¿adónde quieren llegar? ¿En qué irrespirable callejón sin salida planean meternos a quienes aún, coleantes, boqueamos y sólo aspiramos a tener alma, a ser personas provistas de libre albedrío, y no borregos marcados, engranajes de reloj, números anónimos en los tabuladores de las estadísticas?

Todo —todo... La educación, los sacramentos, el culto, las relaciones privadas, la familia, la amistad, el arte, el pensamiento, los sentimientos, la filosofía, la ciencia, la fiesta, el ocio, el negocio, las pompas fúnebres— quieren democratizarlo.

Lo mejor, dicen, es enemigo de lo bueno, y más aún, añado yo, si lo bueno no lo es tanto como nos cuentan. Extrapolar lo que sólo es un método de organización política al resto de la sociedad, convirtiéndolo en *tsunami*, en epidemia de peste, en crisis biológica, en proceso de metástasis, en invasión de la marabunta, en garlopa de tábula rasa, es integrismo, es fundamentalismo, es fascismo.

Y fascistas, fundamentalistas, integristas de la fe democrática son quienes aseguran, ay, que *todo es política*. Sólo la izquierda se atreve a formular y defender ese dislate.[25]

Pues no, Fabio, no... Te aseguro que hay vida fuera de la política y muy poca política dentro de la vida. El universo, Horacio, es infinitamente más extenso e intenso de lo que los políticos te dicen.

Cuando un país funciona es porque los ciudadanos viven de espaldas a ellos: a los políticos. Y viceversa: cuando la gente desconoce, incluso, el nombre de quienes los gobiernan, es porque el país funciona. La democracia sólo es buena cuando no se nota.

Hay aún sitios así. Japón, por ejemplo. Mis alumnos de la Universidad de Kioto no eran capaces —lo pregunté— de mencionar las siglas de ningún partido político y, por supuesto, no votaban. Ni siquiera sabían, mayormente, quién era el jefe del Gobierno. ¡Qué gusto! Mi ánimo se ensanchó al oírlo. *Laus Deo.* Amén. *Amón.*

---

25. Noticia de última hora: también lo hace el filósofo Fernando Savater, al que tengo en alto aprecio. Acaba de decir —lo he leído hoy, 26 de septiembre de 2007, en la prensa— que cuando en un país reina la democracia todos los ciudadanos son políticos. Discrepo y me excluyo, tocayo. Será, quizá, porque no vivo en la *civitas*, sino en el campo. En la página siguiente lo reiteraré.

¿Que cómo me atrevo a decir tales cosas? ¿Que de dónde saco el coraje? ¿Que si no me asustan los posibles chivatazos de los malsines y las represalias de los inquisidores del Santo Oficio Democrático?

No, no me asustan. El coraje lo saco de la edad. Así de simple. No son sólo los niños y los borrachos quienes dicen lo que piensan. También lo hacen los ancianos. «Las esperanzas cortesanas / prisiones son do el ambicioso muere.» A quien está ya muy cerca de perder la vida nada le pueden quitar.

Y ahora, por fin, la carta escrita en un día ya relativamente lejano al bueno de Leopoldo Alas. Mucho se demoró en llegar desde que la anuncié[26], mas no fue por culpa del cartero, sino de la verborragia y condición de enredadera de quien la escribe. Recuérdese que se trata de una *epístola moral* y que tiene título: «¿Política? No. Filosofía.»

Aquí la tienen...

Respondo con estas líneas a lo que Leopoldo Alas decía sobre mí, hace cosa de una semana, en su columna «Las perlas», sorprendido por lo que en una carta al director de *El Mundo* había manifestado yo unos días atrás a cuento de la derecha, de la izquierda y de la Iglesia. Vaya por delante, ante todo, mi orteguiana convicción de que tomar partido, en política, por lo diestro o por lo zurdo es simplemente una estupidez como tantas otras. Y conste también que, siendo yo hombre de campo y no de polis,[27] que es donde se fragua la política, ésta, no me importa ni me afecta. Sólo me aburre. La

26. Fue en la página 115, y lo reiteré en la 117.
27. Ya lo dije. Reiterado queda.

juzgo, además, innecesaria, pues apuesto por el autogobierno del individuo. Lo contrario me sucede con la filosofía, y es en su marco donde deben situarse mis palabras. Políticamente no soy de nadie, pero filosóficamente estoy mucho más cerca de lo que se entiende por derecha que de lo que se entiende por izquierda. No soy, vade retro, progresista, sino conservador, a mucha honra. Es decir, prefiero lo privado a lo público, el *laissez faire* al intervencionismo y el *laissez passer* al dirigismo, el *tao* —fluye como el agua, que todo lo vence porque a todo se adapta, y no actúes— al providencialismo (que desemboca en el Estado, ese monstruo que no debiera existir) y, frente a la constante incertidumbre y desasosiego producido por la falsa panacea del cambio, considerado como un fin en sí mismo, me inclino por la consoladora reciedumbre de la *traditio* (que en latín significa «entrega»), esto es, la tradición, y de la *aurea catena* que en ella se origina. Lo demás es plagio.

Lo de que el socialismo, en particular, y la izquierda, en general, proceden, como herejías o sectas, del judeocristianismo no es cosa, me parece, que quepa poner en duda. Toynbee y otros muchos pensadores e historiadores de similar calibre lo creen así. También mi maestro Nietzsche, en cuyo fértil hontanar abrevo. Lo que de esa genealogía —la del monoteísmo, igualitarismo y dogmatismo— se subsigue es, a mi juicio (y supongo que no te digo nada nuevo), cuanto ahora te detallo. ¡Siniestra letanía, vive Dios! Te ruego que me perdones por infligírtela. A saber: la moral de los esclavos, el clan de la servidumbre, la cultura de la queja, la cofradía del Santo Reproche, la hermandad de la no menos Santa Pobreza y, en definitiva, el miedo a la libertad. Todo eso es para mí, entre otras cosas, y ninguna agradable, la izquierda, y por ello dejé filosóficamente de militar en sus filas cuando en 1967 llegué por primera vez al Ganges, aunque seguí siendo, sin excesivo entusiasmo, por rutina, vagamente antifranquista. Ya no lo soy. Ni siquiera eso, Leopoldo. Escandalízate cuanto quieras, pero así es, y si, llegado a este punto, no lo reconociese, por miedo al peligro que tan incorrecta confesión entraña, estaría mintiendo por interés, por pusilanimidad y por omisión. Tal querella —la de Franco— no me incumbe. Es cosa del ayer. Ni guardo a ese general rencor, pues me dio cárcel y exilio, esto es, aventura, diversión, impulso y vuelo, ni me interesan las guerras de mis antepasados. Ladren éstos cuanto quieran. Adiós, señores. Mi larga marcha sigue. Y en cuanto a lo del paganismo de la derecha... ¿De qué derecha hablamos, Leopoldo? Yo me refería, únicamente, y no sé si dentro de ella, al liberalismo, que es la razón —no la fe— que profeso. Te lo aclaro porque en las agrupaciones de derechas, y el PP no es excepción a la regla, abundan hoy los socialdemócratas, y yo, ese palo, el de la sopa boba, el dirigismo y la moralina barata, no lo toco. Fue Mussolini, un socialista, quien inventó y tarareó la copla del Estado social, ese puerto de arrebatacapas. A mí, todo lo que no sea liberalismo, esté en la derecha o esté en la izquierda, me parece fascismo (lamento recurrir a esta palabra, convertida por el abuso que de ella se hace en insulto y *flatus vocis*).

Esa derecha, la liberal, sépanlo o no los suyos, es mucho menos cristiana que pagana. Fue en Eleusis donde se puso en marcha el proceso de ilustración —ilustración he dicho, Leopoldo— que irguió al ser humano y que se vio bruscamente interrumpido por el triunfal advenimiento de los tres monoteísmos y, con ellos, de los Siglos Oscuros. Aún seguimos parcialmente sumergidos en esas tinieblas, aún seguimos guerreando en nombre de Yavé, de Cristo y de Alá.

Penúltima cuestión: la de por qué, pese a considerar el cristianismo una catástrofe y a la persecución de la que soy objeto desde que publiqué mi *Carta de Jesús al Papa*, por parte de la Iglesia, apoyo a ésta en su actual pugna con el Gobierno. No me duelen prendas. Prescindo de lo personal y me declaro hombre genéricamente religioso —budista, hinduista, animista, sintoísta, gnóstico, que no agnóstico; mi único dios es el *anima mundi* y por eso soy también, a rajatabla, ambientalista— por considerar que sólo la religión (sin iglesias de nin-

gún tipo) responde o intenta responder a las grandes preguntas —las únicas que de verdad me interesan— y por opinar
que todos los valores éticos y también los estéticos —el arte, si
no busca lo sublime (vale decir: la Belleza, la Bondad y la Verdad, entendida ésta como tentativa de gnosis, de conocimiento), no es nada— proceden del ámbito e impulso religioso.
De ahí que apoye la presencia, crucial, prioritaria, de la religión como asignatura obligatoria en los bancos y pupitres de
la escuela. Inclusive si sólo es, por ley del embudo, la católica.
Preferiría, claro, cualquier otra, politeísta, pagana y mistérica
(la del éxtasis místico, por ejemplo, o la de los enteógenos,
vulgo alucinógenos, por ejemplo), y primaría, por supuesto, la
enseñanza no confesional de la historia de las religiones, que
es la de la cultura, así de fácil, pero del lobo, un pelo, aunque
sea ralo y de la cola. En el catolicismo también hay, solapada,
mucha Hélade y, naturalmente, altos valores espirituales: los
que hoy, en la urbe, en el agro y en el orbe, nos faltan. Y eso es
lo que, en último término, me interesa, me mueve y me conmueve: el Espíritu, Leopoldo, el Espíritu.

Otra cuestión aún. Respiras por la herida de la actitud de
la Iglesia y de ciertos sectores del PP en lo concerniente a los
derechos civiles de los homosexuales. No voy a embestir a ese
trapo ni a mezclarme en esa querella. El paganismo era pansexual, y yo lo soy (o intento serlo). La ilustración, y no digamos
la iluminación, propone como meta la androginia. El *tantra*,
que tan caro me es, también. Tú sabes perfectamente hasta qué
punto fui, entre los de mi gremio, adelantado de la homofilia
—que no de la hemofilia. Me pierdo por una broma— y escarnecedor de la homofobia. Otra cosa es que alimente reticencias filológicas —no hay filosofía sin filología... Estudié
Románicas y he sido profesor de ella en diez universidades de
siete países— respecto de si se debe utilizar o no la palabra
matrimonio para designar con ella la unión conyugal de personas del mismo sexo. Me inclino, lo confieso, por lo segundo, pero, desde luego, no entraré en ninguna batalla atizada

por esa disputa nominalista. Haga cada quien de su capa un sayo y de su sexo un instrumento de libertad respetuosa para con la del prójimo.

Y, ya puesto, otra confesión: tampoco entiendo ni apruebo que, en muchos casos, no sé cuántos, la larga lucha de los homosexuales por el reconocimiento de sus derechos civiles desemboque en la, para mí, asombrosa aspiración a disfrutar (dicho sea con ironía) de una ceremonia nupcial envuelta en confetis, granos de arroz, cencerros, bendiciones de cura laico y velos de tul ilusión. El matrimonio no es, a mi juicio, un sacramento (eso se lo sacó la Iglesia de la manga a pitón muy, pero que muy pasado. Fue en la Edad Media), sino una estupidez burocrática. Si de mí dependiera, lo suprimiría, y hale, a vivir en libertad. Pero tampoco por eso me metería en dibujos y mucho menos en disputas de aritméticos y sométicos. Allá cada cual. Sabido es que para todo hay gente.

Sí, en cambio, me gustaría hablar a fondo un día sobre el puñetero problema de la adopción. Eso es mucho más complicado y delicado. Palabras mayores, Leopoldo. ¿Necesita el niño, para crecer en sabiduría vital y desarrollarse armónicamente, tener ante él, desplegados, amistosos, un modelo masculino y otro femenino? ¡Ay! Esquilo, Sófocles, Eurípides, Freud, Jung, Hellinger, Jodorowsky, el *yin* y el *yang*... No conocí a mi padre, como sabes, que fue inicuamente asesinado por los *hunos*, pero también podrían haberlo matado los *hotros*, al comienzo de la guerra civil, y lo pagué caro. Estoy ahora escribiendo —terminando, casi— un grueso libro[28] para llenar ese hueco, para colmar ese vacío, para saldar esa cuenta. A él, Leopoldo, me remito. Pronto estará en tus manos.

¿Guerra civil? ¿Derechas? ¿Izquierdas? ¿Iglesias? ¿Nacionalismos? ¿Terrorismos? Pugilatos maniqueos, trifulcas monoteístas, Leopoldo. O, diciéndolo con más precisión y extensión, dualismo judeocristiano y musulmán. Volvemos, pues, al

28. *Muertes paralelas.*

territorio de la filosofía, *quod erat demonstrandum*. Yo, como casi todo el mundo en Oriente, y como casi nadie en Occidente, soy monista. Eleusis, a un lado; al otro, Egipto; y a mi frente, Benarés y Kioto. Ahí tienes mi respuesta, ahí tienes mi cartografía y, por lo tanto, mi posición, ahí tienes mi programa, ahí tienes el sentido de mi voto. ¿Adivinas por quién, *in dubbio*, lo hago?

La política es anecdótica; la filosofía, categórica. Allá muevan feroz guerra los partidos, que es mi dios la libertad... Sentémonos, alegres, en la popa, sin diez cañones por banda, y filosofemos, Leopoldo, filosofemos antes de que el tiempo fallezca en nuestras narices.

Un saludo reaccionario, un abrazo pirata.

Y, tras ellos, un vigoroso punto final. Ya me he desahogado, ya sabe el lector a qué atenerse, por si no lo sabía, cosa que dudo, antes de esta larga declaración de principios, en cuanto se refiere a mi actual postura política.

¿Política? ¡Ya estamos! Es, sólo, *filosofía*. Perdonen la insistencia.

Asestaré una última estocada al toro que acabo de lidiar. Los españoles, cuando votan, no lo hacen con la cabeza, sino con los pies o con el corazón, y tanto el uno como los otros son, en lo que atañe a la administración de la *res publica*, muy malos consejeros.

A la vista está.

Votan con los pies, como si fueran futbolistas o reventadores de estreno de teatro, aunque esto último ya no se estile, cada vez que optan, a priori, por hacerlo a favor del partido —poco importa que sea de derechas o de izquierdas— por el que *siempre* han votado. Yo, dicen, «socialista de toda la vida» o «aznarista», pongamos, «hasta la muerte». ¡Viva el Betis, manque pierda! No razonan ni reaccionan. Carecen de pensamiento crítico. Son leales a machamartillo —eso piensan— y se enorgullecen de ello, pues lo contrario —cambiar el sentido de su voto en función de las circunstancias— se les antojaría chaqueterismo, y eso, en un país de tan firmes convicciones como éste, impasible el ademán, inasequibles al desaliento, nunca. Son militantes sin ideas de una ideología acorazada, miembros de un club, socios de un equipo, soldados de un ejército de choque, borregos agrupados en torno a una bandera, orugas procesionarias, y no, ni por asomo, ciudadanos de un país libre, en teoría, gobernado por instituciones supuestamente democráticas.

El voto, entre españoles, apenas se mueve. Un par de puntos para arriba, otro par de puntos para abajo, y todo sigue, más o menos, como estaba. No hay oscilaciones. ¡De frente! ¡Ar! País inmóvil, monolítico, lapidario, partidario. Es desesperante y, de hecho, me desespera. Tengo la sensación de vivir entre estatuas de sal, de decir ingenuamente lo que pienso a personas que sólo escuchan la voz de sus amos y de correr, como en los sueños, sin moverme del sitio.

Ser de izquierdas o ser de derechas, aquí, es como ser del Madrid o del Atleti. Posiciones enquistadas, divisiones *panzer*, torres que se enrocan, Montescos y Capuletos, gentes de una sola pieza que jamás dan su brazo a torcer.

¿Cómo no va a haber guerras civiles?

Y si no votan, esas gentes, con los pies, lo hacen con el corazón, como decía, y poco o nada se sale ganando en el trueque, pues también las sensibleras y siempre pasajeras emociones que proceden de esa víscera son sinrazones que nublan el entendimiento.

Es lo que sucedió, sin ir más lejos, tres días después del atentado de Atocha. ¿Cómo sentirse parte de un pueblo que no contrata a sus administradores —pues eso, administradores de una empresa pública, y nada más que eso, son los políticos— en función de su profesionalidad, eficacia y honradez, sino atendiendo a supuestas virtudes más propias de púlpitos, catequesis y montes de piedad que de parlamentos, mítines, partidos, ministerios y presupuestos generales del Estado? ¿En qué cabeza cabe —sírvanos la redundancia— no votar con la cabeza? ¿A quién que tenga un negocio, necesite un contable para atenderlo y esté en su sano juicio se le ocurre el despropósito de tantear y evaluar al aspirante al puesto, aceptándolo o rechazándolo, según lo que el mismo piense y manifieste acerca de la guerra de Iraq, la política exterior de Estados Unidos, los principios morales de Bush o cualquier otro asunto ajeno al estricto debe y haber de la empresa que va a pagarle un sueldo?

Y no se trata, no, como persignándose y dando en aspavientos de beguinas escandalizadas argüirán los inquisidorcillos de la corrección política, de pragmatismo insolidario, cinismo neoliberal ni frialdad administrativa, sino de simple sentido común. ¡Pero vamos a ver! Si yo, por ejemplo, busco un chófer, una secretaria, un carpintero o un ingeniero, ¿qué coño me importan sus ideas, su filiación política, sus creencias religiosas, sus gustos y sus fobias, sus convicciones morales, sus inclinaciones sexuales, el nombre de su torero favorito, las medidas de las tetas de su novia o el número del carnet de identidad de la madre que en buena hora lo parió?

Perdóneseme el tono desabrido y la aspereza de mis palabras, pero hay cosas que, por su falta manifiesta de racionalidad, ofenden y sacan de sus casillas a quienquiera que, erguido, implume y dueño de un lenguaje articulado, vaya por el mundo sintiéndose, como mínimo, *Homo sapiens*.

Es mi caso.

Yo no quiero ir al café, ni a la discoteca, ni a la playa, ni al cine, ni a pasear por el Retiro, ni a contemplar el crepúsculo, ni a vitorear al Papa, ni —líbreme Dios— al fútbol, en compañía del contable de mi empresa. No, no, por favor. No me quieran tan mal. ¡Menudo coñazo! Lo único que pido a esa persona —y tengan por seguro que como a tal la trataré— es que respete el horario laboral, cuadre el balance, sea cortés conmigo y sus compañeros, no fume, vaya limpio y no me sise. Todo lo demás es asunto suyo. Y mío, a veces, pero por separado. Para poner a parir —o no— a Bush, para escuchar —asintiendo o disintiendo— lo que otros digan sobre la guerra de Iraq y para que otros escuchen —disintiendo o asintiendo— lo que este servidor de nadie opina al respecto ya buscaré y seleccionaré yo las voces y los ámbitos que estime oportunos. Donde tengas la olla no metas los sentimientos ni las simpatías o antipatías que de ellos se deriven.

¿Votar con el corazón y de sopetón en un momento de arrebato emocional, entre sollozos y jipidos, con los ojos arrasados por las lágrimas, pucheros en los labios, el pulso tembloroso, acelerada la sangre, estrangulada la glotis y haciendo caso omiso de lo que la cabeza nos dicta? Pues eso es lo que muchos, muchísimos de mis compatriotas hicieron, tirándose por la ventana sin paracaídas al abismo de las urnas, sin pensarlo dos veces, a lo loco, a más ropa que hay poca, setenta y dos horas después de que un hatajo de malhechores asesinasen a ciento noventa y dos personas en una estación ferroviaria de la capital del reino.

Confío en que no se me interprete mal. No censuro, por más que me escueza el resultado de aquellas elecciones, el hecho de que diez o doce millones de personas votaran a la izquierda, pues eso era entonces y sería hoy o en cualquier otro momento tan legítimo (y tan discutible) como votar a la derecha. No. Lo que censuro, lo que me solivianta, lo que no entiendo ni puedo de ningún modo aceptar, lo que me mueve a escribir —también en lo relativo a ello— *a contraespaña* y a querer irme de aquí cuanto más lejos, mejor, es que semejante muchedumbre de españolitos actuase de esa forma empujada no por las nítidas razones de la razón, sino por las confusas sinrazones de la emoción. Así, señores míos, no se vota ni se renueva la plantilla de una empresa. Lo uno y lo otro, como tantas cosas de la vida real que no dependen de los sentimientos, sino de los pensamientos, se hace contando hasta diez, o hasta cien, o hasta mil, o hasta cualquier cifra que se considere necesaria, conteniendo el dolor, sofocando la indignación, sorbiéndose los mocos y las lágrimas, olvidando en la medida de lo posible —sólo mientras se vota— lo sucedido y recuperando, fríamente, voluntariosamente, sin aspavientos de plañidera, la cordura.

Así lo hicieron todos los demás países implicados de una u otra forma en la guerra que condujo al derrocamiento del dictador Saddam Hussein. *Todos*, digo, pese a la contundencia —análoga a la española— con la que muchos de sus ciudadanos salieron a las plazas y a las calles para gritar en ellas, masivamente, aunque a menudo con paradójica y contraindicada belicosidad (Gandhi no lo habría hecho así) eslóganes y consignas opuestos a la guerra. No fuimos los únicos. Centenares de miles —cuando no millones— de personas se manifestaron contra la iniciativa de desencadenarla en Estados Unidos, en Inglaterra, en Australia, en Italia y en Japón, lo cual, sin embargo, no impidió a Bush, a Blair, a Howard y a Koizumi revalidar la jefatura de Gobierno de sus respectivos países en las siguientes elecciones.

Sí, sí, no me corrijan, ya sé que hubo una excepción, sólo una en todo el ancho mundo, aparte de la nuestra, y fue la de Berlusconi en Italia, pero eso estaba cantado desde antes —por mil razones de política interior que ninguna relación guardaban con la crisis de Iraq— y, aun así, llegada la hora de la verdad del escrutinio, hubo que recurrir al recuento de votos y perdió *il Cavaliere* las elecciones por el canto de una lira.

Sólo aquí, en España, dimos la nota y pasó lo que pasó. Y

lo que está pasando. Y lo que pasará. La locura nunca trae cuenta, ni ejercida a título individual, ni, menos aún, como sucedió entonces, cuando se convierte en manifestación de imprudencia colectiva. El español siempre aplaude a la contra, ¿verdad, maestro Unamuno? Y lo mismo hace cuando vota. Para eso, digo yo, mejor que se quede en casa.

Parece ser —ya se apuntó— que la izquierda, esa impostura, ese reino del embuste, ese implacable mecanismo de poder, coerción y corrupción moral, cuando no económica, pinta en España, numéricamente, más de lo que pinta la derecha, pero igual de grave para el país, y para mí, es que ésta, en puridad, no exista o, lo que viene a ser lo mismo, renuncie a su ideario y se avergüence de su nombre.

¿Por qué no hay nadie ni nada en España —un ciudadano, un escritor, un filósofo, un cantante, un cineasta, un deportista, un ricachón, un obispo, una fulana de ésas que salen en la tele, un club de opinión, un partido político— que se atreva a decir que es de derechas?

¿Por qué los populares, los convergentes, los peneuvistas, los de Coalición Canaria y todas las agrupaciones que no son, en teoría, de izquierdas aseguran a troche y moche que son *de centro* y rehúyen, espantadas, como san Pedro negase a Cristo, cualquier connotación, etiquetado o sospecha de derechismo?

¿Por qué no existe aquí, como lo hay en otros países de Europa o del resto del mundo, un partido conservador y por qué a quien siendo español se sienta eso, conservador, reaccionario —yo lo soy— o, simplemente, de derechas —yo no lo soy—, de las de antes, de las de toda la vida, no le queda más opción que votar a un partido mayormente socialdemócrata y, en todo caso, de centro como lo es, y así se define y vende, el Popular?

¿Por qué adolece la derecha —suponiendo que de verdad lo sea; no estoy nada seguro— de tanto *maricomplejo*? ¿Por qué se avergüenza no sólo, como ya dije, de su nombre, que es de por sí honorable, sino también de sus ideas y de quienes las defienden, y por qué cuando llega a gobernar —incluso, a veces, por mayoría absoluta— no se atreve a cumplir con su deber, a rayar a la altura de sí misma, a hacer lo que de ella esperan sus votantes, y lo hace, gobernar, digo, como lo haría la izquierda socialista, que también, por cierto, se proclama representante y habitante de ese lugar imaginario, de ese limbo, de esa tierra de nadie, de ese pan sin sal, de ese buque fantasma, que es el centro?

¿Por qué mi amigo Aznar —yo, cuando concedo o me acojo a ese título, el de la amistad, lo hago para siempre, pase lo que pase, a no ser que medie deslealtad o traición— retiró el *decretazo*, que nos habría traído prosperidad a todos, empezando por la clase obrera, no puso orden en los excesos monopolísticos y sectarios de la información, no atajó el intervencionismo económico liberalizándolo todo (o casi todo) y no hizo prácticamente nada serio en lo tocante a detener el flujo de la inmigración, que es el mayor problema al que se enfrenta Europa, en general, y —en especial— España ni a reducir el dispendio que para los bolsillos del contribuyente suponen los gastos de ese voraz Saturno y repartidor de sobres de sopa boba al que llaman Estado social?

Son sólo unos cuantos ejemplos escogidos a vuelamemoria, caprichosamente, sin orden, concierto ni propósito de agotar el cupo.

Oí decir en cierta ocasión a Mercedes Salisachs, decana y gran señora de nuestra literatura narrativa, que en los años de las primeras y segundas algaradas antifranquistas, desde mediados de los cincuenta hasta finales de los sesenta, considerábamos y llamábamos izquierda a lo mismo que hoy representa y propone el Partido Popular. Llevaba razón.

Mercedes, que es una mujer conservadora, no tiene hoy a quién votar. El marqués de Tamarón, que también lo es, y que no se avergüenza de decirlo, tampoco, por más que las circunstancias lo aconsejen y lo obliguen, ya in extremis, supongo, a hacerlo por el PP. Y a mí, reaccionario a mucha honra, liberal, libertino, pagano, meritócrata, alérgico a cuanto sea colectivo, acratón, oveja negra que huye siempre del rebaño, amigo de las tradiciones, enemigo del desarrollismo y, por supuesto, también conservador a ultranza, me sucede lo mismo.

¿Somos acaso —la Salisachs, Tamarón y yo, junto a algún otro amigo de la república de las letras cuyo nombre, para no complicarle la vida, no cito— las únicas personas en España que pensamos así? ¿Por qué carecemos los conservadores de una opción política en la que guarecernos cuando llega el momento de opinar en las urnas? ¿Qué demonios sucede aquí? ¿De dónde viene y qué persigue el trágala ideológico al que se nos somete? ¿Somos apestados, judíos de Varsovia, carne de lazareto, peligrosos petardistas con una mecha en la mano, escoria de la sociedad sin derecho al voto? ¿Por qué la derecha y la izquierda, si prescindimos de las ambiciones gremiales y rivalidades personales que caracterizan a sus miembros, nos proponen, y proponen a todos, en lo fundamental, lo mismo? ¿No es o no debería ser la democracia un sistema, un ámbito, una red, como la de la electricidad, en la que la corriente no fluye y cae la línea si no existen en los extremos de ésta polos de distinto signo?

Preguntas tontas, a las que nadie, hoy, en mi país, responderá. No interesan, no tienen eco. Mejor evitarlas. No debería yo escribir este libro ni ningún otro. ¿Para qué? Mi moral, que siempre estuvo alta, anda ahora por los suelos. Voy a cumplir setenta y un años. Ya los habré cumplido —peor sería no hacerlo— cuando este libro salga. Mi tiempo se agota, he roto las raíces, me llamo Nadie y no es éste mi lugar, pero ya dije, y lo cumplo, que la derecha no iba a irse, en mi libro, de rositas. Vayámonos nosotros, eso sí, Mercedes, Santiago y resto de la compaña, a cualquier madriguera oculta o fortín inexpugnable en los que reine el silencio. ¿Ítaca? No. Ítaca no existe. El ayer, tampoco.

Otra vez la pluma ajena...
18 de agosto de 2007. Juan Manuel de Prada publica en el diario *ABC* un artículo, titulado «La batalla de las ideas», del que cito, a propósito del *centro*, ese fantasma que recorre desde los días de la Transición y de Adolfo Suárez, España, lo que sigue:

> [...] La derecha debería esforzarse por evitar caer en las trampas que la izquierda le tiende. Quizá la más grosera de estas trampas (pero también la trampa en la que la derecha más obcecadamente cae) sea la llamada alternativa «centrista», ese huesecillo que la izquierda arroja a conservadores y liberales cuando quiere provocar el desconcierto entre sus filas. Dejando aparte que, como sostiene Rodríguez Braun, proclamarse de «centro» equivale a definirse equidistante de la libertad y la coacción, ¿quién establece lo que es el «centro»? La izquierda, siempre la izquierda; y lo establece, por supuesto, según su conveniencia. El espectáculo de la derecha española persiguiendo cual perrillo sarnoso el hueso del «centrismo» que le arroja la izquierda es uno de los más bochornosos y entristecedores que hoy se pueden presenciar. Como en la paradoja de Aquiles y la tortuga, la derecha nunca acaba de alcanzar ese «centro» ilusorio, puesto que la izquierda siempre lo cambia de sitio cuando ya su adversario se abalanza sobre él para atraparlo (y es entonces cuando la izquierda tira del hilo, como en las mejores comedias del cine mudo, privando a la derecha de su huesecillo y dejando que muerda el polvo).

Mientras la derecha no plantee sin complejos la batalla de las ideas, denunciando la desnudez del rey y desmontando el chollo ideológico de la izquierda, tendrá que resignarse a desempeñar el papel del perrillo sarnoso en pos de un escurridizo hueso.

Hablaba yo hace ya muchas páginas de cómo los familiares de los suicidas japoneses tienen que correr con los gastos que su difunto pariente, al renunciar a la vida, haya originado.

Lo mismito que aquí, decía, donde la pólvora del rey corre a ríos por las calles y son quienes dirigen las instituciones públicas discípulos aventajados de otro rey: el que se llamaba Midas.

Quien la hace, entre nosotros, no la paga. ¡Estaría bueno! Son los inocentes quienes abonan la cuenta por vía de exacción tributaria. El culpable de algo que dañe los intereses de la colectividad, pero que no constituya de iure delito expresa y debidamente tipificado por el Código Penal, no tiene que rendir cuentas a nada ni a nadie; y cabe, incluso, que la irresponsabilidad de que ha hecho gala lo convierta en héroe santificado por los medios de comunicación, aclamado por la muchedumbre y condecorado por las autoridades. Es ya tamaño sinsentido el colmo de los colmos, y sucede no sólo aquí, sino en toda esa Europa judeocristiana a la que pertenecemos y en la que tanto gusta premiar al buen ladrón.

Y al malo, porque delinquir es en ella un chollo.

¡De nuevo el dichoso buenismo aliñado con ternurismo, insoportable salmodia de la socialdemocracia!

Pondré sólo un ejemplo, pedagógicamente acompañado por su antítesis...

¿Qué sucedió, hace poco, en Francia y, sobre todo, en Italia, pero también, qué duda cabe, habría sucedido aquí caso de producirse el mismo lance, cuando una periodista francesa y un par de cooperantes italianas, miembros las dos de una ONG o algo parecido, fueron capturadas por los terroristas iraquíes y amenazadas de muerte por sus secuestradores, que exigían, a cambio de su liberación, declaraciones diplomáticas, rupturas de acuerdos, retirada de tropas y creo que también —no sé si en ambos casos— entrega de dinero?

Hubo quite y final feliz. Chirac y Berlusconi entraron al trapo, sus respectivas cancillerías tomaron cartas en el asunto, los diputados rugieron, la opinión pública se echó a la calle, sonaron a rebato las campanas de los medios de comunicación, Internet se puso al rojo vivo, los malhechores soltaron a las cautivas y éstas, por todos vitoreadas, agasajadas y elevadas a la condición de mártires, volvieron a su lugar de origen en loor de santidad y en andas de la muchedumbre.

Me alegro de que las liberasen, por supuesto, y de que no llegara, en esa ocasión, ni una gota más de terrorismo e integrismo al río, pero... ¿Quién tuvo la culpa, aparte de la que incumbe a los secuestradores, de que tan execrable delito se produjera? ¿A quién cabía exigir responsabilidades? ¿A Chirac, a Berlusconi, a sus cancillerías, a los diputados, a la opinión pública, a la prensa, a los usuarios de Internet, a los contribuyentes que en última instancia abonaron la factura generada por lo sucedido o a quienes *voluntariamente* —lo subrayo, y con ello no resto mérito moral a las víctimas, sino que se lo aumento— y a sabiendas del peligro al que se exponían viajaron a Iraq por y para lo que en el caso de cada una de ellas —no de su prójimo— en buena o en mala hora fuese?

En Japón —ahí la antítesis que antes mencioné— se produjo por las mismas fechas un suceso análogo. Dos jóvenes de nacionalidad nipona fueron secuestrados en Bagdad, donde se encontraban por cuenta y voluntad propia, y no porque cualquier institución pública o empresa privada de su país los hubiese enviado a tan inhóspito destino, y... Lo de costumbre: secuestro, chantaje de los terroristas al gobierno de Koizumi, dimes y diretes, tanteos, titubeos, negociaciones *sub rosa* y, al cabo, final feliz.

Pero con una diferencia, muy significativa, respecto al caso de la periodista francesa y las cooperantes italianas. Los ex cautivos japoneses regresaron a su país con la cabeza gacha, avergonzados por lo que habían hecho, crucificados por los reproches que les dirigían —unánimes— los medios de información, ferozmente criticados por el conjunto de la sociedad y por sus propios familiares, y poco menos que con lágrimas en los ojos —yo lo vi en la tele— tuvieron que pedir público perdón a todo el mundo, prometer enmienda y devolver al Gobierno, yen a yen, el costo íntegro de su liberación.

Eso se llama, ya lo dije, *responsabilidad*: una virtud que honra tanto al que la exige como al que la ejerce.

Los ciudadanos de ese país son mayores de edad, responden de sus actos, no patalean, no templan gaitas, no esgrimen subterfugios y no practican la sinvergonzonería institucionalizada del mamoneo.

Es decir: son ciudadanos decentes (y también, en definitiva, *docentes*, educativos, ejemplares).

No sólo por eso, claro, pero *también* por eso es por lo que me gustaría vivir allí.

Japón, siempre Japón... Es éste mi punto principal de referencia: ninguna otra nación, que yo conozca, y conozco muchas, hay en el mundo tan diferente —y tan superior— a España.

Es muy difícil, para quien ha vivido allí, acostumbrarse a vivir en otra parte, y lo es por muchas razones, que en este libro sobre España no vendrían a cuento, excepto una, que sí lo hace, y que por ello es forzoso mencionar.

Imaginemos que estoy en Madrid (Dios no lo quiera) y que la cisterna del retrete no funciona. Llamo a un fontanero, dice que vendrá al día siguiente, no lo hace, vuelvo a llamarlo, se excusa, promete que lo hará sin falta veinticuatro horas después, no cumple lo prometido, vuelvo a llamarlo, vuelve a excusarse, vuelve a prometer que... Por fin, a la tercera intentona, o a la cuarta, o a la que sea, y yo y mi familia, entre tanto, apañándonos con cubos, aparece, se planta en el escenario de la avería, desmonta la cisterna, hurga en sus mondongos, se lleva las manos a la cabeza y exclama:

—¡Madre mía! ¡Lo que le han hecho aquí!

Es la inmediata. Luego añade:

—Hay que cambiar toda la instalación de arriba abajo. ¡Menudo estropicio! ¡Pero hombre de Dios! ¿En qué manos se ha puesto usted? Va a salirle por un riñón.

Santa paciencia. «¿Cuánto?», pregunto. «Ya veremos», dice. «Depende de las horas que le eche. Hay aquí faena para rato.»

Me resigno. Si hay que pagar, se paga. Le sugiero que ponga inmediatamente manos a la obra. Me responde que imposible, que no ha traído las herramientas adecuadas para hacer frente a un problema de tanta envergadura, que mañana no podrá venir, porque le ha prometido a un cliente de posibles instalar en su baño un *jacuzzi* con dispensador de aromas e hilo musical incorporado, pero que lo hará el lunes, en cuanto regrese de la chabolilla con piscina y pista de *paddle* que se ha construido junto a no sé qué pantano con el sudor de su frente.

¿O será —y perdónenme el pareado— con el de su cliente?

Abrevio. Dos semanas después —¡aleluya!— vuelve a funcionar la cisterna, apoquino lo pactado, se despide con campechanía y ufanía el brillante ingeniero hidráulico cuyos padres carecían de recursos (y él, de luces) para inscribirlo en la universidad, todo marcha bien durante unas horas y, al cabo de ellas, se interrumpe el flujo de agua en el retrete, las cañerías hacen gluglú, se atora la palanca del aljibe y la pesadilla recomienza.

¡Qué le vamos a hacer! Vivir en España es emular a Job. Llamo a otro fontanero, acude quince días después, se planta en el lugar de autos, desmonta la cisterna, hurga en sus mondongos, se lleva las manos a la cabeza y exclama:

—¡Madre mía! ¡Lo que le han hecho aquí!

Otra vez *El día de la marmota*, otra vez *Atrapado en el tiempo*, otra vez...

Y en eso, de repente, cegadora, la luz: por fin se hace ésta en mí, me caigo del caballo y entiendo la razón de que estallen en España tantas guerras civiles y andemos siempre a hostias con el vecino. Nadie, entre nosotros, se considera culpable de nada, nadie peca ni se equivoca, nadie lleva sobre sus hombros el peso de la responsabilidad de sus actos, todos atribuyen ésta al fontanero anterior, demonizan constantemente al prójimo, lo ensartan y exponen en el pincho de la picota, y se fingen, acallando la voz de su conciencia, si es que la tienen, limpios por completo de toda brizna de polvo, bajura, yerro, delito y paja.[29]

Esa actitud, trasladada de lo individual a lo colectivo, es la que una y otra vez, a lo largo de una historia asombrosamente sanguinaria, condena a los españoles a resolver sus asuntos y dirimir sus conflictos por medio de guerras civiles. No son ni siquiera lobos, porque los lobos tienen un código, lo respetan y no se muerden entre sí.

¿Puede vivir una persona decente en un país donde hay

---

29.   Y si no es el prójimo el culpable, lo es, en abstracto, la *injusta* sociedad en que vivimos. El delincuente como víctima a la que debemos reparación, educación y reinserción, y no, nunca, como lo que en la mayor parte de los casos es: un verdugo, un agresor, un psicópata, un criminal a palo seco.

más sinvergüenzas, envidiosos y caínes por metro cuadrado que moscas en una boñiga, mosquitos en una charca y gusanos en un cadáver?

¿Cómo soportar el estrés que a diario, minuto a minuto, segundo a segundo, y así semana tras semana, mes tras mes, año tras año, lustro tras lustro, genera en los españoles —o en quienes, no siéndolo, entre españoles, para su desdicha, viven— la sensación, qué digo lá sensación, la evidencia, la certidumbre de que todo el mundo, tu vecino, tu proveedor, tu jefe, tu subordinado, tu colega, tu banquero, tu fontanero, te engaña y, en cuanto pueda, a poco que las circunstancias lo propicien, te delata o, directamente, te *pasea*, te da matarile?

Sólo por eso, aunque haya otras mil razones, que poco a poco, en este libro, voy desgranando, sería ya España lo que a mi juicio es: un lugar insoportable, un pegajoso infierno cotidiano, un país en el que nunca puede quien lo habita bajar la guardia y donde la vida es continuo forcejeo. ¡Qué cansancio!

Ya sé, ya sé que los españoles, idiotas ellos, y siempre triunfalistas, patrioteros, bocazas y forofos de sí mismos, están convencidos de lo contrario y sostienen en las encuestas y en los foros de la telebasura, los cafés, los puticlubes y las tabernas, con machaconería de tontos de baba, que en ninguna parte del mundo se vive como aquí.

Y también por eso, y sólo por eso, aunque hay, como dije, otros motivos que no voy a exponer ahora, sería ya Japón, a rajatabla, el mejor país que yo conozco para que una persona decente se sienta a sus anchas en él.

Hay allí, al revés que en España, menos sinvergüenzas por metro cuadrado que en cualquier otro lugar del mundo.

El fontanero nipón llega siempre en el día y a la hora convenidos, no menciona a sus congéneres, repara eficazmente y en silencio la cisterna, cobra lo justo y se va.

Todo, además, lo deja limpio: tal como estaba. No fuma, no pone la radio, no se toma una cervecita entre tuerca y tuerca. Y, por supuesto, antes de entrar en casa se quita los zapatos.

Toda la nación funciona así: como un reloj de cuarzo.

La receta es muy sencilla: laboriosidad, honradez y sentido del honor. No hay picaresca. No hay listillos. No se miente. No se admira ni se perdona el engaño. No existe la chapuza. No se aplica el principio de tente mientras cobro ni nadie cobra por lo que no ha hecho.

Ciento cuarenta millones de personas con un coeficiente de inteligencia superior en dos puntos al de la media de los restantes seres humanos cumplen allí con su deber a todas horas durante trescientos sesenta y cinco días cada año.

Con eso basta. No se necesita más. No hay ningún otro secreto.

Japón, efectivamente, tal y como la geografía lo establece, se encuentra en los antípodas de España.

Tres males, tres pecados capitales, y españoles a más no poder, que socavan la convivencia y corroen los engranajes del funcionamiento de la sociedad: la envidia, que conduce al cainismo (y éste, a su vez, inexorablemente, al fratricidio individual y general. ¿No envidiaba Caín a Abel?); la picaresca, que es en España modelo de conducta por todos admirado y aplaudido (ya lo dije: los ladrones son entre nosotros gente honrada); y la chapuza, manual de instrucciones laboral del pícaro y patrimonio de todo aquel que desprecie cuanto ignora.

¿Se atreverá alguien a llevarme la contra en eso? ¿Anda por ahí algún lector dispuesto a sostener que los españoles no son mayoritariamente envidiosos, pícaros y chapuceros? ¿Es la picardía, en España, a los ojos del pueblo, sinónimo de inteligencia, encomiable pauta de conducta y garantía de éxito? ¿Saben mis compatriotas, excepciones aparte, que *pícaro* es, según el diccionario, adjetivo que se aplica a las personas «viles, ruines, faltas de honra y de vergüenza, astutas, taimadas y de mal vivir»? ¿Quién puede sentirse a gusto rodeado de gentes de tal calaña?

Responda quien me lee a estas preguntas en conciencia y con inteligencia.

Yo no tengo nada que añadir.

Debate zanjado.

Pícaros los hay, es cierto, en todas partes, incluso (aunque muy pocos) en Japón, pero en casi ninguna se les aplaude, se les ríen las gracias y se consideran un modelo a imitar. En España, por el contrario, sí. Nadie —en ella— acusa al pícaro de lo que en verdad es: un golfo, un sinvergüenza, un delincuente. Nadie propone que lo metan donde debería estar: en la cárcel. Nadie entendería ni aprobaría que así se hiciese. Quizá por aquello de que cuando las barbas de tu vecino...

Malo es que abunden los pícaros, sí, pero peor aún es, en efecto, que gocen de consideración social: algo que yo únicamente he visto en España, en Italia (sólo de Roma para abajo), en buena parte de América Latina y en Bombay.

Lo de España no es menester comentarlo. El fenómeno, en ella, ha dado, incluso, pie —lo que ya es decir— a todo un género literario, exportado con fortuna a otros países y cuyo mérito no es cosa de poner en duda ni seré yo, desde luego, quien lo haga. Pero locura que nadie niega es confundir las novelas con la vida. Don Quijote lo hizo, y loco estaba hasta que aprendió a distinguir entre esos dos territorios, ya con el pie en el estribo, y recobró la cordura.

Lo de Italia viene de la antigua Roma, donde había pícaros a porrillo, y del dominio español, que dejó su abominable e indeleble huella en Nápoles y Sicilia. No es ley de casualidad, sino de causalidad, que en la una surgiera la mafia y la camorra en la otra. Ya dije en la primera línea de este libro que España imprime carácter, condiciona, nunca pasa inadvertida.

Y tampoco lo hizo, desde luego, en América, donde por añadidura y para colmo, aunque sólo en el caso de Argentina, se sumó a la juerga Italia y cayeron chuzos sobre mojado. No tiene, pues, nada de particular que también en muchos de aquellos pagos —México, Cuba, Venezuela... Se salvan Costa Rica, Uruguay y Chile— menudeen los pícaros, se les estime, se les jalee y sea, como en España y en la Italia de Roma y el Mezzogiorno, institucional su liturgia, pedagógico su ejemplo y digna de emulación su conducta.

En cuanto a Bombay, cuarto y último punto cardinal en la rosa de los vientos de la ruta de la picaresca por mí más arriba trazada, me limitaré a transcribir un fragmento —leído, ¡qué *causualidad!*, anoche— en la interesante y espeluznante obra *Ciudad total (Bombay perdida y encontrada)*, con la que su autor —el novelista y periodista indio Suketu Mehta— estuvo a punto de obtener el Premio Pulitzer de 2005.[30]

Es, por cierto, narrativa de no ficción, minuciosamente documentada, y muy bien tramada y contada. Mehta hace en ella, reportajeándolo en clave personal y autobiográfica, algo parecido a lo que en su día, inventándoselo, novelándolo, hiciera John Dos Passos con su novela *Manhattan Transfer* en lo concerniente a Nueva York. Aconsejo la lectura de ese libro colosal, de más de seiscientas tupidas páginas, a quienes gusten, por una parte, de la buena literatura y estén dispuestos,

---

30.   La ha editado en España Mondadori, Barcelona, 2006.

por otra, a descender al infierno, pues eso es Bombay, a averiguar cómo se las gastan por allí y a levantar una esquina del borde de la piel del futuro que nos aguarda a todos para ver lo que hay debajo. Mehta será su Virgilio. Valor y suerte.

El fragmento en cuestión, que es sólo una mínima *tranche de vie* entre las muchas que en el libro, concebido a modo de mosaico, se suceden, alude a la odisea vivida por el autor para conseguir algo tan necesario, usual e insignificante como una bombona de butano que le permitiera cocinar o, por lo menos, hervir la leche de sus dos hijos de corta edad. Aclara Mehta que el gas del botellón tan fatigosamente conseguido se agotó a las tres semanas y no, como le habían asegurado, a los tres meses, y añade luego lo que sigue:

> En alguna parte de la cadena del suministro se ha extraído la mayor parte del gas para venderlo en el mercado negro. Eso significa que se agota por la mañana del día en que hemos invitado a comer a diez personas. La única forma de asegurar un suministro continuo de gas es tener dos bombonas. Todo el mundo hace chanchullos para tener dos bombonas a su nombre; trasladan una de una dirección anterior o sobornan a un funcionario para conseguir la segunda. Bombay sobrevive a base de chanchullos; todos somos cómplices. El hombre que ha hecho dinero a través de un chanchullo inspira más respeto que el que ha trabajado duro para ello, porque la ética de Bombay es el rápido ascenso social, y los chanchullos son un atajo. Un chanchullo demuestra que se tiene instinto para los negocios y una mente rápida. Cualquiera puede trabajar duro para hacer dinero. ¿Qué hay de admirable en eso? Pero, ¿un chanchullo bien ejecutado? ¡Eso sí que es una maravilla![31]

31.   Ob. cit., p. 44.

Póngase el acento no en lo de la bombona, que es mero detalle, sino en lo del chanchullo... ¿Está Marbella en Bombay o está Bombay en Marbella?

¡Qué curioso! ¿Bombay? ¿Bombay? Eso me suena. ¿No he mencionado ya ese nombre —ese topónimo lejano, foráneo, de novela de Salgari y escala de línea aérea— en alguna parte de este libro?

Lo repaso, afanoso, y no tardo en dar con lo que busco. Está en una de sus primeras páginas y pertenece a la secuencia en la que reflejo mis impresiones iniciales tras llegar al aeropuerto de Barajas, procedente de Japón o de la India, cumplir con los enojosos trámites de rigor en tales casos y trasladarme en taxi a mi domicilio madrileño. Describo ahí, sin ahorrar al lector chafarrinones de trazo grueso, lo que ya en el barrio de Malasaña, y a medida que el vehículo va acercándose a mi calle, a mi portal y a la casa en la que vivo, contemplan mis ojos, fatigados por el *jet lag* y el palizón del viaje, allí donde se posan.

Lo resumo: españolitos, inmigrantes, guiris de mochila y alpargata, yonquis, basura, coches aparcados en segunda fila, zanjas, montículos de cascotes, cables pelados, alcantarillas rebosantes, orines, vomitonas, cacas de perro y de neandertales, condones usados, jeringuillas sanguinolentas, grafitos, maleantes, atorrantes, chaperos, artistas del botellón, putas cincuentonas, descuideros, mendigos, anarquistas, neonazis, *punquis*, antiglobalizadores, *drag queens*, camellos, carteles del *no a la guerra* y el *nunca máis*, colchones destripados, zapatos sueltos, músicas a todo volumen, bazares chinos...

Y una bombona de butano, por cierto, expuesta a la intemperie y a las miradas de los viandantes en muchos de los balcones.

O sea, y en resumen: mi barrio, Malasaña, el Foro, el güito de la Villa y Corte, el centro de Madrid, castillo famoso, capital del reino, rompeolas de las Españas y futura Ciudad Olímpica.

Y fue precisamente entonces, al llegar en la página septuagésima de mi libro al último fotograma de ese *travelling*, cuando exclamé (escrito queda): «¿Está mi barrio en Bombay?»

Curioso, decía, y lo repito ahora, porque no había empezado a leer aún —lo hice anoche— la *descensio ad inferos* de Suketu Mehta.

¿Madrid? ¿Bombay?

No puedo resistir la tentación de transcribir otro párrafo de ese libro. Dice así:

La ciudad está llena de gente que reclama algo que no es suyo. Los inquilinos afirman tener derecho sobre una propiedad en virtud de haberla ocupado[32] ilegalmente. Los obreros exigen que las fábricas se mantengan abiertas aun con pérdida para conservar su empleo. Los habitantes de los suburbios exigen agua y electricidad para sus construcciones ilegales sobre terreno público. Los funcionarios exigen el derecho a trabajar más tiempo del que se les necesita, a expensas de los contribuyentes. Los que se desplazan cada día de casa al trabajo exigen más descuentos en los billetes de tren, que ya son los más bajos del mundo. Los aficionados al cine exigen que el Gobierno congele los precios de las entradas. El Gobierno indio hace tiempo que cree que la ley de la oferta y la demanda es una quimera; lo que pagas por un artículo, una comida o un servicio, no guarda ninguna relación con lo que le cuesta al que la produce.[33]

32. Sustitúyase, en España, la *ce* por una *ka*.
33. Ob. cit., p. 156.

¿Les suena?

Bombay, Madrid, Madrid, Bombay... ¡España!

España, sí, República Universal de las Subvenciones y de los Derechos de Todo Cristo, pero con una adenda a las dos últimas líneas del párrafo transcrito. A saber: el Gobierno español tampoco cree en el libre juego de la oferta y la demanda, sin el cual no puede haber justicia ni equilibrio en la sociedad, pero no peca sólo, como lo hacen los indios, por defecto, esto es, abaratando artificialmente el precio —no el costo— de determinados productos y servicios, sino también por exceso, o sea, tolerando el brutal encarecimiento de lo que el consumidor paga debido a los abusos multiplicadores de la cadena de intermediarios. Y eso —lo último— afecta, sobre todo, al ámbito de lo que más importa: el de los alimentos. ¿No dice, acaso, el refrán que con las cosas de comer no se juega? Pues sí, lo dice, pero todos tan frescos. Esto es España, el país de Mammón, de los mamones y del mamoneo.

La venganza del chinito (sic), no obstante, será terrible. El país está al borde del reventón. Las cosas no pueden seguir indefinidamente así. Más vale poner tierra por medio cuanto antes. Las mujeres y los niños, primero, y yo, detrás. Que se queden con todo los emigrantes. Ya sucede, ya están en ello, pero no les arriendo la ganancia. Van a heredar un montón de escombros, de problemas y de bienes inútiles. Lo mejor, señores, en el ínterin, será sentarnos a la puerta de nuestras casas en una sillita de enea y con un porrón de vino para ir viendo cómo pasan por delante, uno a uno, los cadáveres de nuestros enemigos.

Los de los fontaneros, para empezar, y por ejemplo. Su futuro no es nada fácil. De poco les van a servir sus trapisondas y el virtuosismo alcanzado en la industria del fraude y en la práctica de la chapuza cuando se acabe definitivamente el agua y no salga una gota de ésta por los grifos ni se escuche gluglú alguno en las cisternas. Y eso está al caer. Falta muy poco. Unos cuantos años más de desarrollismo a todo trapo, de crecimiento económico, de incremento del turismo, de urbanizaciones en la costa y tierra adentro, de proliferaciones de chalés pareados en toda la superficie de tierra disponible, de nuevos campos de golf y hoteles de cinco estrellas, de apertura de hipermercados y centros comerciales, de construcción de polideportivos y parques temáticos, de ampliación de la red de carreteras, autovías, autopistas, circunvalaciones y radiales, de multiplicación de jolgorios de toda índole jaleados y financiados por los ayuntamientos, de organización de foros multiculturales y exposiciones universales, de llegadas de pateras, cayucos y trasatlánticos negreros a las islas hoy desafortunadas y al litoral magrebí de Andalucía, de fundación de ciudades del Cine, del Turismo, del Medio Ambiente, de las Ciencias, de las Letras, de las Artes, de las Terapias Alternativas, de los *Graffiti*, de los *Manga*, del Yoga, del Tribadismo, de los Vivales sin Fronteras, de la Alta Costura, de los Roqueros Unidos de Bollullos y del Qué Sé Yo, de convocatorias de concentraciones de botolleros y simposios de *percebeiras*, de zafarranchos de asfaltización general y analfabetización generalizada, de cadenas de telebasura digital que nadie ve (¡menos mal!), de incendios de bosques, de inauguraciones de plazuelas ajardinadas, de contaminación y merma de acuíferos, de desertización, de...

Unos años más, decía, de todo eso —desarrollismo, desarrollismo, desarrollismo, aderezado con nuestra proverbial sinvergonzonería, el asombroso mal gusto de nuestros nuevos ricos y la permisividad corrupta y cómplice de nuestros dirigentes—, y el reventón de España estará servido.

Téngase en cuenta, a la hora de darme o de quitarme la razón en lo concerniente a este vaticinio apocalíptico, que la economía española lo es, sobre todo, de servicios, no de producción, y menos que lo irá siendo, esto último, a medida que vaya aumentando la deslocalización de empresas, fenómeno ya irreversible que pronto será, además, incontenible. ¡Para chasco, si yo tuviera una fábrica, grande o pequeña que fuese, iba a jugarme los cuartos en un país donde te fríen a impuestos, las leyes no se cumplen, los sindicatos imponen trabajadores *liberados* y normas draconianas a quienes corren el albur de contratar a alguien, se contemplan en los convenios colectivos gollerías tan inconcebibles como la del bocadillo de media mañana —¿por qué no añadir, ya puestos, las del *Martini dry* con aceituna incluida a la hora del aperitivo y el té de Darjeeling a las *five o'clock?*— y la holganza con motivo de las fiestas patronales, los contratos fijos son patentes de corso para escurrir indefinidamente el bulto y la rentabilidad de la mano de obra es, según la ONU, una de las más bajas del mundo! ¡Quita, quita! Lárguense los empresarios en buena hora, y con mejor lógica, a los países del sudeste asiático, que yo, si de su gremio fuese, e incluso sin serlo, también lo haría. ¡*Agur*, España! *Adéu. Adiós* en gallego. Adiós en castellano. *Bye bye*. Que te zurzan.

Pero estábamos diciendo que la economía es ahora, entre nosotros, mayormente de servicios, y que eso, cuando escasee el agua, en lo cual ya estamos, nos pasará factura...

Bueno, se la pasará a ustedes, porque yo, para entonces, ya habré puesto pies en polvorosa, con los ochocientos treinta y siete euros[34] de jubilación generosamente asignados a mi persona, después de seis lustros de aportaciones a las SS,[35] por

---

34.   La cifra es de febrero de 2006. Ahora ha subido un poco.

35.   Es sarcasmo. No me refiero, no, a las de Hitler, sino a las siglas del organismo que regula el más eficaz y tramposo instrumento de extorsión colectiva que hasta ahora ha inventado el ser humano. Echen cuentas —yo ya lo hice— y verán hasta dónde llega, en qué consiste y cómo se practica ese expolio por todos elogiado y consentido.

el munífico Estado de bienestar, y andaré muy lejos, feliz y libre, y libre y felizmente acompañado por Naoko, abanicándome con hojas de té de Buda, serpenteando sobre el filo de la navaja de Siva y fluyendo a favor del *tao* en algún país de esos —Japón, Vietnam, Birmania, Camboya, Laos, Nepal y la India— de cuyo nombre siempre quiero acordarme.

Economía de servicios es la que impera, desvertebrándolo, desjarretándolo, condenándolo a ser burla de sí mismo y detritus de lo que fue, en un país que recibe al año más turistas que habitantes tiene y cuyo único negocio es, por ello, el ocio, la zapateta, el ji ji, el espectáculo, la libación, la charanga, la comilona, el taperío, la tele, el deporte, la playa, las folclóricas, el cotilleo, los concursos, las loterías, los chiringuitos, las discotecas, los sanfermines, las romerías, los festivales, los entierros, la jodienda, el taconeo, el mariconeo, el puterío, los payasos, las ferias, las bodas, las misses, los conciertos —no precisamente de música sinfónica— y el constante frufrú de las pachangas, merengues, volutas, escarolas y organdíes de las más disoluta y estúpida frivolidad.

Pues muy bien. Ya se han salido con la suya, ya somos la entrepierna y la taberna de Europa, ya nos hemos transformado en su circo, en su puticlub, en su pasarela, en su pista de patinaje, en su bar de copas de garrafa, en su tontódromo, en su barrio chino, en su verbena, en su tobogán, en su tubo de la risa, en su tiovivo, en su zoo, en su parque temático y, a menudo, acuático, en su mercadillo medieval, en su fiesta de moros y cristianos sin cristianos ni moros, en su *megaparty*, en su Supersodoma, en su Hipergomorra, en su Ultrababilonia, en su macrodiscoteca, en su...

Business is business, lo sé. Lo sabéis todos. Fluye el dinero. Se lo dejan aquí los guiris. Un poquito cada uno, muy poquito, cierto, pero ¡son tantos! Vuelos de bajo costo, *hooligans* de Liverpool que vienen a emborrachase a Benidorm y a magrear a las setentonas casquivanas del Imserso, jaurías de asilvestrados y berreones adolescentes de lo que fue Imperio austrohúngaro dispuestos a devastar Ibiza en el transcurso de un fin de semana, teutones de protuberante barriga transformándose en aspetón de gamba roja sobre el grill incandescente de las playas mallorquinas, italianitos de bragueta siempre desabrochada y *cazzo* en ristre abalanzándose sobre vikingas de teta al aire atiborradas de paella de rancho y sangría de *tetrabrik* en los chiringuitos de Formentera, turistas pecosos disfrazados de peregrinos jacobeos dándose de coscorrones contra la efigie del escultor Mateo, mafiosos moscovitas a bordo de yates de veinticinco metros de eslora amarrados en los norais de oro de Puerto Banús, narcotraficantes de Kalashnikov y lancha rápida descargando baúles de cocaína, balas de heroína, contenedores de Winston o Marlboro y fardos de anabolizantes y otros chutes de ciclista en los escollos de la Costa de la Muerte y en los graos de las rías gallegas, adiposa carnaza de mujerío dominicano, rumano y angoleño paseándose en pelotas por los arcenes de las autopistas, quinceañeras de San Petersburgo con carita de ángel, piel de porcelana y porte de zarina chuleadas en prostíbulos de alta densidad de población por rufianes de Bucarest provistos de pasaporte falso, magnates saudíes y kuwaitíes rebozados en petrodólares y rodeados por los putones de su harén, los bufones de su corte, los orfebres de su ferralla y los gorilas de su escolta, chicuelos de beca Erasmus, billete de interraíl y visera de universidad americana vuelta hacia atrás haciendo cola con sandalias y pantalón corto en las taquillas del Museo del Prado, forofos y *tifosi* de Ratzinger embutidos en camisetas estampadas con la cúpula de Brunelleschi soltando palomas y entonando avemarías en congresos eucarísticos...

Sí, sí, *business is business*, los tenderos y hoteleros se ponen las botas, los facinerosos del *top manta* se frotan las manos, los senegaleses que venden baratijas y relojes de oropel hacen su agosto, los operadores turísticos no dan abasto, las líneas aéreas tampoco, las gitanas venden claveles a manos llenas y echan la buenaventura a todo bicho semoviente, las cafeterías están de bote en bote y los restaurantes rebosan, no queda una plaza libre en los trenes ni en los autobuses, fluye el dinero a espuertas, sí, sí, lo reconozco, *business is business*, no voy a hacer yo de aguafiestas mentando aquí, a buenas horas, a qué ton, la dignidad y otras majaderías por el estilo, pasadas —además— de moda, *obsoletas*, como dicen los felipistas al pilpil, los tertulianos cursis y los chicos de la LOGSE, ni tampoco voy a añadir aquello, tan socorrido, de que no sólo de pan vive el hombre, pero ¿qué pasará, me pregunto, cuando todos esos *hooligans*, y esos adolescentes alobados (que me perdonen Akela, Mowgli y el de Gubbio), y esos teutones con vocación de gamba roja a la parrilla, y esos italianinis rijosos, y esas vikingas en *topless* embadurnadas de crema solar, y esas negronas del Caribe expuestas como cochinillos en un mesón segoviano, y esos mozalbetes redichos de cursillo de cristiandad, y toda, en suma, la fauna mencionada, pero de enumeración en modo alguno agotada, llegue a Benidorm, o a Ibiza, o a Puerto Banús, o a Santiago de Compostela, o al Sacromonte, o al Guggenheim bilbaíno, o a la mismísima Puerta del Sol, y descubra que no puede ducharse porque no sale agua de la alcachofa, y que no puede darse un chapuzón en el mítico Mare Nostrum porque está infestado de medusas, y que no puede arrojar alijos de droga dura a las aguas de Barbate porque están llenas de surfistas enloquecidos ni a las playas de la Costa del Sol porque hay en ellas *overbooking* de esclavos negros y de moros mojamés caídos de las pateras, y que no puede enjoyarse como la vida social demanda porque una patulea de desaprensivos armados hasta las cejas se ha metido en su chalé, ha abierto la caja fuerte y se ha ido de copas, porros y niñas (o niños) con toda la pedrería, y que no puede poner en marcha el surtidor del jardín porque el ayuntamiento lo prohíbe, ni tirar de la cadena porque el depósito está vacío, ni hacer unos hoyos de golf porque la hierba se ha secado, ni tan siquiera, en el caso de las putas y los putos peripatéticos, refrescarse y lavarse por encima los bajos enrojecidos y humedecidos por las prestaciones laborales en el pilón de la fuente más cercana?

¿Qué pasará entonces, digo? ¿Hacia dónde emprenderá el vuelo la gallina de los ovarios de oro? ¿Qué haremos con las macrodiscotecas, los campos de golf, las urbanizaciones de la costa, los chalés adosados, los hoteles de cinco estrellas, las hileras de tumbonas de las playas, las mancebías de dimensiones faraónicas, los excedentes de higas de falso azabache y conchas jacobeas vaciadas en vinilo, las limusinas de los constructores y concejales marbellíes, las redes de mercadeo de estupefacientes y testosterona, los parques de coches robados en las capitales europeas, las cubas de calimocho, la nueva terminal de Barajas y las autopistas de diez carriles?

Nos las comeremos, señores, con patatas de hamburguesería y nos iremos luego a pedir una limosna por el amor de Alá, que es grande, en la esquina más cercana. Avisados quedan. Lárguense, si pueden, como lo hizo Lot, sin volver la vista atrás. Lo del Vesubio en Pompeya será broma de colegiales comparado con lo que va a suceder aquí cuando llegue el reventón. Yo lo veré en la tele, desde Kioto, acompañado por dos o tres aprendices de *geisha*, una bandeja de *sushi* y un caneco de sake. *¡Kampai!*

Tercer disparo de pluma ajena que incorporo a mis prácticas de tiro. Es otra sincronía...

Sábado, 4 de agosto. Javier Ortiz dedica su columna de *El Mundo* a los incendios de Canarias, que en este verano de 2007[36] han sido pavorosos, y se hace cruces en ella al escuchar el comentario de la propietaria de un chiringuito de la costa tinerfeña en el que ha entrado por motivos que no vienen a cuento. Cedo la palabra al columnista...

La señora que atendía la barra mostraba una amabilidad generosa, tal vez un pelín excesiva, que le llevaba a proporcionar constante conversación a la parroquia. Al poco de llegar yo, derivó su monólogo hacia el más reciente y persistente de los incendios que asolaban la zona. El de referencia afectaba a una zona próxima en la que, por lo visto —por lo oído, más bien—, hay una ermita que los nativos tienen en gran estima.

«Está quedando todo aquello destrozado —dijo—, pero, bueno, a fin de cuentas, nosotros podemos soportarlo mejor, porque estamos aquí todo el año. Pero es una pena la impresión que pueden llevarse los turistas...»

Me quedé perplejo. Para mí, el comentario lógico habría sido el contrario: «Al turista se le puede chamuscar la excursión del día, pero eso no es tan grave; lo peor es el desastre que nos queda a nosotros para todo el año.»

Lo comenté con un compañero de viaje canario y no se mostró sorprendido.

Es mucha la gente canaria que cree que el turismo nos aporta muchísimo más de lo que en realidad nos trae. No se da cuenta de que los ingresos que producen buena parte de los viajes se los quedan los *tour operators* foráneos, extranjeros o peninsulares, y que mucho de lo que consumen los turistas cuando están aquí son productos de importación, que apenas dejan margen de beneficio a los comerciantes locales. Descuenta a eso el destrozo que los hoteles y urbanizaciones están haciendo en nuestras costas y los gastos de infraestructuras

36. Añadí este apunte en la segunda fase de la redacción de este libro.

que nos causan: el agua que nos falta, la sanidad, los desperdi-
cios... De bicoca, nada.

Yo añadiría a ese balance nada animoso el gasto moral
que produce el avance del servilismo. El que se deriva de quitar importancia a lo que uno mismo padece todo el año y a so-
brevalorar la mala impresión que puede llevarse el turista por
esto, por lo otro o por lo de más allá.

No es fácil determinar qué tiene esto de turismo y qué de
plaga.

Así —«Turismo y plaga»— se llamaba la columna de Javier Ortiz. Son, en realidad, dos términos de significado muy
parecido, pero no llegan a ser sinónimos porque, si bien el turismo es siempre una plaga, hay plagas que no son turísticas.

Consuela, de todos modos, comprobar que en lo relativo
a un asunto de ocio y negocio en torno al cual tanto consenso existe no estoy tan solo como creía.

Gracias, Javier.

Lo malo que tiene ponerse a hablar de España en los términos en que lo hago es que, dígase lo que se diga, y por mucho que cargue la suerte, me quedo corto.

¿Que no? Escuchen...

¡Últimas noticias! Me llegan esta vez por la radio, a eso de
las seis de la mañana, mientras me ducho, y al día siguiente
de haber escrito lo que el lector acaba de leer en las páginas
anteriores a ésta a propósito de la metamorfosis de España en
un país de servicios, subvenciones y gandules.

Al día siguiente, remacho, y no *el día después*, como dicen
ahora en pichinglis —me rechina el alma al oírlo— los políticos, los periodistas, los locutores, los tertulianos, los bachilleres, las cotorruelas, pajarracas y gallinazos de la telebasura, y
· demás ralea.

Asegura la persona encargada de leer el parte —así, con regustillo castrense, lo llamaban en los primeros años de la posguerra— que los socialistas, haciendo suya una propuesta de Izquierda Republicana de Cataluña y de no sé qué otra orden mendicante de frailucos progresistas, han presentado en Bruselas un proyecto legislativo conducente a la creación de una «renta ciudadana básica» (sic) que cobrarían mensualmente, de bóbilis y por su cara bonita, todos los ciudadanos de la Unión Europea. Supongo, aunque la locutora no lo dice, que en ese cotarro limosnero —el de los europeítos de pleno derecho— se incluye a los inmigrantes provistos de carta de legalidad.

Por cierto: hoy es 15 de agosto de 2006. ¿Será lo que acabo de oír uno de esos milagros de Nuestra Señora que ya, en su día, y por tierras colindantes a las que ahora veo a través del ventanal de mi despacho en Castilfrío, cantara en cuaderna vía el poeta Gonzalo de Berceo?

Me pellizco. Apoteósico, ¿no? ¿Cabe llegar más lejos en el cultivo del disparate?

No me ensañaré con éste. Es demasiado estúpido. Tontería de tanto calibre no merece gasto alguno de tiempo, palabra, saliva o tinta. La izquierda, in crescendo, desmadrada, despepitada, cegada por la avaricia de su proverbial clientelismo, deseosa de seguir a cualquier precio en el palco del poder hasta que se acabe el mundo, ebria de necedad igualitarista y precipitándose cabeza abajo por el tobogán del cinismo, propone ahora la degradación absoluta del ser humano desposeyendo a éste de todo espíritu de sacrificio, emulación, noble ambición, laboriosidad, prosperidad, individualidad y, en definitiva, *humanidad*, achatándolo todo, allanándolo todo, jibarizándolo y decapitándolo todo, midiéndolo todo con el mismo rasero, reduciendo la sociedad a la condición de rebaño de ñúes que ramonean —la hierba les sale gratis y crece a la misma altura— en el Serengeti, transformando a los europeos no ya, como en su día y en el ámbito del comunismo lo intentaran Stalin y sus monigotes, en hormiguitas obreras, lo que de por sí sería grave, sino en zánganos de colmena, osos perezosos y jubilatas de la granja de Orwell, y convirtiendo, en suma, el criterio de *excelencia* en universal normativa de *excedencia*.

¡Venga! ¡Funcionarios todos, y a despiojarse entre sí, como lo hacen los chimpancés, tumbándose muellemente panza arriba en los calveros de la floresta!

Sobran, ante tamaña idiotez, ya dije, los comentarios, pero cedo a la tentación carnívora de referirme aquí, de pasada, a lo que en infinitas ocasiones, y con no menos infinita sinceridad y candidez por parte de quienes así se expresan, me dicen a menudo los japoneses al enterarse de que soy español y, en consecuencia, quieras que no, europeo.

—¿España? ¿Europa? ¡Ah, sí! Ese país y esa parte del mundo donde la gente vive sin trabajar.

Y yo, con gesto de embarazo y sonrisa de circunstancias, tengo que que darles la razón.

En Bruselas, donde también a nosotros nos la dan —la razón— como se les da a los locos, han prometido a Zapatero —*ese iluminado*, comentan en las cancillerías de medio mundo sofocando la hilaridad— que vale, que muy bien, que toman nota de ello, que *Spain is different*, que lo estudiarán, que crearán una comisión...

Somos, cierto, el hazmerreír del planeta, de sus diplomáticos y de quienes dirigen los organismos internacionales, pero no se fíen. En Bruselas, como en el resto de Europa, abundan los socialistas, por lo que siempre cabe esperar lo peor. Igual lo dicen en serio. Lo de la comisión, digo. Yo, que ustedes, iría ya despidiéndome del trabajo y aprendiendo a rascarme la tripa, a papar moscas, a contemplar musarañas, a hacer solitarios y a tirarme a la bartola, con minúscula y mayúscula, o a quien sea. *Taedium vitae.* Se avecinan buenos tiempos para los holgazanes, aunque tampoco sean los de ahora precisamente malos.

Falta en España el agua, decía, pero sobra el fuego. Todos los veranos, desde hace muchos, arden los bosques de medio país y de Galicia entera. Dentro de poco ya no podrán los mutantes españoles trepar a los árboles, saltar de rama en rama, acuclillarse en sus horquillas ni rascarse contra sus cortezas. Y que nadie, por favor, se sienta insultado, pues no me refiero —obvio es decirlo por enésima vez— a *todos* mis compatriotas, sino únicamente a quienes, entre ellos, y son ya muchos, eso sí, han iniciado el proceso de regresión al simio. Se trata, sin duda, de una epidemia de proporciones alarmantes, de una catástrofe biológica sin precedentes, pero no me atrevería yo a aventurar cifras. El Centro de Investigaciones Sociológicas (¿digo bien? El CIS, ¡vaya! No sé si interpreto correctamente las siglas por las que se conoce ese organismo progubernamental) aún no se ha pronunciado al respecto. El Instituto Nacional de Estadística, que yo sepa, tampoco. Y en cuanto al Ministerio de Sanidad... Bueno, es un ministerio, ¿no? ¿Qué cabe, en España, esperar de él?

Vuelvo a Japón... ¡Qué perra he cogido! Pero con fundamento, esta vez, porque allí casi nunca arde un solo árbol, a pesar de que más del setenta por ciento de la superficie del territorio de la nación —cosa que muy pocos, fuera de ella, saben— está cubierta y protegida por bosques tan tupidos que el ser humano sólo puede adentrarse en ellos esgrimiendo machetes o tuneladoras de Gallardón.

Hay en su espesura monos, sí, pero no tienen carnet de identidad, como en España, ni convenio colectivo, ni derecho a subvención alguna. Tampoco, me temo, tendrán nunca *ren-*

ta ciudadana básica. Es indignante que la ONU lo consienta. ¿Lo sabe Zapatero? ¿Está Moratinos[37] al tanto del asunto? ¿Funciona ya una comisión en Bruselas? ¿Se ha informado al Ayuntamiento de Barcelona? ¿Qué dicen los antitaurinos?

Y ya que hablamos de monos: ni siquiera en el África ecuatorial del negrito del colacao arden los bosques tan a menudo ni con la intensidad con que en España lo hacen.

Tampoco sucede eso, yéndonos desde una zona arbórea por civilizar a otra que sí lo está, en Canadá, pongamos por ejemplo.

Ni en la Amazonía.

¿Por qué, entonces, el semidesértico país al que, sin embargo, pertenece la húmeda Galicia, se lleva, en lo concerniente al fenómeno del que hablo, la palma?

¿La palma?

¡Cuidado, no vaya a quemarse ésta![38] Retiro la expresión castiza, pero mantengo su significado.

Convendrán conmigo en que carece de lógica que eso suceda, a no ser que...

¡Premio! ¡Una caja de cerillas para el caballero! A nadie se le oculta la verdad ni su intríngulis. Lo conocemos todos, lo dicen los periodistas, lo aseguran los expertos, lo reconocen, incluso, aunque tirándose recíprocamente los trastos a la cara, los políticos del Gobierno y los de la oposición: no es que en España ardan los bosques, sino que los indígenas —que son, a veces, sus propietarios; a menudo, sus usuarios; y siempre sus beneficiarios— los incendian.

37. Integrista islámico que en el momento de escribir estas líneas dirige la diplomacia (llamémosla así) española. Nadie cree que vaya a seguir mucho tiempo en el cargo, pero en la España de quien lo nombró cualquier dislate, incluso ése, es posible.

38. Ya lo ha hecho. Añado esta nota en agosto de 2007, después de los tremebundos incendios de las Canarias.

Así, cualquiera.

Sorprendente, ¿no?

Con lo que una vez más se llega a la halagadora conclusión de que somos, en efecto, *diferentes*.

¡Vigorosa personalidad la nuestra! ¡Unidad de destino en lo universal! ¡Proyecto sugestivo de vida en común! ¡Gente de carácter! ¡Arriba España!

Ya. Pero yo, aguafiestas reconocido, cascarrabias recalcitrante, gruñón de la familia, réprobo de mí, traidor a la bandera, ¿qué quieren que les diga?

Sí, es verdad: no me gustan los incendiarios.[39] No soy su semejante. Me acuso de sentirme patricida, pero no, nunca, arboricida. Quiero irme lejos de aquí. Quiero respirar aire limpio, oír el viento entre las frondas, pisar hojarasca y charlar con gnomos. Quiero vivir en un lugar donde la gente no queme los bosques.

Así de sencillo.

¿Es la televisión buena vara para medir y entender a un pueblo?

Eso dicen los sociólogos. Hagámosles caso. Comprobemos si tienen o no razón.

Yo no suelo verla, pero en fin... Todo sea —esta vez— por la patria, una, grande y libre. A ver si sus admiradores me perdonan.

Me acomodo en un butacón con orejas de lobo feroz, empuño el mando a distancia y lo activo. Ni que decir tiene,

---

39. *Incendiarios*, no *pirómanos*, como los llaman los políticos y los medios de comunicación, exonerándolos así de responsabilidad y culpa. Los pirómanos son enfermos mentales; los incendiarios, hijos de puta.

puesto que mi afán es de investigación sociológica, psicológica y antropológica, que voy a calar y catar, zapeando, saltando de cadena en cadena, todos y cada uno de los melones puestos a mi alcance por el *pluralismo de la sociedad de la información*, dicho sea lo puesto en cursiva con el sarcasmo y retranca que, tratándose de un troglodita escéptico y geológicamente fosilizado, como yo lo soy, cabe imaginar.

¿Morderá esto de la tele?

Sepámoslo...

Cotilleos, chismorreos, comadreos en tres de los canales. ¡Caramba! No imaginaba yo que los televisores fueran cubos de la basura, pero lo son. A esta gente —la que por activa o por pasiva interviene en los programas del estrógeno, la testosterona y las heces fecales— deberían desposeerla del derecho al voto. No pueden ser ciudadanos, porque son subhumanos. ¿Todos? Sí. Todos: los supuestos periodistas que por tales se despachan, los patéticos *famosos* —curiosa profesión— que convierten los debates en trifulcas de verduleras, los empresarios que financian con sus anuncios los soeces aquelarres de brujas pirujas y macarras de piscina, el vulgo que se acomoda en los graderíos y berrea a coro cuando el guión lo exige, los descerebrados que envían por sus móviles mensajes entrecortados por las faltas de ortografía y la gentuza —medio país y parte del otro medio— que babea y se frota los élitros y las patitas frente al televisor. El Gobierno tendría que tomar cartas en el asunto, imponer multas, azotar a los famosetes y famosillos en la Puerta del Sol, internarlos en correccionales y, en última instancia, pegar el cerrojazo (así, además, perdería votos, lo que siempre es bueno para la ciudadanía).

¿Ciudadanía? Vale. Ahí le han dado, como dicen los chuletas. ¿No sería más efectivo, de cara a esa *Educación para la Ciudadanía* que tanto pregonan, prohibir la telemierda en vez de imponer manu militari en los colegios la enseñanza de una asignatura de *agitprop*? ¿No pesan infinitamente más en la formación de nuestros hijos y nietos los chorros de «Salsa rosa», «Dolce vita» y «Aquí hay tomate» derramados hora tras hora y día tras día sobre sus tiernos corazones y frágiles cabezas por quienes esos mejunjes cocinan que todos los cursos de enseñanza primaria, secundaria y universitaria habidos y por haber?

Pero seré realista, no pediré lo imposible y, consciente de que ningún gobierno democrático de izquierdas ni de derechas incurrirá jamás en el gravísimo pecado de poner coto a la sacrosanta libertad de prensa, de expresión, de agresión y de insulto, apuraré la copa de la telecicuta hasta la hez y me acogeré, resignado, al socorrido criterio de que cuanto peor vayan las cosas, mejor irán en el futuro, pues de ese modo se activan mecanismos del sistema inmune y el vaso termina por rebosar. ¿No hay, me pregunto, ningún magnate de las finanzas, la pornografía, los juguetes chinos o el *fast food* dispuesto a abrir un canal temático de telemierda dedicado en exclusiva, día y noche, noche y día, a la incesante emisión de ese tipo de programas? Sería, de seguro, un exitazo. Cedo gratuitamente el *copyright* de mi ocurrencia —cabría, incluso, financiarla en parte con dinero público y subvenciones a fondo perdido— a los golfos apandadores de Marbella años treinta (y 2008), a los opulentos empresarios del sector de la deconstrucción del paisaje, el callejero y el litoral, al señor Slim y a su socio González, al señor Murdoch y a su socio Aznar, y al Pocero. El canal en cuestión, caso de que sea este último quien se alce con el santo y la limosna de la contrata, podría llamarse El Pozo Negro. No es mal título.

Última ocurrencia: ¿por qué no se instalan audímetros obligatorios en todos los hogares provistos de televisor (¿queda alguno que no lo tenga?) y se desposee de su derecho al voto a los usuarios que vean más de diez minutos de telecaca al día? Redundaría eso en beneficio de la democracia. ¿Cabe confiar en un jefe de Gobierno elegido por los espectadores de «Gran hermano», «El diario de Patricia» o «Escenas de matrimonio»?

Pero estaba viendo la tele. Agarro el mando, tiro de la cadena, bajo la tapa del retrete, zapeo y... Fútbol.

Paciencia. Vuelvo a zapear... Fútbol.

Evoco a Job y zapeo por tercera vez... Más fútbol.

Desisto, apago y leo. Una hora después, optimista y esperanzado, reincido. Un concurso. Otro. Otro. Preguntas de *Trivial* —triviales, claro— y respuestas de cajón o de enciclopédica ignorancia. Soseras que cuentan chistes idiotas para ver si los proclaman reyes de la tragicomedia. Mozalbetes que retuercen la cintura y profieren aullidos con un micrófono en la mano y los ojos humildemente puestos en uno de los últimos lugares del próximo festival de Eurovisión. Putuelas y chulillos de piscina municipal jugando a ser robinsones en una isla de cartón piedra. Mancos trepando por cuerdas de nudos. Cojos corriendo los cien metros lisos. Tartamudos recitando la lista de los reyes godos. Gordinflones bailando el *Danubio Azul* con coturnos y en tutú. Basta. Me rindo y me voy a dar una vuelta. Oxígeno. Escaparates. Chicas en minifalda. Cura de desintoxicación. Regreso al hogar como nuevo.

Tercera intentona: teleserie, teleserie, teleserie... Todas me parecen iguales: *american way of life*, calzado deportivo, negros buenos, blancos malos, ricos malos, pobres buenos, psicópatas, delincuentes, policías ejemplares, doctores abnegados, amas de casa risueñas, veteranos de la guerra de Vietnam, ejecutivos estresados, alcaldes corruptos, *spice girls* y *pretty women* malmaridadas, baloncestistas, pastores presbiterianos, chochitos en edad de merecer y hamburguesas chorreantes de grasa en bruto, colesterol del malo y triglicéridos. Es todo. Me voy a cenar.

Son las nueve. ¡Noticias! ¡Primicias! ¡Albricias! Me las prometo muy felices, me arrellano en el diván, aparece en la pantalla un chico bien trajeado con cara de simpatizante del Opus Dei, lo flanquea una rubia modosa, aseada, fabricada en serie, apetecible, diez o doce minutos de noticias —idénticas en todos los canales, como si en el mundo nunca pasase nada o pasara siempre lo mismo— y, a partir de ese momento, tontunas, chocolatinas, palomitas y refrescos. El telediario se convierte en teletienda de chucherías, catálogos de monerías, buzón de futesas y escaparates de todo a cien: sucesos de menor cuantía, accidentes de tráfico, desfiles de alta costura, marujonas rollizas y abuelitos gordinflones tomándose una horchata de botellín en Benidorm y comentando lo fresquita que está el agua, vecinos de maltratadores reincidentes asegurando que parecían muy buenos chicos, automovilistas cogidos en un atasco con la suegra en el asiento trasero y el pastor alemán en el maletero, cartelera de las películas de la semana, conciertos de *rock* salvaje, neoyorquinas en ropa interior o tonadilleras desmelenadas y... Deportes. Deportes de todo tipo. Veinte minutos o más dedicados al deporte y, a espuertas, a tutiplén, fútbol, fútbol, fútbol. Los partidos de hoy, los de anteayer, los de mañana, los de pasado mañana, los de hace un siglo, los del año entrante... Un presidente pide a los socios de su club que cierren filas con éste y se trasladen en autobús a Helsinki. Un entrenador mulato de cabellera hirsuta se enfada en pichinglis con los periodistas. Un jugador bielorruso farfulla monosílabos y se muestra convencido de que ganarán el encuentro de esa noche a pesar de lo bien que juegan y las patadas que dan los cabrones del equipo contrario. Un espectador desenfunda su bazuca. Otro lanza al césped quince cócteles molotov de fabricación casera. Otro atiza un botellazo de Coca-Cola helada —la chispa de la vida— a su vecino de asiento. Un sudanés da brincos por el césped. La gente hace la ola en los graderíos. Quinientos mentecatos con camisetas del Madrid se encaraman a la *Ci-*

beles y la descabezan para celebrar el triunfo de su equipo. Los goles de la jornada. La fiesta de cumpleaños de no sé qué delantero centro. La señora de Beckham se compra un biquini y unas medias de costura en una mercería finolis de Los Ángeles. Está a punto de producirse un fichaje de tal envergadura que con su importe cabría ahuyentar durante un lustro el fantasma de la hambruna en Etiopía. Acaba el fútbol, pasamos a otros deportes... Parece ser que han pescado a un ciclista de Nueva Zelanda con un buen chute de chinchón seco en la femoral. Otro se cura de un cáncer de rabadilla con juanetes y escala en un pispás el Everest. Los motoristas españoles dan que hablar en el circuito de Salónica y uno de ellos se despista en una curva, da tres vueltas de campana, destruye un poste de teléfono, machaca el cráneo de tres espectadores, se lleva por delante a un juez de línea, regresa ileso a la pista y sonríe a la afición. Fernando Alonso...

¿Hay algo en este mundo más aburrido que ver pasar una y otra vez, armando un alboroto infernal y a toda pastilla, como si fuese el Correcaminos, un bólido de Fórmula Uno con hechuras y maneras de Coyote loco que se ha puesto hasta el cogote de cocaína?

Pues sí: lo hay... Una motocicleta haciendo lo mismo, por ejemplo, o un partido de waterpolo.

Y también lo televisan.

Fin del telediario. *El món s'acaba.*

¿Me toman por un idiota? ¿Son, acaso, eso, idiotas, los españoles?

Deben de serlo, en su mayor parte, porque dicen las estadísticas que cada uno de ellos dedica bastante más de cuatro horas diarias a la contemplación estática (y extática) de lo que la tele vomita por su boca.

Ya son ganas. ¿Qué cabe esperar de un pueblo así?

Democracia o telecracia: *That is the question...*
Y en ella andamos.

Queda, pues, contestada la pregunta que formulé antes de encender la tele: sí, ésta, en efecto, tal y como supuse, muerde, y su picadura es ponzoñosa.

Ya sé que hay excepciones (la mía, entre ellas), pero ¡tan pocas!

Pasemos lista...

Los documentales de La 2, que son la coartada moral de La Primera y que, en realidad, ven cuatro gatos, alguna que otra limosnilla —los «Desayunos», «Informe semanal», «En portada», «La noche temática», «Redes», «Madrid opina», un par de programas de libros y, con cuentagotas, dos o tres espacios de debate— y, sobre todo, las películas. Yo, a veces, intento verlas por entre los resquicios del chaparrón de anuncios, pero siempre acabo dándome por vencido. Soy incapaz, en cuanto llega la primera tanda de cuñas publicitarias, de mantenerme a la espera, sentadito como un pasmarote delante de un tablón de consignas —*consejos* las llaman ahora— que se suceden hasta la náusea. Podría zapear, picotear y regresar al cabo de veinte minutos, pero ¿de qué me serviría si las posibilidades de que haya algo interesante en otra cadena son tan remotas como las de que me toque el gordo por Navidad?

Quita, quita... Mejor agarro un libro o pongo en el DVD una película de las de antes, de cuando el cine era cine y no mecánica retahíla de efectos especiales conseguidos a golpe de ordenador e hilvanados con entrecortada sintaxis de videoclip, y la veo de un tirón.

O —mejor aún— me voy a la cama, y buenas noches. Me gusta madrugar.

Y soñar. Casi nunca tengo pesadillas.

No hace falta que me lo digan. Ya sé que fuera de España sucede lo mismo, que la televisión es espantosa en todas partes, que los unos imitan a los otros y los otros a los unos, y que, en consecuencia, nadie tiene nada que envidiar ni reprochar al prójimo.

Homo videns, que no *sapiens*, es, ciertamente, el homúnculo de nuestros días. Así lo ha definido, con sagaz y felicísimo juego de palabras, el sociólogo y politólogo italiano Giovanni Sartori. Razón lleva. No seré yo quien se la quite.

Eppur, recurriendo al idioma en el que escribe y acogiéndome a la cláusula de conciencia de Galileo, me pregunto si no es el españolito medio más *videns* y, por ello, menos *sapiens* que los telélatras del resto del planeta.

Difícil es que pueda yo responder con conocimiento de causa a tal pregunta, pues si no suelo ver la televisión de mi país, cuya lengua, en principio, y grosso modo, entiendo, a pesar de lo cuesta arriba que me la ponen los hispanohablantes del siglo xxi, menos aún veré, se supone, la de otros países cuyos respectivos idiomas me resulten relativa o absolutamente ininteligibles.

Entre los primeros se cuenta, verbigracia, nada menos que el inglés, lengua ésta que leo con aceptable soltura y hablo de pena, y cada vez peor, pero de la que no entiendo ni papa cuando la escucho, lo que significa que ni siquiera puedo seguir con un mínimo de aprovechamiento, durante mis frecuentes viajes al extranjero, los legendarios programas informativos de la CNN, la BBC y la Fox, cuyas virtudes todo el mundo alaba. Pero aun así, voluntarioso que soy, y con mucha entrega, poco deleite y escaso fruto, los veo o, más bien, los leo, pues termino casi siempre por dirigir mi atención, desentendiéndome de las imágenes, a las noticias que aparecen al pie de la pantalla. Y sí, es cierto, son los informativos en cuestión muy superiores en todo, mírense por donde se miren, a los españoles, sin excluir —la duda ofende— el que yo mismo dirijo y presento[40] en Telemadrid, lo que corrobora mi opinión de que la tele, siendo pésima en todas partes, en ninguna lo es tanto como aquí.

Sólo la italiana, entre las de los países desarrollados, raya a nuestro nivel, pero eso no tiene nada de particular por ser Italia la única nación o patio de Monipodio del primer mundo en el que hay —ya lo dije— tanta o más sinvergonzonería per cápita y por milímetro cuadrado que en España y donde, en consecuencia, todo, absolutamente todo, funciona aún peor, lo que ya es decir.

Pero lo digo.

La televisión es en nuestros días, por mucho que esa triste evidencia angustie a Giovanni Sartori y me pese a mí, el espejo del alma de la sociedad, su radiografía, su ecografía, su tomografía, el TAC de setecientos veinte cortes digitales (o seiscientos veinticinco analógicos) de su sistema cardiovascular, el escáner de su cerebro, el mapa de su genoma...

Y el pronóstico es gravísimo. España está en la UVI, camino del tanatorio.

Soy consciente de que se me está yendo la mano, de que todo lo pinto negro y sólo tengo ojos para lo negativo, de que el

---

40. Dirigí y presenté. Ignoro en este momento —el de la corrección de galeradas— hasta cuando aguantaré ahí. No mucho, sea como fuere. Estoy hasta el colodrillo.

exceso de saña redunda en perjuicio de mi ya de por sí discutible autoridad y de que peco, por agravio comparativo, de injusticia, ya que, aun siendo en líneas generales cierto cuanto digo sobre mi país, también lo serían muchas de esas opiniones y calificaciones si las aplicase a otros países.

Cierto... Pero no, ni por asomo, todas ni tampoco las de mayor cuantía, y siempre duele, por otra parte, mucho más lo propio que lo ajeno. *E' cosí* —es así—, y punto. Insondables misterios del corazón y la cabeza humanos. Lo dice un cosmopolita, yo, viajero recalcitrante, ave migratoria, hombre de mundo que ha vivido en mil países, ha recorrido otros tantos, tiene siempre preparadas las maletas, sueña a diario con coger el portante, se siente más a gusto en lo lejano que en lo cercano, fue feliz en el exilio y ha pasado casi más tiempo fuera de España que dentro de ella, pero que, pese a todo, aguza el oído cada vez que en otros pagos escucha el nombre de su país, sobre todo si son malas las noticias que de él llegan, y oye, en cambio, distraído, casi indiferente, encogiéndose de hombros y pensando que ahí se las den todas, lo que se refiere a otras naciones.

Insisto: misterios...

¿No era yo un apátrida? ¿No lamentaba (y lamento) haber nacido español? ¿Por qué, entonces, me preocupa más un chaparrón en Oviedo que un maremoto en Singapur?

¿Por qué presto más atención al fallo del Premio Planeta que al del Nobel y a las corridas de toros que a los torneos de sumo?

¿Por qué me fastidia soberanamente que Zapatero mande en España y me traería al fresco que lo hiciese en Portugal?

¿Por qué soy como las cigüeñas que pasan el invierno en África y vuelven cuando lo hace el calor al campanario?

¿Por qué estoy ahora aquí, en el desván de Castilfrío, frente a mi mesa de trabajo, día tras día, escribiendo *a con-*

traespaña en vez de hacerlo *a contramundo*, lo que sería, seguramente, mucho más lógico y resultaría, en todo caso, más acorde con mi filosofía?

Sea por lo que fuere, *e' cosí*, y ya está. Duele la paja en el ojo ajeno, y si la situación se invierte y es lo ajeno la paja y la viga lo propio, tal como sucede en el caso de España, ni les cuento.

Nunca pensé, al empezar este libro, que no hallara, como Lope, consonante, pero tampoco creía que fuera a encontrar tantas.

Llevo muchas páginas escritas y tengo, pese a ello, aquí, sobre mi mesa, montones y montones de documentos, libros marcados, recortes, apuntes, citas, fotocopias, textos de varia lección e ideas, en definitiva, por mi mano o por las de otros anotadas y, hasta ahora, desaprovechadas. Formaba parte todo eso de la falsilla de este libro, era su carcasa y su carnaza, su osamenta y su chicha, su cauce de investigación y su base de información, pero no voy a utilizarlo. No es mi propósito escribir una enciclopedia, por más que sea posible, *a contraespaña*, hacerlo. Infinitos son los datos, los argumentos, los ejemplos, las consideraciones que cabría aportar. ¿Quién que haya nacido al sur de los Pirineos y al norte del Estrecho no lleva en el alma un formidable memorial de agravios? Pero sería absurdo exponerlos todos. Por alguna parte hay que cortar, en algún sitio es forzoso decir basta, hasta aquí llegué, allá vosotros y vuestras penas. Tanto más cuanto que los males de España se reducen, en definitiva, a tres, y de esa fuente de triple caño mana todo lo que, inundando el país, encharcándolo, encenagándolo, envenenándolo, me mueve a creer y a proclamar, en contra de la opinión de casi todos mis paisanos, que la nación donde ellos y yo nacimos es uno de los lugares del mundo donde peor se vive.

O lo es, al menos, para una persona como yo, que soy quien por ello escribe encabronado, vengativo, rencoroso, *a contraespaña*, y los demás, si de verdad les gusta, que arreen. Sarna con feromonas...

Triple caño, decía, triple fuente, raíz y punto de origen del mal: la envidia (¡qué les voy a contar!), nuestros modales —los españoles son, seguramente, las personas más maleducadas del mundo, y eso no hay quien lo soporte— y nuestra congénita, histórica, quién sabe si atávica sinvergonzonería, por culpa de la cual nada, ni lo importante ni lo insignificante, ni lo necesario ni lo fútil, funciona aquí como debiera.

Y eso, por el estrés y la mala leche que de su ubre sale, tampoco hay quien lo soporte. Los españoles son cigarras, y no precisamente de mar, que mientras encienden un pitillito, se toman un cafelito o echan una siestecita cantan siempre lo mismo: ¡viva la Virgen!

Y son lo que cantan.

Nadie conoce su oficio, nadie cumple con su deber, el que no se escaquea es idiota, todo está cogido con alfileres, todo hay que hacerlo dos veces. O tres. O infinitas. O desistir de hacerlo.

Los papeles del banco, los de la Administración, los de la justicia, los del médico, los del notario, los de la alcaldía, los del pasaporte, los de correos, los de la funeraria...

¡Qué fatiga! Ni en el ataúd descansamos. *Requiescant in bello*, en guerra, que no, nunca, *in pace*.

Sí, claro, Italia funciona aún peor, ya lo he dicho, pero allí, por lo menos, no hay mala leche, quizá porque la única solución consiste en tomarlo todo a risa, y así lo hacen los italianos, cosa que mal casa con el agrio carácter de los españoles.

Pasé en Roma cuatro años, y fue desesperante, cierto, pero también descacharrante. Era como vivir dentro de una película de Alberto Sordi y Aldo Fabrizio. Me vacuné. Aprendí mucho.

Aprendí, por ejemplo, a bandeármelas, más tarde, en España, donde el humor es negro. ¡País de calaveras y de tibias cruzadas!

¿Por qué regresé a él?

Y aquí, mal que bien, yéndome siempre y siempre volviendo, sigo.

Mi mujer, que no es española, se desespera.

Mi secretaria, que sí lo es, se desespera.

Yo, que ya no sé lo que soy, me desespero.

¿Hay algún español, me pregunto, que de verdad, con el corazón en la mano, para su fuero interno (si es que no se atreve a confesarlo), no lo haga? Pues que dé un paso al frente. Me gustaría conocer a tan rarísimo y, por ello, ilustrísimo señor.

Y que me diera la fórmula.

Mi mujer, mi secretaria y yo, antes de dar un paso, de iniciar cualquier gestión, de descolgar el teléfono, de lo que sea, cruzamos los dedos y decimos: «¡Cuidado, que esto es España!»

Y después, al recoger los vidrios rotos y desinfectar las heridas, exclamamos con retintín y recochineo: «¡Ya os dije que esto era España!»

¿España? ¡Anda, y que la ondulen!

Yo me largo, y mi mujer, también. Es japonesa. Tiene adónde ir.

Soy su marido. Japón, supongo, me acogerá. Ya lo hizo en los años de mi exilio.

Mi secretaria, la pobre, carece de burladero, y se queda. ¿Sobrevivirá?

Sí, porque es lista, pero estoy preocupado por ella. La mala leche es nociva para la salud, y no sólo por el colesterol.

La de los españoles, digo, no la de las vacas ni la suya...

En cuanto a ese otro virus hispánico, el de nuestra proverbial falta de educación, que tanto sorprende a quienes nos visitan (y especialmente, una vez más, a los nipones, cuyos refinados modales son los mejores del mundo), ¿tendré que aportar ejemplos?

Salga quien los necesite a la calle y eche un vistazo alrededor. No tardará en encontrarlos. Yo ya los di... ¿Recuerdan? El tuteo, el griterío, las cacas de los perros, los taxistas, los *graffiti*, los funcionarios, los horarios, el chismorreo, el lloriqueo, la mala hostia, los insultos, las blasfemias, los tacos, la envidia, el camorrismo, el cainismo, la vulgaridad, las murmuraciones, el entrometimiento...

Vale, vale. Añadiré otro ejemplo, de triple acción, repulsivo y muy, pero que muy significativo.

Poquísimos son los españoles que después de utilizar un retrete público tiran de la cadena. Muchos de ellos no lo hacen, cuando se trata de aguas menores, ni siquiera en sus domicilios.

No me digan que no. Lo he comprobado.

Está eso en consonancia —llegamos al primer efecto secundario— con la también extendidísima costumbre de no bajar la tapa del inodoro. Yo, como un samaritano, lo voy haciendo de bar en bar y de casa en casa. Estoy convencido de que Dios, si existe, me lo pagará.

Los españoles —tercer efecto secundario de la misma actitud— tampoco cierran las puertas, estén donde estén, a sus espaldas.

¿Para qué diablos, me pregunto, existen las puertas si no es para cerrarlas? Sólo entonces alcanzan su razón de ser. Que no las pongan, y listo.

Esa costumbre también me saca de quicio, lo cual no es raro tratándose de puertas.

Ni tratándose de mí, que soy persona proclive a la agorafobia.

¡Anda, y que vuelvan a ponerles rulos!

Al país, y a sus habitantes.

Ya he dicho que me voy. Es uno de los sonsoniquetes de este libro. Abuso de él. Perdónenme la tabarra, pero es una idea fija. Otros tendrán otras. Yo quiero vivir en un lugar donde todo el mundo me dé los buenos días, cierre la puerta, baje la tapa del retrete y tire de la cadena después de utilizarlo.

Parece sencillo, ¿no?

Pues no. Esto es España.

A lo que iba... Sumemos los tres factores: la envidia como *mal* endémico, la *mala* educación de los nativos y el *mal* funcionamiento del país.

Resultado: la *mala* leche.

Brota ésta a chorros, cuando hay españoles de por medio, a todas horas y en todas partes. Es el deporte nacional. Deberían incluirlo en las Olimpiadas cuando éstas —Dios y el correspondiente Comité no lo quieran— se celebren en Madrid. Tendríamos medalla de oro garantizada.

Coitus interruptus *y* eiaculatio ante portas. *Llegado a este punto me fui a China y a Japón, y al volver, dos meses más tarde, se cruzó en mi camino «Diario de la Noche» y no pude reanudar la redacción de este libro hasta julio de 2007.*

CAPÍTULO SEGUNDO

Verano de 2007

Sincronías...

Hoy es 23 de agosto de 2007 y son las cinco de la tarde. ¿Sereno? No. Tormentoso.

Cuanto antecede —la parte de este libro titulada «A contraespaña»— se escribió, ya lo dije, en el verano de 2006, pero ha sido ahora, en el de 2007, cuando lo he revisado y acomodado a lo restante.

Anoche, concluido ya ese trajín, me puse a releer *1984*, de Orwell, recientemente reeditado en español, y me encontré con los párrafos que voy a tomarme la libertad de reproducir a continuación. Casan al dedillo con lo que hace un año escribí acerca del acoso sistemático al que se ve sometida la lengua castellana. El autor los pone en boca de uno de los personajes de la novela. El interlocutor de éste, pues se trata de un diálogo, es el protagonista del libro. La conversación versa sobre la política lingüística aplicada en sus dominios por el régimen dictatorial del Gran Hermano, deseoso de imponer a sus súbditos, todavía —aunque por poco tiempo— angloparlantes, una *neolengua* (sic) que sustituya a la que todos, durante muchos siglos, han hablado. Quien dice lo que ahora vamos a leer es uno de los expertos y hombres de confianza encargados de la elaboración del nuevo diccionario...

La undécima edición es la definitiva. Le estamos dando al idioma su forma final, la forma que tendrá cuando nadie hable más que neolengua. Cuando terminemos nuestra labor creerás, seguramente, que nuestro principal trabajo consiste en inventar nuevas palabras. Nada de eso. Lo que hacemos es destruir palabras, centenares de palabras cada día. Estamos podando el idioma para dejarlo en los huesos. [...] La destrucción de las palabras es algo de gran hermosura. Las principales víctimas son los verbos y los adjetivos, pero también hay centenares de nombres de los que se puede prescindir. No se trata sólo de los sinónimos. Caen tras ellos los antónimos. En realidad, ¿qué justificación tiene el empleo de una palabra sólo porque sea lo contrario de otra? Toda palabra contiene en sí misma su opuesto. [...] Si tienes una palabra como *bueno*, ¿qué necesidad hay de decir *malo*? *Nobueno* sirve exactamente igual, mejor todavía, porque es la palabra exactamente contraria a *bueno*, y la otra, no. Por otra parte, si quieres reforzar la palabra *bueno*, ¿qué sentido tienen esas confusas e inútiles palabras —*excelente, espléndido*— y otras por el estilo? *Plusbueno* basta para decir lo que es mejor que lo simplemente bueno y *dobleplusbueno* sirve perfectamente para acentuar el grado de bondad. Es el superlativo perfecto. Aún usamos esas formas, pero en la versión final de la neolengua se suprimirán las equivalencias y todo lo relativo a la bondad podrá expresarse en seis palabras que en realidad serán una sola. ¿No te das cuenta de la belleza que hay en eso? [...] ¿No sabes que la neolengua es el único idioma del mundo cuyo vocabulario disminuye cada día? [...] Su finalidad es limitar la capacidad del pensamiento, estrechar el radio de acción de la mente y la conciencia. [...] Hacia el 2050, quizá antes, habrá desaparecido todo conocimiento efectivo del viejo idioma y toda la literatura del pasado habrá sido destruida. Chaucer, Shakespeare, Milton, Byron... sólo existirán en versiones neolingüísticas, no sólo transformados en algo muy diferente, sino convertidos en lo contrario de lo que eran. Incluso la literatura del Partido cambiará. [...] Todo el clima del pensamiento será distinto. En realidad, no habrá pensamiento tal como ahora lo entendemos. La ortodoxia significa no pensar, no necesitar el pensamiento. Nuestra ortodoxia es la inconsciencia.[41]

Todo eso, en España, ya ha llegado o está a punto de hacerlo. *1984* se nos queda corto. ¿Causas? Muchas, y casi todas de carácter más o menos doloso, aunque no siempre intencionado: la LOGSE, la escolarización obligatoria, la democratización de la universidad, la telebasura, los políticos, los licenciados en Ciencias de la Información, los teléfonos móviles y sus mensajes, Internet, la correspondencia electrónica, la manía de las siglas, la curiosa *violencia de género* (perdonen que recurra a tan horrísona expresión) ejercida sobre el supuesto sexismo del idioma por el integrismo feminista...

Y un catalizador, un caldo de cultivo, un carburante: la corrección política.

Todo ello, además, agravado en los reinos de taifa de las comunidades autónomas provistas de idioma propio, y especialmente (aunque no sólo) en Cataluña, por el absurdo zipizape depurador organizado allí a cuenta de la llamada *inmersión lingüística*.

Absurdo, digo, porque no puede haber casus belli entre lenguas que, como el catalán, el gallego y el castellano (otra cosa sería el vascuence) salen de la misma cepa y, lejos de ser incompatibles entre sí, se refuerzan las unas a las otras. ¿Por qué no estudian un poquito de filología —románica, a ser posible— los dirigentes de los movimientos nacionalistas? ¿Por qué son tan cerriles, tan palurdos, tan incultos? ¿Por qué sus-

41. *1984*, Destino, Barcelona, 2007, pp. 116-118.

tituyen el esencialismo español por los esencialismos tribales? ¿Para qué sirve eso? ¿Adónde conduce?

Dejémoslo estar. No voy a mezclarme ahora en batallas tan estúpidas, por nadie agradecidas, que se libran extramuros de mi jurisdicción geográfica y lingüística. Lamento, eso sí, no saber catalán, y lo hago, entre otras razones, porque estoy convencido de que, si lo supiera, hablaría y escribiría mejor en castellano.

Y en latín.

No cabalgo solo. Otra sincronía. 18 de agosto de 2007: Carmelo Lafuente Ruiz, zaragozano, publica en el *ABC* la siguiente carta:

> Creo que lo que mejor simboliza la última etapa histórica en España, la que estamos protagonizando nosotros o nos hacen protagonizar, es la deconstrucción de la tortilla de patata, esa creación culinaria de Ferran Adrià que me suscita más perplejidad que interés. La tortilla de patata, que se conoce en el resto del mundo como española, es un producto soberbio. Poco puede hacerse para mejorarla sin que se convierta en algo distinto y no necesariamente mejor. ¿Es mejor la tortilla deconstruida que la tortilla que conocemos, bien cuajada? Algo parecido estamos haciendo con España, deconstruyéndola, desmontando poco a poco, pero de forma tenaz, todas las estructuras que nos caracterizan como nación. Y no será raro que cuando veamos todo lo que hemos perdido —riqueza, bienestar, seguridad jurídica, cohesión, competitividad y futuro para nuestros hijos... Todo aquello que siguen procurándose el resto de los europeos— con la nación deconstruida añoremos la nación que fuimos y lamentemos haber permitido que hagan lo que nos están haciendo.

El señor Lafuente Ruiz, del que nada, aparte de su nombre, sé, tiene razón, y yo, por muy apátrida (o no) que me considere, tengo que dársela.

Apropiadísima me parece, además, la metáfora a la que recurre. ¡Ojalá se me hubiera ocurrido a mí! Yo también detesto las mil y una tontunas de la cocina creativa. Hay que ser idiota para ponerse a deconstruir algo tan bien construido como lo está, desde hace sabe Dios cuánto tiempo, la tortilla de patatas. Claro que aún más idiotas son quienes, pagándola a peso de oro líquido, se la comen. Zapatero es como Ferran Adrià y sus *estatutos* son a España lo que el Bulli a la gastronomía. Con su pan deconstruido se los coma.

Y, encima, va el PP, en Valencia, y los imita.

Todos iguales en eso, los de Ferraz y los de Génova, empezando por los padres de la Constitución y la Deconstrucción, que fueron quienes inventaron y aventaron las semillas de la cosecha que ahora estamos recogiendo.

Fue entonces cuando lo que era una nación se transformó en un Estado. Ni al que metió la manteca en un microondas se le habría ocurrido mayor dislate.

No entiendo nada. No entiendo que se declaren constitucionalistas los defensores de la unidad de España, pues fue en la cocina de la Constitución donde los cocineros *sine nobilitate* de la política deconstruyeron la tortilla de patatas, ni entiendo que se declaren anticonstitucionalistas los líderes de los nacionalismos periféricos, pues es la Constitución lo que les permite decir y hacer cuanto hacen y dicen. Y quieren. De las autonomías a la secesión hay un paso. Una cosa es descentralizar y otra centrifugar. La lavadora se ha puesto en marcha. Hormigonera no es.

¡Máxima herejía la que sin pararme a pensarla he expuesto! Soy consciente de que no cabe llegar más lejos, de que acabo de perder los pocos amigos que me quedaban y de que a partir de ahora soy un proscrito.

Pues muy bien. Adelante con los faroles, el sambenito y el capirote. Dick Turpin fue uno de los héroes de mi infancia, y Robin de los Bosques, también. Luego lo sería el Lobo Estepario de Hermann Hesse. Proscritos eran Guillermo, Enrique, Douglas y Pelirrojo. Humbertolanitas, en cambio, se me antojan los defensores de la Constitución. Yo no la voté. Me abstuve, y volvería a abstenerme ahora.

Adiós. Me voy al monte. ¡Viva la Pepa!

¿Sabrán los chicos de la LOGSE quién era Dick Turpin? ¿Les sonará Hermann Hesse? ¿Habrán oído hablar de los Proscritos y los Humbertolanitas?

Lo dudo. Dudo, incluso, de que sepan lo que es una Constitución.

La Nochebuena se viene, la Nochebuena se va. Se me están muriendo los lectores. Como escritor, carezco de futuro, y como animal todavía semiviviente, ni les cuento. «Hoy *semos*, —decía Jaime Campmany que dicen en Murcia—, y mañana, estatuas.»

Tampoco sabrán esos chicos lo que es la Pepa... Pues así, mis queridos salvajes de la Educación para la Ciudadanía, llamaba el pueblo, aunque la plebe hoy tampoco lo sepa, a la Constitución de 1812: la liberal, la de los verdaderos patriotas, la de las Cortes de Cádiz.

Ésa es la mía. Los Proscritos y yo la habríamos votado. Y la otra, vetado.

Voy a la deriva. Ya no empuño el timón de este libro, que tanto me disgusta. Su madre, su caña y su macho se han hecho añicos. ¡Aguas verdaderamente turbulentas y procelosas las del mar de mi país! Son ellas las que me llevan de aquí para allá mientras, empapado, me aferro a las jarcias. España es un naufragio y yo naufrago en ella y con ella. ¿Qué delito cometí naciendo donde lo hice? Ser español me convierte en pecio.

En pecio, sí, pero no en necio. No soy ni querría ser capitán de ese buque. Allá se las entiendan sus pasajeros, sin excluir a las mujeres y los niños. Boto, sigilosamente, una chalupa, mientras todos —los del PP, los del PSOE, los de Izquierda Unida, los del PNV, los de Convergencia, los batasunos— vociferan y corren alocados, de babor a estribor, de estribor a babor, y me largo.

«Allá, a mi frente, Estambul. La luna en el mar riela. Es mi dios la libertad. Mi patria...»

Mi patria es un naufragio. Sus restos —sus pecios— rodean la chalupa, pero ésta sigue su curso y los deja atrás.
Soy, ya, Ulises, pero —*rico en saber y en vida*— nunca regresaré a Ítaca.
A otro perro con esa patria.

¿Fugitivo o desertor?
Lo primero, a mucha honra, sí. En cuanto a lo segundo...
Quizá.

Pero algún día, en alguna parte, me redimirán los brazos de Nausica, de Circe, de Calipso. Sólo pierdo a Penélope. Me apañaré sin ella. Viudo de por vida.

¿Y Telémaco?
Los apátridas —los trasterrados— no dejan descendencia, pero sí, a veces, herencia. Yo la tengo. Está aquí. Es mi última voluntad. España: los restos de un naufragio.

Voy a la deriva, dije, y lo decía porque he incluido aquí, acabo de hacerlo, en la segunda parte de este libro y, por ello, *a contraespaña*, un manojo de reflexiones sobre el proceso de desmembramiento de la nación y desmantelamiento de su utillaje e infraestructuras que debería haber dejado, en buena lógica, para la tercera parte, a la que aún no sé si voy a atreverme a llamar «¡Arriba España!», pero que irá —¿brindis al sol?— por ella.

Es hora, por lo tanto, de levantar los remos, respirar hondo, volver a sumergirlos, hacer ciaboga y cambiar el rumbo. No sé si eso me llevará a puerto, pero hay un mandato imperativo, categórico, enigmático, dentro de mí que me obliga, por lo menos, a intentarlo. Ya no soy Nadie, ya vuelvo a ser, como en la infancia, como en la juventud, como al regresar del exilio, como al escribir *Gárgoris y Habidis*, Alguien. Penélope, esposa y patria desvalida, teje su tela de espera, escudo y esperanza mientras los pretendientes —todos ellos republicanos— al trono de la isla la acosan. Telémaco estudia el bachillerato de la LOGSE. Los lugareños se expresan en algarabía y otros idiomas fronterizos. No hay tiempo que perder, porque todo está ya perdido, pero Kavafis viene en mi ayuda. Ulises vuelve a Ítaca y lo hace, aunque pobre la encuentre, convencido de que sólo así se conocerá a sí mismo y sabrá lo que significan las Españas.

TERCERA PARTE

¿Arriba España?

Soy de signo Libra. Dilema, pues, resuelto. Busco el fiel de la balanza y alcanzo una solución de compromiso: la de mantener el título, anunciado entre dengues y titubeos, de «Arriba España», pero poniéndolo entre signos de interrogación y no de exclamación ni —Dios me libre— de admiración.

¿Ganas de provocar? Algo hay de eso, lo admito, pero ganas, sobre todo, de inyectar un chute de adrenalina en la atención de quien me haya seguido hasta aquí.

No sé si el truco prosódico me servirá o no de burladero, porque para medir su eficacia es necesario que el toro esté en la arena, pero seguro que a los fascistas de izquierdas les resultará un poquito más difícil llamarme fascista de derechas por atreverme a exhumar el grito de José Antonio que Franco expropiara a éste.

Dicho, en todo caso, y hecho. A ver qué pasa...

Tenía, sin embargo, otro título en cartera: «¡Va por España!» Y así, en efecto, es. Cambio de tercio, de estribillo y de partitura. Te hará llorar quien bien te quiera. ¿Será pasión por España mi pasión antiespañola? Siempre se ha dicho que del amor al dolor hay un paso. ¿Dolía a Unamuno España porque la quería? Es evidente que sí. Nadie se atreverá a sostener lo contrario. Aquel cascarrabias sublime se crecía en el castigo, y lo pagó como lo paga el toro de lidia. *Pasión* viene de *padecer* y yo, desde luego, padezco España, como la padeció mi padre, como la padeció mi madre, como la padeció (si la historia es cierta, porque algunos la ponen en duda) el abuelo de Zapatero, y eso significa que, doliente, almibarada o agridulce, siento pasión por ella.

Quizá sea la complicidad que se instala entre la víctima y el verdugo: síndrome de Estocolmo. Pero es.

Ambigüedad intrínseca, hereditaria, insoslayable, que nos persigue y apresa a todos: a Unamuno, a Ortega, a José Antonio, a mí... No por pérfida, si lo es, es menos madre nuestra madre. No la elegimos. Nos viene dada, como la patria, y hay que cargar con ella.

¡Y aunque así no fuese! ¡Aunque la eligiésemos con el cuidado con que elegimos novia o por la novia somos elegidos! Enamorarse de una mala mujer o de un mal hombre, como tantas veces sucede, no obliga a creer que el uno o la otra es bueno, pero sí nos obliga a amarlo, a defenderlo, a conservarlo. El amor puede ser loco, *fou*, pero nunca, en contra de lo que tantos dicen, debe ser ciego. Cupido no tiene venda y clava su dardo donde pone el ojo. Lo único que una persona no puede perder, porque si lo hace pierde su humanidad en beneficio de la animalidad, es la lucidez. *Cogito, ergo sum.* ¿Te quiero, entonces, España, *porque* no me gustas? No, no. Eso sería estupidez, testarudez cerril, asnalidad. Te quiero, España, por lo que sea, porque te llevo dentro, porque te siento, porque te invento, porque me importas, porque *e' cosí*, y ya está, *pero* no me gustas.

Y a mí, la verdad, me gustaría que me gustaras. ¡Ojalá pudiese estar orgulloso de ti y cómodo en tu seno!

Queda así corregida, rebajada, amansada y razonada la frase de José Antonio y también, de paso, la de Ortega, que precedió a la del fundador de la Falange y en la que éste se inspiró.

Son muchos, y yo entre ellos, quienes no estarían dispuestos a afirmar, y a firmar, que España es (o fue) *un proyecto sugestivo de vida en común*, pero sí aceptarían la evidencia de que fue, y es, sin florituras retóricas, *un proyecto de vida en común*.

Y ese proyecto parecerá *sugestivo* a quienes se consideren patriotas —yo, desde luego, ni lo soy ni puedo serlo, aunque lo fui de niño, porque lo juzgo actitud pueril— y no se lo parecerá a quienes se consideren únicamente ciudadanos nacidos en un país que se llama España... Esto es: españoles, mondos, escépticos, sin gritos de ritual, que no galleen, razonablemente dispuestos a vivir en paz, respetándose los unos a los otros, con sus vecinos.

No me fío de los altruistas, y los patriotas, en principio, y en cuanto se refiere a la patria, por la que están dispuestos a ofrecer incluso la propia vida —¿cabe mayor absurdo?—, lo son, pues la experiencia me ha enseñado que a menudo salen ranas. Prefiero, en todo, y más en esto, en el cotarro de la *res publica*, a los egoístas, que nunca desfallecen en la defensa de lo propio y son, por ello, mucho más de fiar.

Como los gatos, que siempre miran por sí mismos y nunca, a diferencia de los perros, son serviles.

¿Importa algo que España, o cualquier otro país, sea un lugar *sugestivo*? Si lo es, adelante, qué suerte, frotémonos las manos, y si no lo es, paciencia y hagamos por mejorarlo o, al menos, por conservarlo. Eso es lo que, sin dar en idolatrías de ninguna laya, tampoco las que funcionan a contrario (pues tan absurdo, tratándose de españoles, es el antiespañolismo como el españolismo), sugiere con serenidad y perdurabilidad la razón. Piense, incluso, quien tenga a España por hija de puta, que es —como decían los norteamericanos de los dictadores bananeros— *nuestra* hija de puta, y listo. Nos guste el país o no, y de grado o por fuerza, tal como están las cosas, andamos los unos y los otros —catalanes, vascones, castellanos y *tutti quanti*— metidos en él hasta el pescuezo y no disponemos, por ahora, y en tanto los chinos, o el islam, o Zapatero, o lo que sea, no nos hundan la barca, de ningún otro habitáculo, estantería, contenedor, medio de transporte y lugar de residencia, así que más vale cuidarlo con mimo, calafatearlo, repararlo, repintarlo y zurcir sus velas, pero no por patriotismo, sino por instinto de conservación. Si España naufraga, y lo está haciendo, naufragaremos todos.

¿Recuerdan la fábula del escorpión que pica, porque está —asegura— en su naturaleza y no puede evitarlo, el lomo de la rana que lo transporta hacia la otra orilla del río? Pues saquemos las conclusiones pertinentes, acallemos las pasiones y pulsiones fratricidas propias de nuestra condición ibérica, recuperemos la cordura y, con ella, los valores y aprendamos a vivir con armonía, esto es, a *convivir*, aunque el país, el paisaje y el paisanaje no nos entusiasmen, sin hundir nuestro aguijón en el lomo de España. Nos va en ello el futuro. Hagamos éste posible.

¿Cómo?

Esforzándonos, amigos, esforzándonos...

Ya sé que no es fácil. No lo es, tampoco, para mí. Salta a la vista en cuanto llevo escrito. Lo estoy pasando mal. Forcejeo con las palabras, con los conceptos, con la sintaxis. No me salen, como otras veces, fluidas, amistosas, espontáneas. No me divierto. No toreo a gusto. No me gusta el toro ni la lidia que le estoy dando. No me gusta este libro. «Preferiría —otra vez Bartleby— no hacerlo.» Fantaseo, por las noches, agotado, con la posibilidad de interrumpirlo, de renunciar a él, de tirarlo a la papelera, pero... ¡He llegado ya tan lejos! ¡Le he dedicado tantas horas de impotencia! ¡He puesto tanto de mí en él!

Soy, además, hombre de palabra, o por tal me tengo, y se la he dado a mi editor. No hay escapatoria posible. Tengo que llegar hasta el final, y ese momento no puede posponerse. Apuraré el cáliz.

Es ya un tópico, y muy manido, el del terror pánico que sienten los escritores cuando se enfrentan, cada día, al toro del folio en blanco. Será así, puesto que así lo dicen, en casa ajena, pero yo nunca, hasta ahora, lo había sentido en la propia. Era para mí, por el contrario, la práctica de la literatura, un motivo de alegría siempre renovada y jamás saciada. Lo fue, incluso, cuando hace un año escribía *a contraespaña*, pero ya no lo es. Bastó con que me pusiera a escribir a favor de ella para que el placer se trocara en sufrimiento. Ahora sé por fin lo que se siente cuando el papel da miedo, porque te mira, expectante, y está vacío y se agiganta, y los minutos van goteando sobre él, y no es cabeza de puente ni rito de paso hacia nada, sino rastrojal, y te estrujas la sesera, y exprimes el corazón, y ni del corazón ni de la sesera sale nada.

Me pondré melodramático: es como si un hijo hambriento te pidiese pan y no pudieras darle ni un mendrugo, y vas, y te preguntas si esa aridez es pasajera, vinculada sólo al libro que tienes entre manos y con el que entablas desigual pelea, o es que te has quedado seco, estéril, eunuco, lobotomizado, vasectomizado, inútil para siempre.

Mejor lo primero que lo segundo, quién lo duda, pero, caso de ser así, derrota sólo circunstancial y momentánea, ¿por qué, te dices, precisamente ahora y nunca antes, por qué con este libro y no con otros, por qué, oh, sagrados demonios familiares, te resulta tan difícil escribir a favor de España si tan fácil te parecía hacerlo contra ella? ¿Qué oscuro rencor, qué fuego oculto, qué perenne rescoldo te impide ser, cuando menos, ecuánime, ya que no amistoso, en lo concerniente al país que tanto amaste? ¿Eres, acaso, tú, por desventura, y no él, quien ha cambiado? ¿Estás aún, hoy, aquí, ahora, a tiempo de rectificar los errores y excesos cometidos, de devolver su equilibrio al fiel de la balanza y de aplicar la armonía de la *coincidentia opposito-rum* al reparto de fuerzas entre las tres partes de este libro?

Si la primera lo fue de introducción y la segunda lo ha sido de negación, ¿no debería serlo la tercera de interrogación, a decir poco, ya que no, como sería deseable, de rotunda afirmación?

Y sin embargo, a estas alturas de la travesía, cuando ya se dibuja en la lente del catalejo la silueta del litoral interrumpido por la bocana del puerto, todo lo que aparece, emborronándolo, en el cuaderno de bitácora ha sido escrito a la contra y no hay en él, a lo largo de más de doscientas páginas, ni una sola línea, que yo recuerde, escrita a favor de patria. ¿Qué angosto hueco, entonces, queda —si lo hay— para hacer compatible la tesis con la antítesis, alcanzar de ese modo, por vía de dialéctica y equidad, la síntesis y tender la mano a España después de haberla escarnecido a mansalva y bocajarro, a placer y con placer, al hilo de tantos folios?

Y lo peor no es eso, lo peor es que ni siquiera, después de tanto tiroteo, estoy ahíto. Aún me queda pólvora en el polvorín, y rabia en las cartucheras, y balines en el tambor de mi revólver, y decenas de poderosos (o a mí me lo parecen) argumentos en el magín para hacerme fuerte en las posiciones mantenidas hasta ahora y seguir disparando y escribiendo, erre que erre, *a contraespaña*.

Me censuro. No lo haré. Carecería de sentido, no añadiría nada, restaría mucho, ahuyentaría a todos... Saco, pues, bandera blanca, voy hacia el enemigo, que está dentro de mí, y le pregunto o, mejor dicho, me pregunto: ¿arriba España?

Silencio. No hay respuesta. Tampoco puedo, en un pronto, porque sí, porque me da la gana, porque quiero acabar de una vez, y aquí paz, y después mierda, suprimir los puntos de interrogación y convertir la pregunta, con un corte de mangas, en rancio grito de ceremonial franquista.

Nada. Silencio, digo. O el pozo está seco o lo estoy yo. Desisto. Bajo a desayunar. Están en Castilfrío mi hija mayor y mis dos nietos. Naoko, mi mujer, prepara café para todos en la cocina. *¿Café para todos?* ¿No es eso lo que piden al Gobierno los dirigentes de las comunidades sin aval de historia? Pocos éramos y... Los paletos con bombín y las aldeanas con zapatos de Manolo Blahnik. Aparecen también, de sopetón, mi hijo mayor, su novia, mi yerno y un par de amigos. Nos apelotonamos en el comedor. Llevo barba de seis días, el pelo alborotado, el rostro demudado, las pupilas desencajadas... Todos se dan cuenta, notan que me sucede algo, que estoy rarito, hecho unos zorros, ¡ea!, que no soy el de costumbre. Indagan. Se interesan por mi salud. Me tiran de la lengua. Yo me zafo del interrogatorio como puedo. Desvío balones. Cambio de conversación. No funciona. Me rindo. Canto de plano, cuento mis cuitas, demando ayuda. No me la dan. No me toman en serio. Se echan a reír. Exclaman:

—¡Pero si tú eres más español que nadie!

Ya estamos.

—Lo seré —refunfuño—, pero por mucho que lo sea, no consigo hablar bien de España. Sé que es eso lo que ahora se espera de mí, *siento* que debería hacerlo, que las circunstancias lo exigen, que corro el riesgo de decepcionar a mi editor, de espantar a mis lectores y de perder las últimas amistades políticas que me quedan, pero nada. No me sale. No tengo argumentos, fuera de los que la retórica barata y el repertorio zarzuelero con olor a sacristía me proponen. No se me ocurre nada original, nada nuevo, nada que no hayan dicho otras voces miles de veces.

Me interrumpen:

—Nada bueno, querrás decir, porque lo malo, al parecer, te sale a chorros. Llevas, según propia confesión, la friolera de doscientas páginas poniéndonos a caldo.

—A vosotros, no. A España.

—Un país es lo que son sus habitantes. No lo que fueron.

Touché. Tienen razón. Se la doy. Mi hija se echa, como de costumbre, al quite con el capote de la templanza:

—Cuenta lo que te está pasando. Es un recurso facilón, pero eficaz.

Touché por segunda vez en dos segundos. Doy un respingo. Se me cae un trozo de bollo a la taza de café con leche y salpica el mantel. Todo va de mal en peor. Respondo sarcásticamente:

—Te agradezco la intención, preciosa, pero ¿qué diablos crees que estoy haciendo?

Se echa a reír.

—¿Y entonces? ¿Dónde está el problema? Filosofas sobre tu crisis de identidad, te flagelas un poco, aliñas la ensalada con unas gotas de angustia virgen y vinagre balsámico, y todos contentos. Esas cosas, a los lectores, les encantan.

—Ya. Sobre todo en este país.

Recalco la desdeñosa muletilla final, que los españoles utilizan a menudo, y yo, como se ve, también, pero que en cualquier otro lugar del orbe resultaría inconcebible: *en este país*. Ya se sabe: «Si habla mal de España...»

David Torres, hace un año, tuvo la gentileza de dedicar su columna de *El Mundo* a mi libro *Muertes paralelas* y la remachó escribiendo:

> Quizá la afirmación más escandalosa del libro esté en el prólogo, donde el autor afirma solemnemente: «Lamento profundamente haber nacido español.» Sánchez Dragó siempre ha peleado a la contra: enemigo a muerte de la corrección política, aplaude sin embargo la moda antitabaco; es budista, pero va a los toros a cuestas con un ego que no cabe en la plaza. Estas contradicciones están ya en la lógica interna de sus apelli-

dos: del temerario dragón cifrado en el segundo al tranquilo escudero manchego oculto en el Sánchez.

Viajero impenitente y apátrida por vocación, ahora da un paso más allá y se declara *expañol,* un neologismo que está mucho más de moda que lo que él quisiera: el banderín de enganche de los nacionalistas catalanes y vascos. Al fin y al cabo, nada más español que abominar de España.

Y dale. Otra bofetada de amigo en la misma mejilla: la de mi evidente, al parecer, españolía. Me resigno. Será. David Torres tiene razón en todo lo que dice, menos en lo del tabaco, que es cosa de salud, no de corrección política, y en lo del ego, pero no voy a ponerme a discutir con él sobre tan engorroso asunto. Con ego o sin él, casi todos los españoles llevan de tapadillo una equis —complementaria o sustitutoria, según los casos— en la primera sílaba del gentilicio.

Sustitutoria en el de los independentistas catalanes y vascones, complementaria en el mío.

Sigo en el comedor. Hurgo con la cucharilla en los posos del café, pero no para averiguar mi futuro, sino para retrasar el momento de volver a verme las caras con el papel en blanco. Me revuelvo contra mi hija.

—Lo que tú quieres —le digo— es que escriba otra vez *Muertes paralelas.* Ya conté allí, con pelos y señales, el proceso de indignación, desesperación y autoinculpación que me propones.

—Te salió muy bien. Quedó muy apañadito.

—¿No querrás ver a tu anciano padre convertido en asno de noria con el cabezal puesto?

—Estarías muy guapo. Lo estabas, de hecho, cuando te pusiste orejas de burro en «Diario de la Noche». La indignación te favorece.

Y se troncha. Nadie me toma en serio. Suspiro. Apuro el café. Subo al desván. Me instalo frente a la mesa. Me acaricio la barba, canosa, de seis días. Hundo los dedos en la pelambrera alborotada. Escucho un trompetazo: los clarines del miedo. Sale otro toro, y no es el de Osborne. Desde el carro de mi vieja Olympia, con los pitones enhiestos, un folio en blanco me mira. No sé qué hacer ni qué escribir. La tortura recomienza.

¡Pero vamos a ver! Pongámonos serios. ¿No hay nada, *en este país*, que sea de mi gusto?

¡Pues claro que lo hay!

«Nosotros, que nos quisimos tanto...»

Pasaré lista.

Me gustan sus vinos, aventuro con timidez, y que la gente los beba.

Ya. Pero también me gustan los vinos franceses, y los italianos, y los chilenos, e incluso los de Sudáfrica. Ahora hay buen vino en todas partes.

—¿En todas?

—No, en todas, no, pero sí en muchas. Y, además, donde no lo producen, lo importan. Es la globalización. No sirve ese ejemplo para defender España.

Buscaré otro, similar: el de la gastronomía. España es uno de los países donde mejor se come del mundo y donde más fácil resulta hacerlo. Todo el país es un inmenso restaurante.

Cierto, pero... ¿Vamos a reducir la patria a tan poca cosa? También cabría, además, sostener lo contrario: que *en este país* se come fatal. Bastaría, para ello, con aportar el ejemplo de la tortilla de patatas deconstruida y demás memeces de los cocineros creativos. ¿El Bulli buque insignia de nuestra gastronomía? ¡Si Camba levantase la cabeza! Estamos emporcando la casa de Lúculo.

Busquemos, pues, otras cosas... ¿El paisaje, los monumentos, el clima? No confundamos el turismo con el patriotismo. Habría mucho que decir, además, sobre las supuestas virtudes de esos tres factores, tan adentellado el primero por la *cementitis* y la basura, tan falseado el segundo por la transformación del patrimonio en parque temático para uso de muchedumbres y tan zarandeado y soliviantado el tercero por el deterioro del ecosistema, pero no ha lugar a ello, porque ni la meteorología ni las obras de arte ni las buenas vistas son principios vertebradores de lo que se entiende por nación. No se deriva ésta de ellos ni con ellos se justifica esencialismo alguno. No confundamos tan alto y confuso concepto con sus etiquetas ni lo convirtamos en álbum de fotos. España seguiría siendo lo que es, para bien o para mal, patria o madrastra, aunque las glaciaciones la cubrieran, se viniese abajo la catedral de Burgos y el galopante e incendiario proceso de deforestación se invirtiera y pudiese otra vez una ardilla llegar desde el Peñón hasta el Aneto saltando de rama en rama sin tocar el suelo.

En cuanto al paisanaje, nada diré, porque todo está ya, por mí, dicho. Mi hija estaba en lo cierto: un país es lo que son sus habitantes. Y sobre ellos, sobre los españoles, sobre el españolito del montón, sobre el *Homo ibericus*, me he despachado a gusto en la segunda parte de este libro. Son sus protagonistas. Sin ese espécimen nunca habría podido escribir mi diatriba contra España.

Pero, añadirá mi hija, aquí, *en este país* que no te gusta y del que no consigues, a pesar de ello, desentenderte, tienes hijos, amigos, familiares, calor humano... ¿No es eso patria?

Pues no, no lo es. ¿Dejará mi hija de serlo porque yo me proclame apátrida? ¿Dejó de existir, en mi caso, España cuando precisamente ella mató a mi padre? ¿Me vuelve italiano, alemán o francés un amigo francés, alemán o italiano?

Dejémonos de tontunas, lirismos y argumentos de guardarropía de Cornejo. Si todo eso —la familia, los amigos, la pradera, el campanario, el calor, la lluvia— sirviese para definir la patria, sería cierto que cabe encontrar ésta, como ya he dicho, allí donde descansan los zapatos. *Ubi bene, ibi patria...* ¿Por qué no? Pero precisamente en eso, en esa actitud y aptitud de absoluto desarraigo, consiste ser apátrida. Individualista llamará a éste, con desdén y con despecho, el patriota.

En el Egipto, viril al máximo, de mi héroe Sinuhé iban aún más lejos y decían que la patria —*matria* no había— no está, para el varón, en los zapatos, sino en la verga. ¡Hermosa imagen, por Amón, y venturosa hipótesis que, de revelarse exacta, me permitiría gritar sin rebozo alguno, y duélase la gente, *arriba España!*

¿Individualismo? ¡Eso es lo mío!, grito, alborozado, pero mi júbilo no tarda en desvanecerse al descubrir que con ese rasgo del carácter mi españolismo (y, por ello, ¡malhaya!, el patriotismo), lejos de diluirse, se acentúa.

Es otra sincronía. Voy a entresacar algunos párrafos de una columna de Rosa Montero[42] —interesantísima, por lo demás, para los fines de este libro—, y juzgue el lector...

> El estupendo y clarividente Gerald Brenan, en su conocido libro *El laberinto español*, publicado en 1943, hablaba ya del individualismo feroz de los españoles, y decía que nuestra sociedad estaba atomizada en grupos tribales y que éramos incapaces de concebir la realidad de la nación como algo común y colectivo.

Esto en cuanto al individualismo. Reitero lo de *ubi bene, ibi patria*, lo traduzco libremente como «yo, mi familia y mi clan», y me doy por aludido.

Pero hay más, mucho más, y de más alto vuelo y alcance,

42. «Este país tan primitivo», en *El País*, 4 de marzo de 2005.

en la columna a la que aludo. Sigue ésta y, unas líneas más abajo, dice su autora:

El historiador Guicciardini, que vino a España en 1512 como embajador de Florencia en la corte del rey Fernando, escribió: «Los hombres de esta nación [...] van siempre armados; en los tiempos pasados solían ejercitarse no sólo en las guerras extranjeras, sino aún más en sus discordias intestinas; siempre se encontraban formando partidas y trabando contiendas. [...] Admira que una nación tan grande y que cuenta tantos soldados haya siempre perdido en sus contiendas con otras en tantas épocas diversas por carecer de hombres que la hayan sabido dirigir. [...] Quizá sea la causa de ello su discordia natural y el no ser el reino de uno solo, sino el haber estado dividido entre muchos y varios señores, y en muchos reinos, cuyos nombres todavía subsisten: Aragón, Valencia, Castilla, Murcia, Toledo, León, Córdoba, Sevilla, Portugal, Granada, Gibraltar.»

El francés Bartolomé Joly, que viajó a España entre 1603 y 1604, apuntaba: «Entre ellos, los españoles se devoran, prefiriendo cada uno su provincia a la de su compañero, y haciendo por deseo extremado de singularidad muchas más diferencias de naciones que nosotros en Francia, picándose por ese asunto los unos a los otros y reprochándose el aragonés, el valenciano, catalán, vizcaíno, gallego, portugués, los vicios y desgracias de sus provincias; es su conversación ordinaria. Y si aparece un castellano entre ellos, vedles ya de acuerdo para lanzarse todos juntos sobre él, como dogos cuando ven al lobo.» Resulta triste, en fin, que esta añeja canción nos siga sonando tan contemporánea.

Hay muchos más testimonios por el estilo (el novelista Gautier publicó en 1845: «Para un habitante de Castilla la Nueva, lo que ocurre en Castilla la Vieja le es tan indiferente como si ocurriese en la Luna»), pero voy a terminar con un texto devastador del inglés Richard Ford (1796-1858), uno de nuestros visitantes más lúcidos y famosos: «La patria, que significa España entera, es un motivo de declamación, de hermosas frases [...], pero su patriotismo es de parroquia, y la propia persona es el centro de gravedad de todo español. [...] Cada español piensa que su pueblo o su provincia es lo mejor de España, y él, el ciudadano más digno de atención. Desde tiempos muy remotos, a todos los observadores les ha sorprendido este localismo, considerándolo como uno de los rasgos característicos de la raza ibera, que nunca quiso uniones, que jamás, como dice Estrabón, puso juntas sus escuelas, ni consintió en sacrificar su interés particular en aras del bien general; por el contrario, en momentos de necesidad siempre ha propendido a separarse en juntas diversas, cada una de las cuales sólo piensa en sus propias miras, por completo indiferente al daño ocasionado, que debería ser la causa de todos.» Son palabras tan agudas y tan certeras que verdaderamente dan ganas de llorar. ¿Y es de este papanatismo patriochiquero de lo que se sienten algunos tan orgullosos? ¡Qué país tan primitivo e insoportable!

Pues sí, Rosa. Sobran los comentarios. Hago mías tus palabras y te pido permiso para llorar yo también, sobre tu hombro, por la desgracia de haber nacido aquí.

Franco, ya lo recordé, llamaba antiespañoles a quienes desde cualquier trinchera ideológica, dentro o fuera de España, se oponían a su régimen.

La expresión es, en verdad, curiosa. ¿Cómo pudo ocurrírsele? ¿No bastaba con ser antifranquistas? ¿No podía acusar a éstos, simplemente, y con mejor lógica, de ir contra los intereses del país, de no servir al bien de éste, de comprometer con su lucha el presente e hipotecar el futuro de la patria?

Eso podría haber sido falso, pero no absurdo. ¿Cómo se puede ser, siendo español, antiespañol? ¿En qué consiste eso? ¿Puede un francés ser antifrancés o un chino antichino?

Podrían, sí, ser malos franceses o malos chinos, o no considerarse a sí mismos ni chinos ni franceses, de igual modo que los separatistas vascones o catalanes no se consideran españoles, pero no era ése el caso de quienes se oponían al Caudillo ni éste les negó nunca el gentilicio ni los desposeyó de su nacionalidad.

Insisto y lo recalco: la expresión no se limita a ser curiosa, peregrina, sino que resulta altamente reveladora. Buen o mal español sería, según se mire y quien lo mire, Franco, pero españolísimo, sin duda, era, porque sólo a un español de pura cepa, español hasta las cachas, español rojigualdo de navaja en liga, aliento de coñac, pechera dasabotonada, cinturón con hebilla de herraje y patillas cortadas en forma de hacha, español, en suma, como dijese César Vallejo, «de puro bestia», se le puede ocurrir la burrada conceptual y el imposible metafísico de llamar antiespañol a un español.

Sólo quien sienta la patria, y ahí nos duele a todos, ahí está la bolsa de pus, *como un problema*, y no como un mero topónimo, un gentilicio, un rótulo de la geografía, un dato del carnet de identidad extraído de la partida de nacimiento, puede decir semejante idiotez.

¿Españoles antiespañoles? ¿Qué significa eso? ¿Es un *koan*? ¿Una reducción al absurdo? ¿Una provocación de filósofo ciruelo? ¿Una aporía del ser?

Secretos son, sin embargo, los caminos que conducen al meollo de las cosas. De costado, de refilón, inadvertidamente, gracias a una paradoja del Caudillo o de quien a éste se la sugiriera, estoy acercándome al busilis, al quid, al sagrario, al corazón del problema...

Porque ser español, efectivamente, es un problema, y eso no le sucede con su país a nadie nacido en ningún otro lugar del mundo.

Enseguida me ocuparé de lo que acabo de decir, pero consiéntanseme antes, muy breves, una duda y un excurso.

La duda... ¿Seré yo no un mal español, a secas, o un español cabreado con España y por España escaldado, sino un español *antiespañol?*

¡Caramba! Eso sí que no lo había pensado nunca. Me rasco la cabeza, mientras Franco, vengativo y socarrón, se ríe de mí en su tumba.

Y el excurso...

Hace unos meses publicó Anagrama, en su colección Biblioteca de la Memoria, un libro de conversaciones con Pepín Bello recogidas por David Castillo y Marc Sardá. Nada sé de éstos, fuera de lo poco que la contraportada dice.

De ese hombre, de Pepín, que tiene ahora ciento tres años, todo el mundo habla (o ha hablado, porque de su quinta sólo Francisco Ayala sigue vivo) bien. ¡Y cuidado que eso es difícil en España!

Fue amigo íntimo de Lorca, de Dalí, de Buñuel, de Alberti. De todos los brillantes ingenios, entreverados con algún que otro genio, de lo que cabría llamar generación de la Resi. Conoció a Juan Ramón, Valle-Inclán, Unamuno, Ortega, Falla, los dos Machado, Eugenio d'Ors, Ignacio Sánchez Mejías, Marañón, Ramón Gómez de la Serna, por citar sólo a unos cuantos de los próceres de la cultura con los que mantuvo trato, y después de la guerra civil, en la que sobrevivió como pudo, siguió haciendo, grosso modo, lo que siempre había hecho y trabando amistad más o menos estrecha con artistas, escritores y pensadores de toda laya.

Lo reitero: nunca, ni antes ni después de la guerra, ni entre los vencedores o los perdedores, ni entre los franquistas o los antifranquistas, habló nadie mal de él.

Pues bien, y a lo que iba: me topo en el libro al que acabo de referirme con unas sabrosas, valerosas y, por su extrema incorrección política, sorprendentes declaraciones de ese hombre, Pepín Bello, que está por encima de cualquier sospecha sectaria. Imposible me resulta no ceder a la tentación —jaimitesca, lo reconozco— de transcribir aquí, con una punta de malicia y la sorna bailándome en los ojos, las declaraciones en cuestión... Primera bomba. Dice Pepín Bello:

> Yo en ningún momento he sido franquista ni republicano. Siempre me he considerado un liberal. Pero Franco no era el hombre casi siniestro que quieren representar sus enemigos. Era un hombre muy soso, muy honesto, muy católico y muy bien intencionado.

Y un poco más abajo:

> Miren, yo he conocido la Monarquía, la Dictadura de Primo de Rivera, la Segunda República, Franco y la democracia actual. Son verdaderamente cambios trascendentales.

Le preguntan a continuación sus entrevistadores: «Si le diesen a elegir, ¿con cuál de esos períodos políticos se quedaría?» Y es entonces, respondiendo a la pregunta, cuando Pepín Bello suelta la segunda bomba:

> Desde luego, con el que estamos viviendo actualmente, no.[43]

¡Carajo! Ahí queda eso. Traguen saliva los padres de la

---

43. David Castillo y Marc Sardá, *Conversaciones con José «Pepín» Bello*, Barcelona, Anagrama, 2007, pp. 190-191.

Constitución, los compadres de la Situación, los padrinos del Sistema, el presidente del Gobierno y el jefe de la Oposición. Entre otros.

Yo, por mi parte, pongo cara de póquer, y punto en boca. La despegaré cuando tenga tres años menos de los que ahora tiene Pepín Bello. No es muy probable que los alcance, pero soy aún, con setenta chuzos, demasiado joven para atreverme a decir ciertas cosas.

Al toro: España como problema...

Vi de niño una película de Cantinflas que se llamaba *Ahí está el detalle*.

Pues eso: ahí, en lo de *problema*, está el detalle. Y el disparate. Y, a la vez, su foco.

¿España como problema? No. España como enfermedad, porque sólo un enfermo puede convertir en problema el hecho de haber nacido en un determinado país. Se *es* de donde se nace y, luego, se *hace* uno, o no, de donde pace, si es que por lo que sea no pace donde nace.

¿Galimatías? En modo alguno. Más claro, agua de manantial.

He conocido, porque he pacido en ellos, a gentes de muchos pagos distintos de los nuestros, y nunca he sabido de nadie que pusiera en duda ni menos aún bajo sospecha el nombre de su nación y su nacionalidad, gustáranle o no las mismas.

Tampoco he tenido trato alguno, ni casual ni intencional, con extranjeros que colocaran entre interrogantes la esencia y la existencia del país en el que su madre los parió.

No he conocido a ningún japonés que se pregunte: ¿qué es Japón? ¿Existe Japón? ¿Soy yo japonés?

Ni a ningún italiano, estadounidense o alemán que haga lo propio con Alemania, Estados Unidos e Italia.

Podría decir exactamente lo mismo a cuento de cualquier

persona nacida en cualquier otro país, por reciente que sea la fecha de fundación de éste y su proceso de consolidación. Tal es el caso, por ejemplo, de muchas de las naciones surgidas tras el desbarajuste de la descolonización o la caída del imperio de los zares comunistas. Hasta los mozambiqueños, malgachos o belicenses, digo por decir, se consideran belicenses, malgachos o mozambiqueños.

¿Flamencos y valones? Una anécdota en la que el resto del mundo, incluyéndome, apenas repara. No me toquen las pelotas. ¿Qué coño me importan a mí los flamencos y los valones?

¿Los kurdos? Créanme si les digo que los aprecio. De largo viene lo suyo. Es un pueblo que nunca ha tenido patria, aunque a viva fuerza lo hayan incrustado en muchas, y que con tesón y fiereza, como los palestinos hasta hace bien poco, la busca. Nada que ver con lo que digo. Ser kurdo no es, para el kurdo, un problema. Al contrario. Ninguna conciencia de identidad más nítida que la suya.

¿Croatas, serbios, bosnios, kosovares? Todos ellos fueron ya patriotas antes de tener patria. Yugoslavia, que era un batiburrillo inventado y cocinado por un mariscal con pintas, garras y percebes en el braguero, nunca lo fue para nadie.

Y así sucesivamente. No es cosa de pasar lista ni de convertir este libro, que sólo trata de España, en un diccionario de geopolítica. Los flamencos, los valones, los tutsis, los hutus, los tirios y los troyanos no son cosa mía.

Los españoles, por desgracia, sí.

¿Por desgracia? Efectivamente. El español es un enfermo, y algo de esa enfermedad, quiéralo o no, me toca. De otro modo no estaría ahora escribiendo un libro que no me gusta.

Fuera de Europa apenas se nos conoce, y, por lo tanto, nadie nos mira, pero los europeos lo hacen atónitos. No pueden entender el lío que nos traemos: que si las autonomías y sus estatutos, que si *gora* ETA y *freedom for Catalunya*, que si los *abertzales* y los de Terra Lliure o Entesa Catalana de Progrés, que si las *ikastolas* y las *galestolas*, que si las ikurriñas y las señeras, que si los Països Catalans, la inmersión lingüística y la *kale borroka*...

¡Olé!

¿Pero no nos habíamos europeizado y modernizado, no habíamos dejado en la cuneta a Cascorro, Unamuno y los de Amberes, no nos habíamos subido por fin al pescante del tren de la historia y a la baca del autobús del progreso?

¿A qué ton, entonces, viene semejante baile de chulapos, banderolas de barraca, banderines de campus, viseras de equipo de rugby local vueltas del revés, cintajos de tuno, chapelas, barretinas, tazas de Ribeiro, separatismos y estupideces?

Estupideces, digo, porque no sólo estamos moral y filosóficamente enfermos, sino que además somos (y perdónenme la adjetivación en gracia a la penitencia de que sin merecerlo me incluya) gilipollas perdidos, tontos del culo, del haba y de baba.

Porque hay que ser todo eso, y más, para referirse, a nuestro país, como en él tantos lo hacen, sustituyendo su único y legítimo nombre por el del mayor monstruo, leviatán y perversión política que la historia, el miedo a la libertad y el ansia de poder inscrita en el genoma humano han parido. Me refiero —toquemos madera— al Estado.

Así llaman los vascones, los catalanes, los gallegos, los canarios, los navarros y, poquito a poco, con la anuencia de todos los partidos —sin excluir el PP— y el apoyo entusiasta de los medios audiovisuales de comunicación, el resto de los españoles al país sobre el que escribo.

¡El Estado!

¿Será posible?

Pues lo es: cunde la transformación en pintoresco topónimo de ese participio sustantivado, y de eso se deriva el despropósito de que todos los españoles, también los de Vasconia, Galicia y Cataluña, seamos, en virtud de las leyes de la morfología gramatical, *estadistas, estadenses, estadaños* o *estadueños.* ¿Estadista yo, acratón a rajatabla que piensa, como lo pensaba Cela, que el Estado es el mayor enemigo del hombre, por encima, incluso, de Rodríguez Zapatero? Me lo tomo a mal. Por ahí no paso. Llámenme cualquier otra cosa, por insultante que sea, socialista, por ejemplo, o monoteísta, o comunicador, o locutor, o presentador de programas de televisión, o crítico literario, y sonreiré beatíficamente e invitaré a una caña al que así me llame, pero estadista, por lo que más quieran, no. Me enfadaría.

Son las tres de la tarde: hora de comer. Lo hago, me tumbo en un sofá para dormir un poco antes de volver al tajo, hojeo distraídamente la prensa del día y me encuentro en la sección de Cartas al Director de *El Mundo* con lo que sigue:

En algunos medios informativos, sobre todo en los periféricos, suelen referirse a nuestro país con la expresión Estado español: «Los turistas están regresando al Estado español», «Los afectados tienen previsto su retorno al Estado español»... Lo cual, dicho así, más que un regreso al país —cuestión puramente territorial—, parece indicar que se incorporarán a sus respectivos puestos como funcionarios en la Administración del Estado.

A veces, al omitir el adjetivo, la noticia queda más surrealista: «Se prevé para mañana su retorno al Estado...», sin que nos aclaren si se trata del estado sólido, líquido o gaseoso. Y ya no digamos cuando en el parte meteorológico se nos informa de que «en gran parte del Estado se avecinan tormentas».

Jamás he oído que alguien pase las vacaciones en el Estado francés, sino en Francia, o que resida en el Estado italiano, sino en Italia, o que haya regresado del Estado cubano, sino de Cuba. Países, todos ellos, que también están provistos de su respectivo Estado, definido por el diccionario como «cuerpo político de una nación».

La perversión lingüística, lamentablemente, ha creado escuela.

El remitente —Jordi S. Berenguer— envía la carta desde Barcelona. Que el dios ibero lo proteja.

Decía Borges, en frase repetida hasta el vómito: «Yo, que tantos hombres he sido...»

No lo decía de él, sino del protagonista de uno de sus relatos, pero da lo mismo, porque no voy a aplicar la frase a su autor, sino a la identidad colectiva de los españoles... Perdón. Aludo a los habitantes del Estado español.

¿No se puede ser —no somos, por fuerza, todos— muchas cosas al mismo tiempo? ¿Cabe sólo un gentilicio en la fe de vida de cada ser humano? ¿Salimos a *una* definición por barba? ¿No hay perchas suficientes en el almario de cualquier persona para colgar en él, paralelas, compatibles, alineadas, bien planchadas, camisas de diferentes hechuras y colores?

Entiendo yo por identidad —ya se dijo— una sucesión armónica de círculos perfectamente concéntricos. Los repaso... Soy madrileño por el lugar donde nací, onubense porque de allí viene el linaje de periodistas al que pertenezco, alicantino por parte de madre y porque en Alicante veraneaba largamente, soriano porque también en Soria lo hacía (pues soriano era mi padrastro) y porque allí senté mis reales al volver del exilio, castilfriense ahora por incuestionable derecho de pernada y residencia; japonés, indio, camboyano, laosiano y egipcio por ser Egipto, Laos, Camboya, la India y Japón los países en los que mejor me encuentro; occidental y oriental, europeo, asiático, africano, castellano, andaluz, levantino, español (por supuesto) y mañana Dios dirá.

Todo eso lo soy *a la vez* y *alrededor de mí*, de mis zapatos, de mis testículos, y además soy hombre, varón, andrógino, animal, mamífero, persona, terrícola y criatura del cosmos. O sea: punto focal —lo reitero— de una serie de círculos concéntricos en la que nada de lo dicho quita nada a nada. Antes bien: no resta, sino que suma, extiende, intensifica, enriquece y ensancha. ¿Por qué, si aplicamos esa fórmula geométrica, matemática, pitagórica, que lo es de Perogrullo, elemental, casi pueril en su sencillez, no puede un donostiarra ser simultáneamente vascón y español o un gerundense sentirse a la vez español y catalán?

Los hay así, cierto... Media Vasconia y una tercera parte, pongamos, de Cataluña se consideran tan españolas como lo es Castilla, pero muchos, muchísimos, demasiados, en definitiva, son quienes allí, y en otras regiones, cantones, cartagenas y campanarios, cuestionan o rechazan su españolía e impiden que funcione correctamente el cigüeñal de ese *proyecto sugestivo de vida en común* que es, según Ortega, lo que convierte un conjunto de personas, familias, clanes y tribus en una nación. Cúmplese ahí el dicho, exponencialmente multiplicado y magnificado, de que una manzana podrida echa a perder todo el cesto. ¡Qué no sucederá si son muchas! ¡Basta y sobra con una bandada de golondrinas, en tal caso como éste, para hacer verano! Si las comunidades de vecinos de un inmueble —valga, por minúsculo, el ejemplo— son material altamente inflamable, extremadamente frágil e inexorablemente perecedero, imaginemos hasta qué punto lo será el intrincado y delicado tejido que constituye, sustenta, envuelve y hace posible el sentimiento de pertenencia a una nación. Ésta, sin un mínimo de homogeneidad cultural, histórica, ética e incluso, por mucho que el adjetivo escandalice, étnica entre sus habitantes y sin un máximo de voluntad de convivencia armónica común a todos ellos, deriva rápidamente en batiburrillo ingobernable en el que las gentes se mezclan, sobrenadan y chocan entre sí, como grumos a la deriva, pero no se combinan ni disuelven.

De niño, en las clases de química, me enseñaron a no confundir esos dos conceptos, que a primera vista resultan casi idénticos. *Mezcla*, «unión de varios cuerpos en proporción variable», explica el diccionario, cuyos componentes pueden ser separados por medios físicos. ¿No es eso la España de nuestros días? *Combinación*, «suma indivisible de distintos elementos que no cabe disgregar».

¿Por qué? Porque si la disgregación se intenta, el conjunto —que no es sólo la suma de sus partes— se desvanece y la fórmula perece.

¿Y el mestizaje?, se me dirá... De sobra sé que la palabra tiene ahora buena prensa —la que la corrección (o corrupción. Son, en este caso, sinónimos) política y el gregarismo de los intelectuales le confieren— y que parecería, a tenor de ese discurso, hoy dominante, que todas las culturas son mestizas, que sin el fermento de ese máximo común denominador (¿o será mínimo común múltiplo?) se detendría el proceso de ilustración iniciado por el último mono y primer *homo*, y que España, tal y como con aprecio o con desprecio la conocemos, no habría existido nunca ni, a mayor abundamiento, existiría ahora.

Supongo que ya saben a lo que me refiero... Es un trágala de lo dicho —de la corrección política— y del pintar como querer: o mestizaje, o *res nullius*. La consabida copla de que somos un híbrido (combinación, y no mezcla) de latinidad, cristiandad, judería y aljama. ¡La celebérrima y festejadísima *pizza* de los cuatro quesos y las Tres Culturas!

Yo mismo, insensato, incipiente y nesciente, la canturreé,

mea culpa, cuando con la osadía, la inconsciencia y la insolencia de la tardía juventud me metí en los laberintos de *Gárgoris y Habidis*.

No seré yo quien vuelva a enredarme ahora en tamaño berenjenal, el del mestizaje y el multiculturalismo, pues de éste, en definitiva, se trata, porque necesitaría cientos de páginas sólo para empezar a hincarle el diente, pero sí diré que convendría discernir, de entrada (y, seguramente, de soslayo, para evitar que nos apliquen la ley de Lynch), entre esos dos conceptos, que en modo alguno son sinónimos, y que lo son aún menos, por cierto, del cosmopolitismo. Sin éste, que es el antónimo de ambos, sí que se interrumpiría, ahorcado con su propia soga, ahogado en su mismo flujo, el proceso de ilustración al que más arriba hice referencia y sin el cual no estaría yo ahora escribiendo este libro ni sus lectores, si los hay, leyéndolo.

¿Multiculturalismo? He ahí la canción tontorrona y martilleante de los últimos veranos, y todo hace suponer, y lleva a temer, que también lo será en los venideros.

¡Pero si lo de las Tres Culturas es sólo coreografía de papel pintado y tramoya de representación escolar del *Tenorio* que se sacaron de la manga con chorreras de cañutillos y pasamanería los malos (por cursis) poetas románticos para epatar a los pazguatos, fastidiar a los curas, dárselas de justicieros y vestir a sus novias de odaliscas!

Los rubenianos bebieron luego en la misma fuente, de cuyo caño salían a borbotones palabras raras, frondosas y carnosas, de ésas que tanto les gustaban, y por último, casi un siglo después, tras morir Franco, media docena de idiotas petulantes como yo, Antonio Gala, Leopoldo Azancot y Luis Racionero, entre otros, nos pusimos a desenterrar y restaurar la misma momia, convencidos de haber encontrado un momio. Y lo era, pero no tardó en volver al polvo. Recuperemos la cordura, seamos serios. Ya no tenemos la coartada de la eterna juventud ni de la muerte del dictador. Nada nos fuerza a seguir siendo o fingiendo que somos progres. Las cosas como son y como el estudio objetivo de la historia demuestra: nunca, ni en Toledo, ni en Córdoba, ni en ninguna otra parte, estuvieron las Tres Culturas en pie de igualdad. Hubo siempre una —la musulmana en al-Ándalus, la romana y la cristiana en sus reinos o núcleos de poder orientales y occidentales, y la judía en ninguna taifa, porque no la tuvo— que imperó sobre las otras, las comprimió y las oprimió. Fiesta fue nuestra historia de moros *o* cristianos, pero no de moros *y* cristianos.

Negarlo es negar la evidencia. No perdamos más tiempo en tales fruslerías. Créame quien lo juzgue conveniente y estudie quien no el asunto. Yo ya lo hice. Sigo, pues, con lo que estaba cuando se me cruzaron Sefarad y al-Ándalus.

—Un momento, Dragó.

—Aquí lo tiene.

—¿No irá usted a decirme que no existe la España sefardí?

—La hubo, pero no es España. Es Sefarad, reducida hoy a topónimo nostálgico, a espectro del inconsciente colectivo, a geografía imaginaria.

—¿Tampoco existió la España andalusí?

—¿He dicho yo eso? ¡Claro que la hubo! Pero no es ni fue España. Se llamó al-Ándalus (y no *el* Ándalus, que es cursilada de progre zapatero y zapaterista). Hoy, como Sefarad, tampoco existe. Es un topónimo literario, un espectro agresivo, una geografía que acaso vuelva, por inmigración o por ocupación, a ser real.

—¿Qué es, entonces, España?

—¿La España actual?

—Sí.

—¿La España que llegó a ser nación?

—Sí.

—¿La España que los españoles fundaron como proyecto sugestivo de vida en común?

—Sí.

—¿La España de la que hablo?

—Sí.

—¿La España que no me gusta y de la que tan a menudo reniego?

—Sí.

—¿La España que dolía a Unamuno, preocupaba a Ortega y José Antonio amaba?

—Sí.

—¿La España eterna?

—Sí.

—¿La España profunda?

—Sí.

—¿La España negra?

—También.

—¿La España una, grande y libre?

—Déjese de idioteces retóricas. No me provoque.

—¿La España que podría estar a punto de desaparecer?

—Ésa.

—Pues bien, amigo: España es Hispania. Ya sabe a lo que me refiero. Otra no hay.

Doy por terminado el diálogo, cierro el paréntesis, recojo el hilo...

Estaba con lo de la homogeneidad, que en ningún caso debe conducir a la uniformidad, pues es, de hecho, condición y estímulo indispensable para lo contrario, y decía que una nación no puede serlo si en ella no existe, subterráneo o visible, un núcleo férreo, un corazón diamantino, una carcasa inastillable, una línea de fuerza, un entrelazamiento de isobaras, una clave de bóveda, una columna de Hércules.

Si se me pide un ejemplo, pondré, porque es prototípico, el de Japón, pero hay otros muchos y están en la mente de todos.

A los nipones los ha ayudado, cierto, la insularidad, pero nosotros contábamos, para lo mismo, para tener *carácter*, para ser nación, con la peninsularidad. Los Pirineos eran —ya no lo son— una especie de muralla china, un cordón sanitario, una cuarentena milenaria, una vacuna geológica, una batería de anticuerpos, un paso de las Termópilas que regulaba el flujo de nuestras arterias y garantizaba el buen funcionamiento de nuestro sistema inmune.

El Estrecho era, en cambio, y lo es ahora más que nunca, nuestra principal deficiencia geogenética, nuestro punto débil, nuestra vía de agua, nuestro talón de Aquiles.

Por eso se decía, y hubo una época en que el dicho fue cierto, que África llegaba hasta los Pirineos, aunque muchos siglos después apareciese Curro Romero (¿sería, de verdad, él?) y se descolgase, puntualizando y roturando la especie, con aquello, tan gracioso, de que Europa termina en Despeñaperros. Allí, por cierto, ya no se despeña nadie, porque hay una autopista y los coches y sus usuarios cambian de continente en un amén... O en un *salam*.

Tampoco sobra, por razones análogas, señalar que África se extiende ahora, en volandas de la inmigración, hasta los fiordos vikingos.

Puntualizo yo también lo concerniente a Japón, constante ejemplo y espejo en el que me miro, añadiendo que la insularidad se vio en él reforzada por los casi tres siglos en los que el país estuvo herméticamente cerrado, por decisión del clan dominante de los Tokugawa, a todo —semoviente o no— lo que llegase de fuera. Cuando la modernidad, en 1868, entró allí por las bravas, y porque los fabriles y febriles yanquis así lo decidieron, ya casi era posmodernidad. Y eso se nota. Entre la globalización y la autarquía, si me fuerzan a escoger, me quedo, aquí y en la Cochinchina, con la segunda.

Por España, en cambio, a pesar de los Pirineos y de su condición y situación de peninsularidad, pasó todo el mundo (sin excluir a los vándalos), muchos plantaron aquí su campamento y encima, por si fuera poco, parió la abuela en Iberoamérica y el *Homo altamirensis* —la expresión es de Américo Castro— siguió batiéndose en retirada.

El multiculturalismo, esa bestia negra, ese *alien*, ese monstruo tentacular parido por las cinco yeguas del Apocalipsis —mundialización, inmigración, socialismo, capitalismo y consumismo—, esa mula de Troya colada de rondón en la acrópolis de todos los países occidentales, es letal para el núcleo duro de la nación, del que emana, cuando la hay, su deseable homogeneidad, e incompatible con ella, porque al relativizarlo todo, y en especial las costumbres y el sistema de valores que imperaba antes de su aparición, todo lo trastorna. El mestizaje, en cambio, no atenta de por sí contra ese núcleo ni es, por lo tanto, a priori, óbice para el nacimiento y mantenimiento de una nación, aunque sí pueda serlo, con inusitada violencia y formidable virulencia, a posteriori.

Pero eso es otra historia, distinta a la que en este momento estoy contando. Ecuanimidad es honorabilidad. Quede, pues, nítida constancia, en y por lo que aquí me toca, que el mestizaje, a mi juicio, y a diferencia de lo que ocurre en lo concerniente al multiculturalismo, puede ser (y, de hecho, lo es a menudo) no ya inocuo para la idea de nación y la identificación de sus habitantes con la misma, sino, incluso, consubstancial a lo uno y a lo otro. Para ello sólo se requiere una condición: la de que ese mestizaje sea, por así decir, castizo, esto es, anterior a la fundación del país o paralelo a las etapas iniciales (y, por ello, decisivas e irreversibles, como lo son, a escala individual, las de la infancia para las personas) de su proceso de definición y consolidación.

¿Esencialismo? ¡Claro! Sin lo que en el lenguaje de los toros se llama *tarrito de las esencias* no hay patria que valga.

Pregúntelo quien lo dude a los catalanes con sus sardanas o a los vascones con sus aurreskus (y sus arrestos, dicho sea esto último en son de sorna).

¿Tanto pesa, en lo relativo al mestizaje de un pueblo que se erige en nación, el componente cronológico? Pues sí: pesa. Aduciré sólo dos ejemplos para ilustrar lo que digo. Uno se refiere a la primera de las dos posibilidades mencionadas; el otro, a la segunda.

Mestizaje anterior al parto de la nación como tal: el de los celtas y los iberos, que ya eran celtíberos cuando Estrabón los describió y cuando Roma sometió a sus tribus, unificó la Península y creó Hispania. Por eso y sólo por eso cuajó precozmente, entre nosotros, en una época tan remota como hoy nos lo parece la de Alfonso el Sabio, y además en la única lengua romance que se habla ahora en toda la Península, la noción de patria. Sólo Francia, por aquel entonces, y en lo que a Europa atañe, la tenía.

Loor de España titularon los escribas del rey Alfonso a ese texto sorprendente, clarividente y genesíaco. Es el primer libro de la Biblia del patriotismo español: lo que se dice una escritura sagrada. Ningún otro país de los que ahora existen, por lo que se me alcanza, lo tiene, al menos con las características del que menciono, pues no hay en él intención política, sino —sólo— sentimental, emocional, ponderativa, exclamativa, admirativa, lírica...

Y, por supuesto, lo que ya he apuntado: patriótica. Alfonso el Sabio fue el primer español que tuvo la ocurrencia y el descaro de gritar «¡Arriba España!» cuando España, en puridad, aún no existía. Y la luz se hizo: hubo patria. Eso sí que es hilar fino. Sabio, en verdad, era aquel monarca. Tomen nota los Borbones.

Aporto —de propina, pues no estaba previsto— otro ejemplo clásico, y esta vez lejano, de mestizaje previo a la fundación de un país: el de la Unión India, que era ya crisol de mil razas, lenguas y culturas, aunque sólo de un puñado de religiones, cuando el padrecito Gandhi la hizo (a ella, sí) una, grande y libre.

¿Libre? No. Libérrima. Yo, allí, respiro. ¡Ojalá la imitase Europa, donde todo es miedo a la libertad!

Nadie, sin embargo, daba un ochavo por la cabeza de ese país, que es hoy uno de los más sólidos, dinámicos y prometedores del mundo. Todos pensaban y pronosticaban, cuando alcanzó la independencia y cimentó su unidad, que ésta no duraría, que todo se rompería en un amén (o en un *aum*) a golpes de parricidio, como el que sufrió Gandhi, en mil pedazos y otras tantas naciones. ¿Por qué no sucedió eso? ¿Por qué, una vez trasplantado extramuros el árbol musulmán, que era de origen espurio, ajeno allí a todo e incompatible con la idiosincrasia de los nativos anteriores a la invasión mongola, fraguó la India?

La respuesta es simple: porque en ella había, desde los Vedas y, sobre todo, de forma más explícita, desde los Upanisad y el amanecer de la historia, antes de que Dios fuese Dios y Siddharta llegase a ser Buda, un disco duro, un corazón de diamante, una osamenta de fibra de acero, un núcleo indestructible de homogeneidad y hermandad: el hinduismo, o lo que por tal se entiende desde que en el siglo XIX se acuñase esa palabra.

No viene al caso, pero diré, para que las beguinas de la corrección política y los teólogos de la democracia igualitarista se rasguen las tocas y las sotanas entre baladros de plañidera, que la India ha sobrevivido gracias al mantenimiento del sistema de castas. Sí, como lo oyen... Pero tranquilícense los gemebundos, porque ese sistema no es, como el simplismo de los observadores superficiales y, por lo general, occidentales supone, o no lo es sólo, un antipático instrumento de discriminación económica y social, sino el único organigrama posible, por mil razones que no voy a exponer aquí, para que la India se mantenga en funambulesco equilibrio —como lo hace Siva, el dios que mejor la resume y representa— y no se transforme en *big bang*, estallido de supernova y guerra de las galaxias.

Dejemos estar la India, olvidémonos de Japón...

No me olvido, en cambio, de que me había comprometido a poner un ejemplo de mestizaje positivo para la historia y el presente de un país que no haya sido anterior, como en el caso de España y de la India, al parto de la nación, sino paralelo a la infancia, adolescencia y juventud de ésta.

Y ese ejemplo es, por antonomasia, ¿para qué recurrir a otros?, el de Estados Unidos, país (y paradigma universal de la idea de patria. Nadie, y menos aún sus enemigos, lo pondrán en duda) que se destetó, echó los dientes, aprendió a andar y hablar, y creció y se desarrolló al hilo de un prodigioso y calidoscópico proceso de integración de todas las razas, lenguas, religiones y culturas existentes en el mundo, menos la vernácula, pero que pese a la velocidad, intensidad y promiscuidad de esa secuencia de *patchwork* se las apañó, *in God we trust*, para que su ADN —lo *wasp*: blanco, anglosajón y protestante— siguiera milagrosamente incólume.

Dicen que pronto habrá allí un presidente negro o latino. Yo lo dudo y, en cualquier caso, no lo deseo. El desbarajuste sería fenomenal. Esas cosas, a mis años, asustan. Quédense para quienes tengan menos. Prefiero no verlas, y probablemente no las veré. Sé, como Quevedo, que será cadáver cuanto ostentó murallas, pero raro sería que yo no lo fuese ya, polvo en el polvo o en el cubo de la basura, cuando el Imperio de las barras y estrellas se desplome y despunte el Celeste. Ahí me las den todas. Bien sabía Luis XIV que el Diluvio sólo moja a los que pilla vivos.

¿Diluvio? ¿Roma de Quevedo? ¿Decadencia de Occidente? ¿Estados Desunidos? ¿Yeguada del Apocalipsis? ¿España rota por los nacionalismos o diluida en el magma del oleaje inmigratorio?

Pues sí, lo último, y también Europa o Eurabia, a la que dicen que pertenecemos. Por ella, y por mí, y por todos los españoles y los *expañoles*, incluyendo a Zapatero y al Pocero, están doblando las campanas que no tienen las mezquitas y ronroneando los fuerabordas de los cayucos piratas que llegan al puerto de los Cristianos...

¿De los cristianos? ¡Qué ironía, aunque algunos de sus tripulantes y pasajeros, animistas todos, por obra y gracia o desgracia de las misiones, lo sean!

Y quienes tañen esas campanas, atizan esas campañas y manejan los motores de esos fuerabordas con el mando a distancia de su ceguera y su santurronería son los valedores y abanderados del multiculturalismo, a la vez efecto y causa, semilla y fruto, del delirio de la inmigración, que nadie, a cuanto parece, ni en la izquierda moderada (de la otra para qué hablar), ni en la derecha de centro (única que aún no ha sido proscrita por el totalitarismo progresista imperante), está dispuesto a atajar.

Es ése, a distancia de cualquier otro, incluyendo los nacionalismos, el mayor problema al que hoy se enfrenta —sin plantarle cara— el mundo occidental (no así el oriental ni el petroislámico) y sobre todo, dentro de él, y en medida muy superior a la de los restantes países que lo integran, debido a su posición en la geografía, a la permisividad e índice de incumplimiento de sus leyes, y al contraproducente sentimentalismo de sus habitantes y sandio buenismo de sus gobernantes, éste en el que nací, del que me excluí y sobre el que por última vez escribo: Hispania, España, Expaña.

De esos tres topónimos, todos ellos posibles y dos, incluso, plausibles, es el último el que me parece hoy por hoy, y a la espera sin esperanza de que cambie el viento, el más apropiado. Y si yo, digámoslo ya sin remilgos y de una vez por todas, me tengo por *expañol* de *Expaña*, será, en buena lógica, porque nunca he dejado de considerarme español de España.

¿Es racismo referirse al problema de la inmigración en los términos en que acabo de hacerlo?

Sé que así me encasillarán, sé a lo que me expongo. No he nacido ayer y he vivido, a ratos, aquí. Conozco a los españoles y a los *expañoles*, iguales todos en eso. Duchos son los unos y los otros en el manejo de las corozas, las picotas, los sambenitos y los capirotes. Las gentes de por aquí vienen al mundo con un Torquemada dentro.

¿Es, lo mío, xenofobia? El día en que murió Franco, por cierto, nadie conocía esa palabra.

También me acusarán de eso.

Sea. Estoy acostumbrado a las etiquetas y a los descalificativos. Pero, llámenme como me llamen, no por ello voy a incurrir ahora, viruelas a la vejez, en el único pecado —matar y robar aparte— que nunca, hasta que me alejé de la Iglesia a los dieciséis años, tuve que decirle al confesor: mentir.

No se escribe para eso. La sinceridad es, al menos en mi

caso, condición necesaria, aunque no suficiente, para el ejercicio de la literatura.

Otra cosa es que me equivoque. Bípedo implume, falible torpón y mortal soy.

Y, equivocado o no, me ratifico en la opinión expuesta. Sólo hay dos vectores, dos flechas, dos obuses, que apunten directamente al corazón de España: los nacionalismos y secesionismos periféricos, de los que todos hablan, de los que yo ya he hablado y de los que no quiero volver a hablar, y el multiculturalismo, sobre el que me estoy despachando no tanto a gusto cuanto a disgusto y del que casi ningún político dice nada, porque no se atreve.

Les asusta la posibilidad de que los tilden, como me tildarán a mí, de racista y de xenófobo.

Ellos —los políticos y sus adláteres— sabrán. Yo me encojo de hombros mientras me echo tales pecas a la espalda, porque estoy seguro de que la acusación, en mi caso, no prosperará y tendrá que ser retirada por los fiscales o sobreseída por el juez.

¿Xenófobo yo, que me siento extranjero en todas partes (y, sobre todo, en los campos de mi tierra), que soy marido de una mujer de otra raza y la trato como a una emperatriz, que aprecio más lo extraño que lo propio y que me he pasado media vida y parte de la otra media viviendo por devoción —y no por obligación, pues el exilio, stricto sensu, nunca me lo pareció— en países no sólo distintos, sino, a menudo, opuestos por la disparidad o abierta incompatibilidad de sus respectivos parámetros culturales y espirituales al mío?

¡Venga ya!

¿Racista yo, que tengo amigos de todos los colores en cuatro continentes (porque en la Polinesia y en los polos nunca he estado), que el día en que Italia perdió el campeonato mundial de fútbol ante Brasil —eso fue, creo, en junio de 1970— me jugué literalmente la vida, y además solo ante el peligro, como Gary Cooper en su mejor película, para defender a un negrito al que la canalla balompédica de los *tifosos* romanos quería linchar, que tuve en Fez una novia mora, y alumna mía, como también lo fue Naoko, que se llamaba Hadiya, igual que una de las mujeres del Profeta, y a la que también di trato de sultana, y que tengo en más alta consideración intelectual y moral a los amarillos y los cobrizos, por ese orden, que a los blancos?

¡Venga ya!

Aunque, ahora que lo pienso, un poco racista sí que soy, porque desconfío de la gente de mi raza.

Pero sólo un poco... Lo justito para que me sorprenda —nada más que eso— ver a una nigeriana sirviendo vasos de vino de Gormaz en una taberna del casco viejo de Soria, a un chino despachando aceite de falsa oliva y chapatas de pan de chicle en el colmado de la esquina, a un chicarrón senegalés con sandalias de bonzo vendiendo relojes, música y quincallería en la Explanada de Alicante, a un rumano recogiendo las fresas de la ira en los Reales Sitios de Aranjuez, a una serbocroata jamona haciendo la carrera en paños menores junto al madroño de la Puerta del Sol, a un japonés en Las Ventas filmándolo todo sin ton ni son, a un *hooligan* de Manchester bailando pasodobles en pelotas o a un grupo de turistas españoles repartiendo bolígrafos, sonrisas y gominolas en la puerta de acceso al Taj Mahal.

¿Turistas y españoles? ¡Qué repelús! Me estremezco al pensarlo. Más bajo no se puede caer.

Bromas y veras... Perdónenseme las segundas, pues son faltonas. Las primeras no hay por qué.

Pero lo admito: me chocan, me descolocan y desconciertan esas gentes en tales situaciones, porque son inusuales, extemporáneas y están fuera de lugar. ¡Qué quieren que les diga! Nací en otro mundo y me acostumbré a él. Soy persona no tanto de orden cuanto ordenada. Me disgusta el desorden. Lo ordeno todo, inmediatamente, a mi alrededor. No soporto un cuadro torcido. Apago siempre las luces, y ya he dicho que voy por el mundo cerrando puertas y bajando tapas de retrete. De toda la Biblia me quedo con la frase «importa más el fin de algo que su principio» —a ella recurrió Hemingway para poner título al mejor de sus relatos— y con la no menos sagaz observación de que hay un sitio para cada cosa y un momento para cada acto.

¿Manías de viejo? Puede. Pero ya las tenía cuando era joven y las tuve, incluso, cuando fui niño. ¿Clasismo? ¿Elitismo? ¿Aristocraticismo? Quizá, porque de todo ello adolezco. Pero ni xenofobia —sería yo, puesto a ser algo, xenófilo (aunque no indiscriminadamente. Me caen fatal los argelinos y no me fío un pelo de los italianos)— ni racismo.

Ahora bien: estoy radicalmente en contra de la inmigración, ya sea legal, ya subrepticia o pirata. Si de mí dependiese, cerraría ese grifo, blindaría las fronteras y expulsaría a muchos sin que mi corazón, gobernado siempre por el tribunal supremo de la razón, sufriera el más mínimo sobresalto ni punzada alguna de remordimiento. Lo haría por el bien de todos: de quienes llegan, a corto plazo, y de quienes los acogen, a la larga.

No soy empresario. La mano de obra me trae al fresco. Que arrimen el hombro los españoles, esos gandules.

No soy político ni economista. No soy desarrollista ni consumista. No creo que el consumo dé felicidad ni que el desarrollo sea progreso. No me preocupan los índices de crecimiento económico. Opino que sólo lo contrario —decrecer, contener el ímpetu de lo cuantitativo, reducir nuestras necesidades— puede salvar el mundo. En Francia ya existe y patalea un Mouvement de la Décroissance, ligado, por desgracia, a lo que allí llaman *al-*

termundialismo, pero algo es algo. Supongo que en otros lugares habrá cosas parecidas. En España, eterno furgón de cola, que yo sepa, no las hay. Lo nuestro es estar in albis.

No soy progresista de izquierdas ni mariacomplejado de derechas, lo que me permite llamar a las cosas por sus nombres y decir lo que pienso, sin ternurismos bobalicones ni dengues de señorita clorótica, acerca de la inmigración y de su principal y más grave efecto secundario: el multiculturalismo.

Y lo que pienso es —ya lo he dicho— que el uno y la otra son bombas letales de relojería instaladas en nuestro cuarto de estar. De estar y de ser, de hacer y de tener. Si no las desactivamos, pereceremos, como por idénticos motivos pereció Roma.

Lo sé: no por ello terminó el mundo ni se detuvo la historia. Ésta siguió, aquél cambió. Vinieron los hunos, Atila, los ostrogodos y los visigodos, los suevos, los vándalos, los alanos, y el islam, y los vikingos, y el turco, y ¡América, América!, y los jacobinos, y los comunistas, y los nazis, y la Segunda República, y...

La historia, cierto, no se detuvo ni llegó el fin del mundo, pero cayó Roma, cesó el paganismo, se detuvo el proceso de ilustración, se apagó la luz de la cultura, se cerró la puerta de la filosofía, calló la ciencia y empezaron mil años de infamia, ignorancia, superstición y oprobio: los siglos oscuros.

Así estamos: esperando a los bárbaros...

No es, lo de la inmigración, conflicto de razas ni de alteridades o extranjerías, sino choque —*choque*, sí, porque la *alianza* es, por desnaturalizadora, imposible— de culturas, de valores morales, de costumbres, de idiosincrasias, de trabajo, de intereses, de perspectiva y planificación del futuro. Los hombres, lejos de lo que machaconamente da por sentado la moralina institucional, son distintos en todas partes. Vale el refrán: cada quien en lo suyo, y Dios con ellos.

Voy más lejos: es también, *last but not least,* trágico error cometido por quienes creen, *bona fide,* que Europa es tierra de redención. Abundan las excepciones, cierto, pero muchos inmigrantes están aquí peor de lo que estaban en el lugar del que salieron. Verdades eternas: no sólo se vive de pan —¿qué pasa con la familia, con los amigos, con las costumbres, con los recuerdos, con el *genius loci?*— y no es, por añadidura, más rico quien más tiene, sino quien menos necesita.

Déjense, pues, de gaitas los misioneritos del voluntariado y la corrección política, y ayuden de verdad a los parias del mundo cerrándoles a cal y canto las puertas del infierno de la inmigración.

Se lo pido, y lo propongo, no tanto por lucidez cuanto por caridad.

Roma, decía...

Tengo ahora ante mis ojos una página de *El Mundo.* Lleva fecha del lunes 12 de junio de 2006. Fue, lógicamente, ese mismo día cuando, entre divertido, alarmado y halagado, la recorté. Lo hice pensando en este libro, por cuyas hojas ya se deslizaban las teclas de mi máquina de escribir. Entresaco a continuación algunas de las cosas que entonces leí.

Titular: «La gran invasión.»

Y debajo, a modo de subtítulo: «Un experto británico predice que las migraciones harán caer a Europa igual que sucedió con el Imperio romano.»

El artículo está fechado en Londres, y dice en él Ana Romero, que es quien lo firma, lo que sigue:

> La imagen de un grupo de bereberes asaltando a los veraneantes en las playas de Málaga y de Cádiz o dirigiéndose en sus lanchas rápidas hacia los barcos de crucero por el Mediterráneo parece sacada de una película de piratas de dudosa calidad. Ésa es, sin embargo, la descripción que acaba de realizar

uno de los principales estrategas militares del Reino Unido en el organismo de pensamiento más antiguo del país. Según el contralmirante Chris Parry, al que el Gobierno británico paga por pensar en los futuros peligros que acechan al país, dentro de diez años puede haber piratas del norte de África como consecuencia de la falta de reacción de los políticos ante los retos a los que nos enfrentamos en la primera mitad del siglo XXI [...]. El borrador adelantado sobre el mundo que viene incluye la certeza de que las futuras migraciones crearán una situación en Europa similar a la que condujo a la caída del Imperio romano en el siglo V [...]. Según Parry, el Viejo Continente se enfrenta a lo que él denomina una *colonización a la inversa*: grupos de inmigrantes que no sienten lealtad por el país que los recibe y que permanecen conectados, en virtud de la globalización, a sus países de origen. Así, gracias a Internet y a los vuelos baratos, sostiene Parry que la integración se ha convertido en un concepto anticuado. Las personas que llegan ahora al Reino Unido no se parecen a sus antecesores de Pakistán que en los años cincuenta se establecían aquí y asimilaban la lengua y las costumbres británicas. Ahora, gracias a la tecnología, los inmigrantes están al tanto de lo que ocurre en sus hogares y siguen aplicando sus costumbres en los países de acogida [...]. Parry identifica las siguientes causas del posible quiebro de la seguridad nacional, que conduciría a una situación como la del Imperio romano en el siglo V enfrentándose a los godos y a los vándalos: la destrucción del ecosistema, la explosión demográfica, la tecnología y la radicalización del islam.

No estoy, pues, solo, o, mejor dicho, no soy el único que se atreve a decir lo que muchos piensan, lo que muchos saben, lo que muchos callan.

¿Dije Roma? Los gansos del Capitolio graznan ahora en la Puerta del Sol, pero su cuacuá no llega a la Carrera de San Jerónimo ni, menos aún, a la Moncloa. Tampoco —¡para chasco!— a Bruselas. Sólo Sarkozy los escucha, pero también graznan en su apolillado país, armando el alboroto de costumbre a cuento, esta vez, de las pruebas de ADN y la reagrupación familiar, los gaznápiros del buenismo, y lo hacen tanto a su derecha como a su izquierda. Habrá que ver en qué para la cosa, pero mientras los *politeólogos* de la solidaridad, el mestizaje y el multiculturalismo discuten sobre el sexo del genoma y la dignidad de la persona, Al Qaeda trepa por los muros de una Constantinopla tambaleante que pronto será Estambul. Hablo de Europa.

El Rin está ahora en el Estrecho.

El 29 de agosto de 2006 escribí, con resignación y melancolía, pero sin rabia, lo que ahora voy a repetir. Llevaba un epígrafe —*Rubicón*— y decía...[44]

> Estoy enfermo. Soy un minusválido social. Sufro de una dolencia extraña a la que los jueces del Santo Oficio de la Corrección Política llaman *discriminación positiva*. ¿Qué será eso?
>
> *Discriminar* significa, según el diccionario, distinguir o diferenciar y «dar trato de inferioridad a alguien por motivos raciales, políticos o religiosos». De ello se deduce que no cabe discriminar *positivamente* a nadie, so pena de incurrir en una contradicción gramatical análoga a la de todos esos políticos, periodistas y tertulianos que hablan de *discrepar con*. ¡Caramba! Creía yo hasta ahora que se puede discrepar *de* o *en*, pero... ¿discrepar *con*? Sería eso como follar *sin*. O sea: algo imposible, a no ser que quien discrepa *con* opine que follar es masturbarse.
>
> Transijamos, empero, *con* (ahora, sí) el chirriante solecismo. Discriminar positivamente equivaldría, entonces, a lo que hasta hace poco se consideraba —y se llamaba— *trato de favor*. Y todo lo que favorece a alguien, en pura lógica, perjudica a otros, ¿no? Soy uno de ellos.

44. Apareció pocos días después en el periódico *El Mundo*.

Y no sólo yo, lo que para el resto del mundo carecería de importancia, sino también otras muchas personas, *negativamente* discriminadas todas ellas por las leyes que impone y las costumbres que propaga la ideología ahora dominante.

¡Ay de quien en los Estados Unidos —es un ejemplo— pertenezca hoy a la otrora casta superior de los *wasp*!

¡Ay de quien en la India actual —es otro ejemplo— haya nacido brahmín y no paria! Condición, esta última, casi inexcusable para conseguir una beca, un puesto de funcionario, una subvención, una limosnita pública, una cucharadita de sopa boba.

El mundo, por lo visto, no tiene arreglo: las injusticias se reparan con injusticias, se quita el sillón a unos para poner a otros, no para que los otros y los unos estén sentados. Quien se fue a Sevilla...

¡Y ay de quien en la Expaña o Ezpaña de Zapatero no haya nacido, como es mi caso, qué mala pata, al sur del Estrecho, al este de Estambul o en las cercanías de los Andes y esté, además, sumido en el error teológico de no rezar cinco veces al día mirando a La Meca!

Es curioso. Lo digo porque hay, al parecer, una infinidad de ecuatorianos, marroquíes, senegaleses, palestinos y chinos —valga la muestra— deseosos de llegar cuanto antes a ser españoles de pleno derecho (lo que es, por su parte, locura, pues siéndolo perderían estatus y privilegios, convirtiéndose en ciudadanos de segunda), mientras yo, siempre con los pies fuera del plato, contemplo la posibilidad de hacerme chino, palestino, senegalés, marroquí o ecuatoriano para ver si así recupero la plenitud de mis derechos civiles y dejan de discriminarme negativamente.

Tampoco sería mal sistema para conseguir lo mismo salir del armario, transformarme en mujer o convertirme a la única religión verdadera. Ya saben a cuál me refiero. Alá es grande.

Oí decir el otro día a una contertulia en el programa de Luis del Olmo que los españoles no son xenófobos, y yo, contraatacando, argüí, y así lo pienso, que si no lo son aún, o lo son sólo por lo bajinis, muy pronto, tal como van las cosas, lo serán a grito abierto. La avalancha de inmigrantes y la permisividad y miramientos con la que se los acoge es pan demagógico, clientelista y bobaliconamente buenista para hoy, y hambre de racismo y fascismo para mañana. El Le Pen ibérico está al caer. En otros países de Europa, y no sólo en Francia, ya lo ha hecho. Ley de mercado: donde hay demanda, aparece la oferta. El franquismo nos vacunó contra eso, pero los efectos de la vacuna están a punto de caducar. La izquierda zapaterista (y buena parte de la europea. Sólo se salvaba Blair) es, en estos momentos, sépalo o no, el caballo de Troya del fascismo. Al tiempo, señores.

Hablan Zapatero y los zapateristas, siempre tontiastutos (homenaje a Ferlosio), de *alianza de civilizaciones*, incurriendo al hacerlo en un desatino histórico, filosófico, ideológico y religioso de tal calibre que cualquier comentario al respecto sobra. Lenin dijo que los capitalistas eran tan idiotas y tan mercachifles que acabarían vendiendo a los comunistas la soga con la que éstos los iban a ahorcar. A punto estuvo, por cierto, de tener razón. Hoy, en todos los cubiles del integrismo islámico, talibanes barbudos con dobles cananas y *Kalashnikovi* en bandolera se frotan las manos y se tronchan de risa por la necedad de los infieles cada vez que el ulema Zapatero se anuda la *kufiya*, sube al púlpito de la mezquita o trepa al minarete y lanza su prédica en algarabía.

Europa, como dice la Fallaci, es ya Eurabia (y Madrid, Nairobi), y el ayatolá de La Moncloa, ayudado por el gran visir del palacio de Santa Cruz, es su profeta. La tragedia de la historia, escribió Marx, se repite siempre como farsa, y en ella, metidos desde el capullo circunciso hasta el turbante sarraceno, andamos. Vuelven las Cruzadas, que son siempre mal asunto, sólo que al revés. Donde las dan, las toman; donde las dimos, las tomaremos. Empieza la revancha de Lepanto. Alá, en efecto, es grande.

¿Puerto de los Cristianos o puerto de los Paganos? ¿En qué continente están las Canarias? ¿Y las Españas? ¿Dónde termina Europa y empieza África? ¿En los Pirineos, como se decía antes, o en Despeñaperros, como dije antes que dicen que dijo Curro Romero? ¡Mira tú que si ahora resulta que los franchutes —adjetivo políticamente incorrecto y negativamente discriminatorio, lo sé, pero así los llamaban antes mis ex compatriotas— tenían razón! Necesitaríamos entonces otro Washington (¿Washington?) Irving que escribiera los *Nuevos cuentos de la Alhambra*. Pero tranquilos todos, porque África empieza ahora en París, ciudad siempre cosmopolita (¡qué digo! *Multiculturalista*, como lo es la antitaurina Barcelona que ahora se postra ante el burro bravo) e indiscutible capital de Eurabia. El mundo de ayer, amigo Zweig, se ha ido al carajo. Los mapas que estudié de niño ya no sirven para nada.

Giovanni Sartori, en su libro sobre *La sociedad multiétnica*, sostiene que el trato dado, en nuestro país y en el suyo, a los *sin papeles* conculca la legalidad vigente y es incompatible con el Estado de derecho. Otro día hablaré de tan embarazoso asunto.

A Japón han llegado en los últimos doce meses quince inmigrantes. Sí, sí, *quince*. Es dato oficial que publica el *Asahi*. Allí no se andan con chiquitas. Las leyes se cumplen. Es un Estado de derecho.

Dicen que Zapatero, con tanto trajín, sólo lee los viernes, día de oración, a Suso de Toro y todas las noches, de rodillas al pie de la cama, unos suras del Corán. Le aconsejo que saque tiempo, por el bien de sus gobernados y por el mío propio, para echar una ojeada a otro libro: *Rubicón*, de Tom Holland, Planeta.[45] Así se enterará de cómo Roma dejó de ser un Estado de derecho —figura jurídica que ella misma había inventado—, y empezó a discriminar positivamente a los *ilegales* que cruzaban el Rin a bordo de pateras y cayucos o salvaban

45.   Barcelona, 2005.

los Alpes sobre la grupa de lo que aún no eran caballos de Atila, y merodeaban luego, *sin papeles*, por las vías de la metrópoli, a partir del instante en que un legionario —León viene de *legión*— y déspota multiculturalista que se llamaba Julio César cruzó el río más infausto de la historia. Fue, de hecho, ese progre del Foro quien concedió a los galos y a otros naturales de extramuros el derecho de ciudadanía. Aquella tragedia se repite ahora como farsa. Zapatero —¡ave, César!— está a punto de imitar a éste, de cruzar el Rubicón del Atlántico y los Alpes de los Pirineos, y de conceder el *ius civilis* —no sólo el *ius gentium*, que es cosa razonable— a quienes allanan las fronteras y nos *okupan* con el exclusivo objeto de mantenerse, mediante el empujón de esos votos, en el poder. Eso, en román paladino y a los ojos de quienes creen —no es mi caso— que la patria es madre (y, por su etimología, padre), tiene nombre. Se llama parricidio. O quizá, doctores tiene la judicatura, traición.

Dos semanas después, acicateado por una columna de *El País*, volví a la carga, crucé de nuevo mi particular Rubicón —el mismo, a fin de cuentas, que con este libro, hundiéndome hasta el gañote en sus enfangadas aguas, una y otra vez vadeo— y lancé, en «Negro sobre blanco»,[46] una segunda andanada, que lo era, por supuesto, de estribor, pero que también, si en el lugar de Zapatero hubiese estado Rajoy, podría haberlo sido de babor.[47]

Decía así...

<hr />

46. El de la tipografía de *El Mundo*. Se publicó en la sección Tribuna Abierta, en la que también había aparecido «Rubicón», con el título de «La verdadera pepita de oro senegalesa».
47. *Babor*: costado izquierdo de una embarcación. *Estribor*: el derecho. Es obviedad manifiesta. La nota se dirige sólo a los chicos de la LOGSE, que probablemente no han leído nunca novelas de piratas.

Dakar, 1973. Pasé allí ese año y el siguiente. Un día, al volver a casa desde la universidad en la que ejercía de profesor, se me acercó, al hilo de la acera, un chicarrón de raza negra animado por la esperanza de que yo, blanco —y, por ello, a sus ojos, vil plutócrata forrado de dólares—, picase y le comprara *la vrai pépite d'or senegalaise*. Era ése uno de los timos más usuales en el pintoresco monipodio con el que los lugareños acogían a los rostros pálidos que llegábamos hasta allí, procedentes de las remotas y prósperas tierras situadas al norte del Estrecho. En Senegal no hay oro.

Sacó el hombrón del bolsillo, con disimulo, por si la policía —dijo— nos vigilaba, una pieza hueca de oropel toscamente labrada, envuelta en papel de seda. Me la mostró como si fuese una joya de Benvenuto Cellini y me la ofreció por cuatro perras.

—Es usted hombre de suerte —adujo—. No desperdicie la oportunidad.

Sonreí, le expliqué que no era un turista, sino un *cooperant* —así nos llamaban, ¡curioso eufemismo!—, y rechacé suavemente el alto honor que se me hacía.

Comenzó entonces el forcejeo de rigor. Insistió el tunante, seguí yo en mis trece, porfió él, me encuné una y otra vez, con cachaza, pero con firmeza, en la negativa, y al cabo, ya con el llavín metido en la cerradura de la puerta de mi domicilio, zanjó mi interlocutor (y futuro inmigrante) el asunto con un comentario chantajístico de carácter moral que me dejó perplejo.

—¿Qué pasa? —dijo—. ¿Que es usted racista?

Y con un gesto de hastío y dignidad ofendida envolvió el trozo de hojalata en el papel de seda y partió en busca de otro incauto que fuese, de verdad, un turista como Dios manda y no un colonialista llegado allí con disfraz de cooperante para sangrar al pueblo y mantener volterianamente al buen salvaje roussoniano y africano en su secular miseria.

Viene esta anécdota de mi repertorio de viajero a cuento,

que ni pintiparado, de lo que hace un par de horas he leído, mientras el desayuno se me atragantaba, en la columna de la última página de un periódico de Madrid que sólo compro los sábados, por ser ése el día en el que incluye su suplemento de libros. Y si me siento autorizado e, incluso, obligado a dar un coscorrón a su autor, con el que siempre he mantenido relaciones no por distantes menos afectuosas, es porque la vaina buenista, sentimentaloide y demagógica —casi lo peor que le puede pasar a un cruasán— que esgrime y en la que se cobija ha sobresaltado la, por lo general, pacífica deglución de mi desayuno. ¡Ay, Manoliño, Manoliño!

Sostiene Rivas, emulando a Pereira, que «se ha establecido la peor asociación posible en nuestro campo verbal: inmigración igual a problema. El primer problema de España, el número uno, según las últimas encuestas de opinión». Y añade, unas líneas más abajo, que «tenemos, sí, un problema. Ése sí que es un problema. El problema de que esté calando la idea de que la inmigración es un problema para España».

Asombroso, ¿no? A mí, al menos, me lo parece. Paso por alto el desliz o, quizá, licencia poética de llamar campo verbal al idioma, que en este caso es, por añadidura, voz del pueblo, y me limito a subrayar la panglosiana candidez del columnista, que sigue siendo, a estas alturas, un progre de los de antes y que, en cuanto tal, se empeña en creer que las cosas no son lo que son, sino lo que deberían ser para coincidir con sus parámetros ideológicos y para no contravenir los mandamientos del catecismo de la corrección política. Pertenece el escritor en cuestión, para entendernos, a esa clase de personas que se niegan con granítica obstinación a aceptar la evidencia de que en la naturaleza y el universo todo se rige por un sistema jerárquico en el que no caben la compasión, la solidaridad ni, por supuesto, la democracia. Exaspera a tales individuos el odioso espectáculo de un mundo en el que impera la evolución y selección natural de las especies gobernadas por el instinto de supervivencia y supremacía. ¡La ley del más fuerte, vaya! Y eso, aseguran, sin que el rubor asome a sus rostros, es depredación, explotación y colonialismo.

El buen progre coincide así, sin saberlo, con los votantes de Bush, furibundos antidarwinistas convencidos de que Dios creó el mundo a partir de la nada en siete días con el exclusivo objeto de que tropecientos millones de años después naciera Jesús y todos los seres humanos, ateniéndose a sus enseñanzas, llegasen a ser san Francisco de Asís. Manoliño, los del *nunca máis* y los del *no a la guerra* ya lo son. Lo malo es que el buenismo por ellos predicado en lo concerniente a la inmigración está saliéndoseles por la culata y transformándose en lo contrario: la triste aventura de los cayucos negreros es una escabechina de imposible cuantificación.

Miles de personas han muerto ya y otras tantas, en cuarto creciente, morirán antes de que lo haga el año. La Ley de Extranjería y el efecto llamada son los polvos que generan tales lodos. ¿No te remuerde la coincidencia, Manoliño? ¿Carecen acaso, de ella, los progres por estar en permanente gracia de Dios y de Zapatero? ¿Qué diría san Francisco de Asís? ¿No salen nunca a la calle los de tu cuerda? ¿No leen periódicos, no escuchan la radio, no miran la tele? ¿No pisan el polvo de los caminos de los barrios obreros ni el pavimento de mármol de las zonas burguesas? Anda, colega, sé razonable, ponte unas gafas, compra el audífono que por tu edad no deberías necesitar y baja machadianamente a lo dicho, a la calle, para comprobar, con Juan de Mairena, que algo muy grave sucede en ella. Y eso —te lo aseguro— no es nada comparado con lo que va a suceder si las cosas siguen así.

Dije hace poco, en otro artículo similar a éste, que el Le Pen ibérico está al caer y que la izquierda zapaterista es el caballo de Troya del neofascismo.

Y tú, señor columnista, te subes a la grupa de ese caballo al sostener fideística y túrpidamente que la inmigración no es un problema. ¡Caramba! ¡Pues si llega a serlo!

Consiste el Estado de derecho en aplicar a todo el mundo la misma ley, por dura que resulte, sin discriminar positivamente a nadie en nombre de un buenismo bobalicón que provoca lo contrario de lo que pretende. *Lex amica*, decían los romanos, *non est lex*.

Inmigrante es quien llega a un país distinto al suyo para ganarse la vida en él ateniéndose a la legalidad vigente. Quien conculca ésta saltándose a la torera los trámites necesarios para entrar en ese país es otra cosa, es un invasor, es un delincuente y, si consigue su propósito, es, además, un *okupa*. O sea: delincuente por partida doble, pues delito es atentar contra la propiedad privada, y sin ella, como señala John Dos Passos en *Años inolvidables*, no hay libertad posible. No son sólo los supuestos inmigrantes subsaharianos quienes delinquen al violar nuestras fronteras. También lo hacen las fuerzas encargadas de evitarlo siempre que avistan un cayuco y, en vez de capturar la embarcación y a quienes van en ella, devolviéndolos a las aguas territoriales de su país de origen o encarcelándolos cuando lo primero no sea posible, los conducen cariñosamente a tierra firme y reparten entre ellos Coca-Colas, desodorantes, sudaderas, sopitas y buen vino.

¿Y qué sucede cuando la Policía arroja a las calles de cualquier ciudad —gobernada, preferentemente, por el PP— a esa especie de involuntarios zombis, de hombres invisibles, que son los sin papeles, cosificándolos y condenándolos a la mendicidad o al bandidaje? ¿No es eso un delito?

¿Y qué me pasaría a mí, o a cualquier otro españolito que no sea de tez negra, cobriza o amarilla, si salgo a la calle sin documentación, me la piden, me llevan a la comisaría más cercana y, una vez en ella, me niego a decir quién soy, adónde voy y de dónde vengo? No, no me pondrían de patitas en la calle al cabo de cuarenta días, sino que me enviarían ante un juez y terminaría, si éste cumpliera con su deber, entre barrotes. Agravio comparativo se llama eso. La ley no se aplica, aquí, por igual a todo el mundo. Los españoles de pata negra (lo de negra, en este caso, es un decir) son ciudadanos de segunda.

Si todo lo dicho, y lo que me callo, no vulnera y escarnece el Estado de derecho, que vengan Cicerón y Montesquieu, y me lo expliquen.

Por ello, y en defensa no sólo de la *dura lex*, sino también de la integridad física y el *ius gentium* de quienes llegan clandestinamente a nuestras costas, te comunico, apreciado columnista y portavoz del malvado buenismo imperante entre los progres, y lo hago con cachaza, pero con firmeza, mientras camino por el centro de Madrid en dirección a mi domicilio rodeado por una nube de inmigrantes sin papeles que miran con ojos golositos mi inexistente cartera, que lo siento, que sigo en mis trece, que no voy a picar ni a ceder al chantaje, que no soy un turista, sino un ciudadano (aunque las autoridades no siempre me traten como a tal) y que, en consecuencia, no pienso comprarte la verdadera pepita de oro senegalesa.

A otro perro, Manoliño, con esa estafa. *Nunca máis* me la propongas.

No soy yo muy amigo de las estadísticas, y menos aún de las encuestas, que son uno de los males de este siglo y del segundo tercio del anterior, pues tanto las unas como las otras están, con dolo o sin él, trucadas e, incluso cuando no lo están, suelen servir no tanto a los fines de la información cuanto a los intereses de la manipulación disfrazada de interpretación, pero hay algunas que por su contundencia y elocuencia no cabe pasar por alto.

Las que se refieren, por ejemplo, a los índices de criminalidad en la España mestiza y multiculturalista generada por el fenómeno de la inmigración. No suelen ser esos porcentajes del agrado de la izquierda, sobre todo cuando está en el poder, que hace mangas y capirotes, con la ayuda del ministro de Justicia y del fiscal general del Estado, para ocultarlos o, por lo menos, maquillarlos y desnaturalizarlos, pero la realidad —disculpen el tópico— es más terca que la mula del Papa de Aviñón y los números son el instrumento principal de la más exacta de las ciencias.

Pues bien: dos de cada tres delitos que se cometen en la España de dibujos animados inspirada por Walt Disney y gobernada por Bambi son obra de inmigrantes, con o sin papeles, y de extranjeros. Lo que se dice un derechazo —sería irónico calificarlo de izquierdazo tal como están las cosas— propinado por la evidencia en la mandíbula del buenismo, del multiculturalismo, de la corrección política y del talante del *zervatillo* (con *zeta*, puesto que así lo quiere) de la Moncloa.

Yo no me invento las cifras. Son notorias, están al alcance de quien quiera consultarlas y extraer las conclusiones que considere oportunas. ¿Un ejemplo? Sea... Lo encontré hace unos días —hoy es 18 de octubre de 2007— en la prensa: el setenta y cuatro por ciento de la actual población reclusa es de origen foráneo. Y, concretamente, por poner otro ejemplo dentro de ese ejemplo, y conste que no lo aporta *El Mundo*, *La Razón* o *ABC*, sino el *magazine* de *El País*, el centro penitenciario de La Moraleja —¡de La Moraleja! ¿Por qué será? A un panal de rica miel...— acoge en estos momentos a unas mil seiscientas personas, de las que mil doscientas siete pertenecen a más de setenta naciones distintas, sin contar la nuestra.

¡Fantástico! ¡Apabullante argumento a favor de la inmigración y la Alianza de Civilizaciones! No hay más preguntas. Martillazo del juez. Visto para sentencia.

Pero sobran las estadísticas, porque casi no hay españolito de a pie que carezca, en lo concerniente a este asunto, de datos propios, individuales e individualizados. Yo también los tengo. En el ámbito de mi familia —la más cercana: esposas, hijos y hermanos, sin excluir de esa lista a quien esto escribe— se han producido nada menos que once agresiones, algunas de ellas muy violentas y todas con móvil de robo, en los tres últimos lustros, y en las once —en las *once*, digo— el agresor era extranjero.

Con eso me basta. *Nos* basta. Ni los míos ni yo necesitamos más datos. Tampoco, por lo que llega a mis oídos en toda clase de tribunas públicas y privadas, los necesitan mis compatriotas ni las gentes honradas que, por turismo, arte, literatura, curiosidad, amor, negocios, búsqueda de un cementerio de elefantes o lo que sea, nos visitan.

Que se lo pregunten, por ejemplo, a los japoneses. No se libra ni uno, pues en su país no se roba y carecen, por ello, de anticuerpos frente a los cacos. Los veo, a los pobres, por la Gran Vía o en las proximidades del Museo del Prado, y no falla: todos y cada uno de ellos se mueven con inocencia de cachorrillos despistados que miran sin ver por entre la hojarasca y las diestras manos y cuchillos de una nube de mangantes que acechan el momento propicio para salir corriendo con los haberes de los incautos. A nada le hacen ascos esos hideputas: bolsos, billeteras, cámaras, joyas, bisutería, móviles, relojes, pasaportes...

Resultado: ya casi no hay entre nosotros turistas japoneses. Prefieren pasear por ciudades en las que imperen la ley y el orden: Londres, París, Nueva York, Shangai...

Roma y Nápoles, no, por supuesto. Ya he dicho que Italia es, en tales cosas, como España.

O como Iberoamérica, que sale a su madre.

Es un consuelo. De tontos.

No resulta extraño, por lo dicho, que hasta hace poco tiempo —porque ahora lo han quitado— despuntase a la entrada del Ministerio de Asuntos Exteriores nipón, en Tokio, un cartelazo que daba cuenta, para aviso de turistas, de los países considerados altamente peligrosos y que el primer país de esa orla de honor fuese el nuestro.

España, sí, pero no ha lugar a sorpresa por más que a los españoles nos sorprenda esa fama. El año pasado, sin ir más lejos, Madrid fue la ciudad de Europa en la que mayor número de muertes violentas se produjo.

¿Chicago, años treinta?

No. Inmigración.

Nos piden solidaridad. Esa supuesta virtud se ha convertido, junto a la matraca de la tolerancia, en sonsoniquete y principal consigna, por todos coreada, del país en el que vivimos.

¿*Tolerancia?* ¡Pero si eso, señores de la izquierda y de lo que no es izquierda, aunque lo parece, es concepto que casa mejor con el ideario de la aristocracia que con el de la democracia, en cuyo nombre se predica, y ni a palos se aviene con el igualitarismo de quienes con aire de perdonavidas nos la proponen! Quien tolera lo hace arrugando la nariz, sacudiéndose el polvo de las solapas y esbozando una sonrisilla de superioridad.

Acudo —lo mío es vicio— al *Diccionario* de don Manuel Seco, que siempre viene en mi ayuda y a cuya autoridad, en último término, me acojo, y...

Tolerar: 1. Permitir una persona algo que *no es o no le parece bueno.* 2. Resistir *sin grave daño* una acción o una fuerza exterior, o aquello que la produce. 3. Resistir *sin gran fastidio o repugnancia* la presencia o la existencia de *alguien o algo molesto.*

Sobra añadir que los subrayados son de mi exclusiva responsabilidad. Quien tolera, pues, desprecia, ya que sólo cabe tolerar lo que es o nos parece negativo, y aprecia, en cambio, quien, en vez de tolerar, *respeta.*

Ése es el quid. Que no nos den gato por liebre, tolerancia por respeto. Tontiastutos, una vez más, y sumamente pérfidos, son los multiculturalistas responsables del cambiazo. Todas las personas —*todas*, incluso ellos— son respetables, pero las ideas, en contra de lo que también nos dicen, no siempre lo son.

Por eso, créanme, *respeto* a los inmigrantes, sin excepción, y a quienes beatíficamente les abren los brazos, aunque para estos últimos tenga —lo admito— que forzarme un poco, pero no me sucede lo mismo, sino lo contrario, en lo que atañe a la doctrina de los multiculturalistas —vulgo progresistas— ni a la filosofía subyacente, tanto por parte de quienes la practican como de quienes activa o pasivamente la toleran, al fenómeno de la inmigración.

Y en cuanto a la *solidaridad*... Se me eriza el pelo, arqueo el lomo, bufo. No es ese espantajo del mundo actual y zapaterista (o aznarista. No nos engañemos), por todos a todas horas agitado y propuesto como panacea universal y universal banderín de enganche, y convertido incluso en carne de cañón de telemierda y coartada de telebasureros, actitud de la mente o rasgo de conducta que de por sí tenga que ver con la ética, puesto que surge, a menudo, y se practica, sobre todo, en el ámbito de la criminalidad. De ella viene, en principio, y por eso le antepuse antes el adjetivo de *supuesta*, esa discutible virtud, tan ensalzada ahora por la insoportable moralina de la propaganda institucional, por los políticos mitineros y por los meapilas de las oenegés.

Solidario es, por excelencia, el mafioso, el cómplice, el compinche, el terrorista, el fascista, el comunista, el gánster, el chicuelo antiglobalizador que rompe escaparates, la fierecilla proetarra de la *kale borroka* que quema autobuses, destroza cajeros, vuelca contenedores y se tira a la yugular de los viandantes, el *hooligan*, el fantoche que se sube a la cresta de la diosa Cibeles ataviado con una camiseta de su equipo, la puta, el islamista, el sindicalista, el gremialista, el talibán, el sicario de Al Qaeda, el gamberrete del botellón, el grafitero, los del *nunca máis,* los del *no a la guerra* justa y el sí a la injusta, los miembros de las sectas comecocos, los encapuchados del Ku Klux Klan, los obispillos y monaguillos del Palmar de Troya (¿existe aún?), los trileros de la calle de las Sierpes, los rateros de las Ramblas, los buenos juanitos de las Nuevas Generaciones del PP, las juventudes y los vejestorios del Partido Socialista, los cofrades del Opus Dei, los bribones del *top manta,* los seguidores de Carod Rovira, el propio Carod Rovira, los batasunos, los *hare krishnas,* los guerrilleros de Cristo Rey, los lectores de *El código Da Vinci,* los sinvergüenzas del Foro Filatélico, los gestores de Gescartera, los admiradores de Fidel, los jaleadores de Evo Morales y, en suma (no precisamente teológica, sino humana, demasiado humana), los vecinos de todos los patios de Monipodio.

Ya puestos, mejor que no quede títere con cabeza ni malhechor en su pedestal.

Decía Galdós, citado por Gustavo Bueno,[48] en *El Gran Oriente:* «Los honrados y los inocentes, que no lo eran menos bajo el estandarte de Padilla, hacían coro a los malvados, por la solidaridad que entre ellos reinaba.»

¿No les recuerda esto algo? ¿No vale la descripción para mucho de lo que hoy sucede en España?

Sigo con Gustavo Bueno, *maquisard* de las tropas de choque de la alta filosofía: «El ejercicio de la solidaridad (moral o política) lleva en muchos casos a conculcar los más elementales principios éticos, lo que resulta evidente si se tiene en cuenta que la solidaridad moral es imprescindible para la eficacia de la acción extorsionadora de una banda mafiosa; la solidaridad

---

48. *Zapatero y el pensamiento Alicia: un presidente en el país de las maravillas.* Temas de Hoy, Madrid, 2006. No puedo citar la página. Se me ha traspapelado ese dato. La observación vale también para las citas sucesivas. Todas ellas proceden del mismo libro.

moral (de grupo) es imprescindible para la eficacia de un comando asesino, de una banda terrorista, como pueda serlo ETA; la solidaridad moral es imprescindible entre los correligionarios de una secta fanática.»

No estoy solo. Ya somos dos. ¿Queda por ahí alguien más? Pues que dé un paso al frente. Cerremos solidarias filas contra la solidaridad. Sería gracioso, divertido y oportuno. Lo propio de la alta filosofía es contradecirse. Ése es uno de los tres principios rectores de la indagación aristotélica.

El profesor Bueno —que es malo, malísimo, para Alicia (o Bambi) Zapatero y su España de las maravillas— admite que pueda haber solidaridad entre gentes honradas, pero aduce que también la hay, y suele ser mayor, entre los criminales. Éstos —explica, citando a Duprat, que a su vez cita a Lombroso— no gustan de la soledad, no saben vivir sin compañía y necesitan relacionarse con personas que los guíen, los dirijan, los adoctrinen y los dominen, siendo ése uno de los rasgos principales, según Pierre Janet, de los histéricos y los débiles de espíritu. Por todo ello, concluye Duprat, la solidaridad entre los seres humanos —discriminación certera, pues la hay también, por ejemplo, entre los miembros de una manada de lobos o de una familia de gorilas— puede ser, literalmente, «un precioso auxiliar para la razón práctica», pero es también un «severo obstáculo para la virtud». Y subraya, por último, Gustavo Bueno la evidencia de que la solidaridad de grupo entra siempre en conflicto con otras solidaridades de igual jaez —los obreros o los sindicatos contra los patronos, los cismáticos de una determinada iglesia contra los ortodoxos de la misma— y niega por ello, en definitiva, lo mismo que con astucia, hipocresía y egoísmo disfrazado de altruismo propone.

¿Egoísmo? Pues sí: egoísmo... La consabida, plebeya y cobarde copla del *hoy por ti y mañana por mí.*

¿Debería, acaso, llevarme la *solidaridad entre los seres hu-*

manos que Duprat menciona y que con tanto bombo y platillo el Sistema pregona, a sentirme amigo, hermano o conmilitón de quienes presentan los programas de telebasura o intervienen en ellos? ¿Son esas gentes mis semejantes? ¿Semejantes en qué, por qué y para qué? Si de mí dependiese llevarían mordaza y, desde luego, no me molestaría en tenderles la mano ni en echarles una soga para sacarlos del infierno caso de que allí estuviesen.

Y como ellos, en esa olla podrida que llaman condición humana, los hay a miles. Muy pocos hombres llegan a ser personas. Apostar por ellos es arriesgado. Prefiero hacer causa común con la naturaleza, y en eso, ¡vaya por Dios!, tampoco coincido con el grueso de mis semejantes, que tan mal la tratan.

Estoy mucho más a gusto, por lo general, entre los seres irracionales que entre los racionales, mas no por ello voy a hacer mía la ramplona frase, propia de falsarios y psicópatas, de que cuanto más conozco a los hombres, más quiero a mi perro. No, no, de ningún modo, porque los perros son tan perrunos, tan serviles, tan dependientes del dueño, que casi parecen humanos, pero otra cosa, quizá, sería —lo confieso— si hablásemos de *Soseki.*

Así se llama mi gato. Es famoso, porque a veces lo saco en televisión.

Nadie, pues, se extrañe si le digo que en el despacho de mi casa de Soria, cerquita de mi mesa y al alcance de mis ojos, hay un azulejo en cuya superficie pone: «¿Solidario? No. Solitario.»

Y no vayan a creer que es de ahora o de hace poco. ¡Qué va! Concebí y pintarrajeé esa frase cuando en junio de 1970 regresé a España, tras mi exilio, y me di de narices con los españoles. Se me había olvidado cómo eran.

Y, con el tiempo, han ido a peor.

Dejémoslos, pues, de momento, en su salsa —a mis compatriotas, digo—, no tanto por imposibles cuanto por incomprensibles, y planteémonos otra vez, en relación a esto último, el extraño problema de que España sea eso, un problema, y no una nación, un país, una patria, un proyecto sugestivo de vida en común, para quienes la habitan.

Decía Ortega que el núcleo inicial de la idea que convirtió Hispania en España —*work in progress*, obra en marcha, proyecto, sí, sugestivo que nunca cuajó del todo y a muchos pareció siempre (y parece ahora, añado yo) reversible— fue exclusivamente castellano y, debido a su afán de llevar a cabo grandes empresas y hazañas más allá de sus fronteras, y de la subsiguiente y lógica necesidad de unificar su política exterior, fraguó y creció, desde los Reyes Católicos hasta la segunda década del reinado de Felipe II, por sucesivas incorporaciones territoriales, y a menudo extrapeninsulares, al mencionado núcleo inicial. «La colonización americana es lo único verdaderamente grande —llegó a decir el filósofo— que ha hecho España.» Y luego, añadía, a partir de 1580, la historia del país se hizo decadente y dispersiva, la metástasis desintegradora avanzó paso a paso desde la periferia hacia el centro, la pérdida de las últimas posesiones ultramarinas fue el timbrazo que dio la señal de alarma y activó el mecanismo de la dispersión intrapeninsular, estalló la crisis del 98, empezó a oírse el tintineo, que no tardaría en ser clamor, de la *Volkgeist* romántica, los aldeanismos, los regionalismos, los nacionalismos, los separatismos y...

La España invertebrada. Ahora llega el postre y el café *(para todos)*.

De ser o haber sido así, como lo cuenta Ortega, que casi siempre lleva razón en lo que escribe, España sólo fue España cuando fue Imperio.

Y al no serlo, y a medida que fue dejando de serlo, se transformó en problema.

No está mal visto. Podría ser una explicación, pero nunca, ya, a toro pasado, una solución.

Es curioso —se me ocurre ahora— que Cataluña no interviniese ni poco ni mucho ni nada, porque no se lo permitieron, en la conquista y colonización de América. Tampoco emigró luego, masivamente, allí, aunque hubo excepciones de fuste.

¿Y por qué, me pregunto, le cerraron ese paso?

En 1991, cuando se avecinaban los fastos, la bambolla, el planrataplán, el rastacuerismo y el patrioterismo del Quinto Centenario, un grupo de hombres de negocios catalanes y catalanistas me propuso que yo, precisamente yo, madrileño, soriano, castellano y autor de *Gárgoris y Habidis*, escribiera un libro —espléndidamente pagado— cuyo título sería *Cataluña en América sin pasar por España*. Rechacé, por supuesto, tan peregrina y amistosa ocurrencia, pero me quedé cavilando. La cosa tenía su miga, ahora caigo en ello, pero no se la vi yo entonces con la malicia con que ahora lo hago, pues reinaba aún en las Cortes un monarca patriota, Felipe VI González, alias *Dios*, y era inimaginable que un tarambana como Zapatero pudiera ser aupado por los votantes al trono del país.

Vasconia, en cambio, sí tuvo mucho arte y no menos parte en la gran aventura americana, y quizá por eso, siguiendo a Ortega, sea mucho menos mayoritaria allí, pese a ETA, la tentación secesionista de lo que, en el fondo y en la práctica, lo es la de Cataluña. Nunca adoleció ésta de ambición imperial allende el charco, aunque sí la tuviese (y la tenga) mediterránea, y por eso nunca se implicó del todo en el proyecto sugestivo de vida en común *vertebrado* por Castilla.

No trata Ortega ni trato yo de asignar responsabilidades o, menos aún, culpabilidades, porque no las hay y, además, de nada serviría hacerlo. La historia va como va y es como es. Cabe, incluso, extremando las cosas y rizando el rizo de la desvertebración nacional, acusar a Castilla —como lo hace, en efecto, el propio Ortega con su habitual valentía y lucidez— de haber propiciado y capitaneado, suicidándose, negándose a sí misma, dinamitando su propio proyecto, la desmembración de España al ser la primera en mostrarse particularista desde el tablero de mandos del poder central.

Ya no lo hace, es cierto, porque Madrid ha dejado de ser castellana, y por otras cosas, pero a saber lo que nos deparará el futuro, que nunca —y ahora, menos— está escrito. La *consulta popular* anunciada por Ibarretxe podría quedarse en poco más que una escaramuza de fogueo y de tanteo, pero también podría ser el detonante de una crisis de armas tomar y brutales consecuencias. Dependerá no sólo de lo que en su transcurso, si por fin se celebra, ocurra y de cuántos sean y qué digan los votantes, sino también de a quién pille tan extraño referendo en la Moncloa. Si el inquilino de ésta sigue siendo Zapatero, como los idus de marzo y los posos del café *para todos* repartido por su Gobierno auguran, el país seguirá deshilvanándose —la expresión, que le tomo prestada, es de Pedro J. Ramírez (la utilizó el 9 de septiembre en una de sus sábanas dominicales, tamaño 2 × 2 y potencia 4 × 4, de *El Mundo*)— y tardará aún bastante tiempo, el que le dure la legislatura, más o menos, en hacerse añicos, pero si llega Rajoy...

Veremos, porque tampoco éste tiene los arrestos que tendrían, en su partido, otros.

Castilla, en todo caso, *ha deshecho España*, se atrevió a decir Ortega.

Y yo, ante eso, me quito la montera, saludo al valor, aplaudo la coherencia y, castizo que es uno, incurro en el desacato de gritar: ¡olé sus cojones, maestro!

Hoy es 12 de octubre. Banderas, marchas militares, cabras de la Legión, cabreos de los hunos contra los *hotros* y bravuconadas. Estoy en París. He tenido la prudencia de quitarme de en medio. Hay casos, cosas y casas en las que no pinto nada, en las que me siento huésped incómodo, en las que la vergüenza me obliga a desviar la mirada buscando con los ojos, inexpresivamente, el infinito.

Rajoy nos lo pone difícil. Ayer o anteayer, por lo oído y lo leído, ya que yo no lo vi ni querría verlo, se difundió su vídeo sobre el orgullo de ser español. ¡Vuelve, espada triunfadora! Me gusta la zarzuela, pero sólo en el teatro. Seguro que fue patético.

David Gistau titula «Alabimbombán» su columna de *El Mundo*, que tengo ahora desplegado ante mis ojos con la boca abierta por el estupor y las mejillas arreboladas por el sonrojo, y dice en ella que si todos juntos y en familia, como pide Rajoy, buscáramos «en nuestro corazón motivos de orgullo por el hecho de ser españoles, apenas lograríamos improvisar para el himno una letra que ensalzara los boquerones en vinagre. ¿O querrá Rajoy que salgamos a pasearnos por la Fiesta Nacional disfrazados de manolos o de muñecas tamborileras? Yo es que he quedado».

Y yo también, pero en París, que es, junto a Nueva York, la ciudad más civilizada —por ilustrada— del mundo.

Añade Gistau, al término de su alegato: «Al mesianismo paleto, cejijunto, de los nacionalismos no se le responde con otra modalidad de mesianismo: la inaugurada por Rajoy en ese vídeo suyo de alabimbombán.»

Y Arcadi Espada —no confundan la de su apellido con la que vuelve triunfadora— se siente, en el mismo periódico, *humillado* (sic) y escribe: «La altura intelectual de la frase del opositor Rajoy sobre el orgullo de ser español se aprecia muy bien cuando uno dice qué orgulloso estoy de que me haya tocado la lotería. Sí tiene sentido pleno que uno, en cambio, como yo todos los días, se lamente de ser español y de no haber sido, en consecuencia, otra cosa mejor.»

Nada nuevo digo si digo que ése es mi caso. Y, pásmense ustedes y pásmese Aznar, también lo fue de Cánovas, que escribió algo muy parecido, pero aún más pérfido, a lo que ha escrito Arcadi: «Son españoles todos los que no pueden ser otra cosa.»

Ya.

Pero siempre nos quedará el consuelo de pedir asilo en París, como lo hacíamos bajo Franco. ¡Qué bien educada está la gente! Da gusto ir aquí a cualquier parte.

O de hacer lo mismo en Londres. La última vez que estuve allí encontré casualmente a Félix de Azúa, escritor inteligentísimo y también educadísimo, en la puerta de un museo. Él salía y yo entraba. Nos saludamos, me interesé por los motivos de su estancia y me dijo que todos los años, por esas fechas, se iba una temporada a Londres, en particular, y a Inglaterra, en general, para reponerse de la brutalidad ibérica y recobrar el aliento.

Hoy es viernes, pero el sábado de la semana pasada —ya había llegado yo a París— me fui a dar una vuelta, una «ronda de noche», digamos, con permiso de Rembrandt, por el Barrio Latino y me topé con las huestes de la *dive bouteille* rabelaisiana, en español *botellón*, cuya zafiedad, vandalismo y olor a orines nada tienen que envidiar —lo reconozco— a las de los mílites hispánicos de la misma tropa. Sentí allí, junto al mercado de Saint-Germain, el mismo asco que habría sentido, por ejemplo, en Malasaña, pero lo menciono, en tal día como hoy, el de nuestra Fiesta Nacional, y a cuento de la guerra de los himnos que hoy se libra en España, porque me sorprendió oír por todas partes, a grito pelado y desentonado, los acordes y las estrofas de *La marsellesa*. Verdad es que se había librado esa tarde, a juzgar por las turbas de facinerosos que atronaban las calles con su vocerío y agitaban banderas y camisetas, un partido internacional de fútbol y que, supuse, la selección francesa se había alzado con la victoria, pero no creo yo, aunque poco sé de tales cosas, que en España se celebren los triunfos de ese tipo tarareando a coro, pues letra, como es sabido, no tiene, aunque esté a punto de tenerla, la *Marcha real*.

Anoche, por cierto, me telefonearon desde no sé qué asociación túrpidamente patriótica para tantearme sobre la posibilidad de que invente, con la gracia de mi pluma, una estrofa para el futuro himno nacional. A otros escritores también se lo han pedido.

¿Debo aclarar que ni a palos incurriría en semejante estupidez? Pídanselo, si acaso, los responsables de la iniciativa al bueno de David Gistau, que quizá prefiera los boquerones en vinagre al *sushi* y el *sashimi*, pues difícil, si no imposible, sería para mí encontrar en lo español, toros aparte, motivo alguno de alabanza. Y eso —coba, jabón y bombo— es lo que a tales bobaditas canoras exigen sus usuarios. Yo tengo muy mal oído.

Tenga cuidado el letrista, eso sí, con el manejo de los boquerones, no vaya a coger *anisakis*. Dicen que están plagados, lo que ya sería el colmo del descrédito. ¿Otro símbolo que se va al carajo? ¡No puede ser! Seguro que es especie falsa, bulo inventado y difundido por los catalanistas, los gudaris y los zangolotinos de las Juventudes del PSOE. ¡Este Zapatero!

12 de octubre, Fiesta Nacional, desfile en la Castellana, banderas constitucionales, alguna que otra tricolor, puños cerrados, brazos en alto, rojos y ultras, chuntatachún, alabimbombán, orgullo de ser español...

¡No es esto, no es esto, señor Rajoy!

Lo mejor es que vaya yo pensando en poner brusco fin a este libro.

En 1896, dos años antes de que España, en estado de *shock* por la pérdida de las últimas colonias, se quedara sin pulso y entrara en coma, escribió don Miguel de Unamuno una carta al crítico literario Andrenio en la que le decía: «Unas veces me siento anarquista, socialista otras, ya conservador, ya retrógrado, místico a menudo, quietista no pocas veces, escéptico nunca.»

Yo, llegado a este punto, y quizá desde siempre, aunque con muchos más años ya de los que tenía el cachorro Unamuno cuando se retrató de tal forma, también me siento casi todo eso. *Casi*, digo, porque socialista no soy y sí soy, en cambio, cada vez más escéptico.

¿Qué pinto, entonces, aquí? ¿Por qué me puse a escribir un libro como éste?

Es cierto: más vale darlo por terminado.

De la imposibilidad de vertebración, de la irrefrenable tendencia a la desvertebración de lo poco que hasta la segunda mitad del reinado de Felipe II se vertebró, de la aviesa y firme voluntad de particularismo que es denominador común de todos los españoles, se deriva, según Ortega, la peor y más profunda de las perversiones inscritas en el alma de nuestro pueblo: la *aristofobia*, el odio a los mejores, que cierra el paso a las minorías selectas, descabeza y descapitaliza una y otra vez el país, lo torna inhabitable, genera la proverbial y secular desconfianza de los gobernados hacia sus dirigentes, y conduce fatalmente —lo estamos viendo— al imperio de las masas.

Viven éstas en nuestro país, añadió el filósofo en su día, y lo que añadió vale —tal cual— para el de hoy, en permanente estado de insubordinación espiritual frente a toda minoría. Y es por ese *fenómeno mortal* (así lo connota y califica Ortega) por lo que España representa un caso extremo, gravísimo, terminal, de invertebración histórica.

¿Es definitivo el diagnóstico? ¿No hay para nuestra enfermedad remedio? ¿Deberíamos dar el asunto por zanjado y resignarnos de una vez por todas a no ser nada, esto es, a seguir siendo españoles sólo, como dijo Cánovas, porque no podemos ser otra cosa?

Hubo, al morir Franco, un rayito de sol, un frágil vuelo de luciérnaga, un pelícano de alas de oro, un pábilo de esperanza, el de la Transición, que ni Adolfo Suárez ni Felipe González, pese a sus trapacerías y politiqueos, sofocaron, pero luego, *por accidente*, ¡malhaya!, salió Bambi de los bosques de León y en España, como hubiese dicho José Antonio, dejó de amanecer.

Ortega, ya en el súmmum del pesimismo, como yo lo estoy ahora en el del escepticismo, remachó su prognosis y remató su faena concluyendo que España es una serie, un agregado, un precipitado de compartimentos estancos, y que, en consecuencia, no reúne los requisitos necesarios para constituirse en nación.

Serie, dijo él; lo de *precipitado* es cosa mía. Significa esa palabra, según mi amigo Manuel Seco, al que no conozco, «sustancia que, como resultado de una reacción, se separa del líquido en que está disuelta y se deposita en el fondo del recipiente».

¡Recórcholis! No cabe explicarlo mejor. Eso es España. ¿España? No. Sus compartimentos estancos: *las* Expañas.

¿Tendrían, acaso, remedio nuestros males si refundáramos esta nación que, como el *cavaliere* de Italo Calvino, en puridad no existe? ¿Es eso —démosle un poco de cuartelillo— lo que a tientas, torpemente, metiendo la pata en todos los charcos y sin saber lo que hace, está, curiosamente, haciendo el míster Bean que nos gobierna?

Lo de *refundar* es un decir, porque España, a no ser que tomemos por proclama el recíproco sí que ante el altar se dieron Isabel y Fernando, y a diferencia de otras naciones (Italia, Inglaterra, la India, Estados Unidos, México, la Francia de Carlomagno...), no se fundó nunca, nunca se constituyó, oficialmente, como nación.

¿Será, quizá, por eso por lo que no lo somos y por lo que tantos españoles, frisando en el absurdo, se niegan a sentirse como tales? ¿Viene de ahí la sensación, también rayana en el absurdo y conducente a mil horrores, de que España no es patria, sino que es problema? ¿Nacimos por cesárea o por tirón de fórceps? ¿Somos expósitos? ¿Nos falta el primer vagido? ¿Es ése, el no tener partida de nacimiento ni de bautismo, el no haber sido inscritos en el Registro Civil de las naciones, nuestro estigma? ¿Será de orden kármico lo nuestro, como lo fue para sus descendientes la marca de Caín?

> Al pasar, vio Jesús a un hombre ciego de nacimiento. Y sus discípulos le preguntaron: «Maestro, ¿quién pecó, este hombre o sus padres, para que haya nacido ciego?»

La cita es del Evangelio según san Juan.[49] La recojo en una obra extraordinaria, también de alta filosofía, como algu-

---

49. 9, 1-2.

na de las que escribió Ortega, de la que enseguida hablaré y en la que entraré a saco. Casi nadie la conoce, lo que es una desdicha para la salud del país y de sus habitantes, por lo que los lectores que hayan llegado hasta aquí deberían correr inmediatamente hacia la librería más cercana y agradecerme la pista que les doy. Esta vez sí hay de qué dármelas, las gracias, porque con ella descorro un velo, ayudo a un viejo amigo (su autor —Luis Martos— lo es) y saco de su barril de Diógenes —que al parecer no era barril, sino ánfora— a todo un señor filósofo.

Reitero, entre tanto, la pregunta: si nación, como ya he dicho, viene de nacer, ¿puede serlo la que no ha nacido? ¿Tendríamos que fundar o, si los esencialistas se empeñan en que ya se fundó, refundar España? ¿Hemos nacido todos los españoles en un lugar que no ha nacido o, que si nació, ya ha fallecido? ¿Somos fantasmas, fuegos fatuos, polvo en el polvo, yuyos de cementerio? ¿Es, forzosamente, hijo de puta todo aquel que lo sea de madre desconocida?

Tienen guasa estas preguntas.

Y también la tiene, aunque maldita sea su gracia, lo que antes insinué acerca de la posibilidad de que Zapatero quiera hacer, a bulto, pero siempre *pro domo sua,* eso mismito: refundar España.

¡Ja, ja! ¡Pero si era una broma, hombres de Dios! ¿Picaron ustedes? Pues lea quien lo hizo, a modo de penitencia, lo que un tal Petit (¿Petit? *Nomen est omen*), filósofo de *boudoir* de Zapatero marcado por su apellido —discúlpenme el chiste fácil—, ha escrito a propósito del *republicanismo cívico.* Ésa es la etiqueta escogida por el *think tank* —¿tanques? Otro chiste facilón. Estoy en vena— de la alocada izquierda posmarxista para recoser su virgo y presentarse en la sociedad del siglo XXI con el traje vuelto del revés y los bajos del pantalón sin salpicaduras de la sangre derramada en cuatro continentes a partir del día en que sus huestes tomaron la Bastilla y vino el Terror al mundo.

Así, leyendo con cilicio de penitente al filósofo Petit, se enterará quien lo haga de lo que persigue y esconde bajo su sonrisa geométrica y sus metálicos gestos de replicante lloricón de *Blade Runner* el demagogo que nos gobierna, ese orate, ese licántropo de las Médulas, ese aparente (sólo aparente) papanatas, ese insensato con más conchas que un quelónido del Pleistoceno, ese agente secreto del totalitarismo frentepopulista. No quiere, no, Zapatero refundar España, sino la Segunda República, y con eso se conforma, aunque sea al precio de retirar banderas rojigualdas, desempolvar y rociar de polil las tricolores, quemar fotografías del nieto de Alfonso XIII, sacar de su tumba al siniestro Companys para meter en ella al no menos siniestro Xirinachs, hacer las paces con ETA perdonando a sus pistoleros todos los pecados cometidos y llevar otra vez a Asturias, en andas de los mineros que ya no existen, la Revolución del 34.

¡Flaca, en verdad, es la *memoria histórica* de ese nieto tan amante de su abuelo! Convendría que, entre todos, y por el bien de todos, incluyendo el suyo, se la refrescáramos en las urnas el próximo 9 de marzo, aunque eso nos obligue a votar por alguien tan tibio, tan virtuoso, tan previsible y tan poco emocionante como lo es Rajoy. Yo preferiría, con reparos, a Sarkozy, pero no se nos brinda esa opción. España, hoy por hoy, no da para tanto. Siempre nos quedarán —París aparte— Esperanza Aguirre y Ruiz-Gallardón. ¿O va la cosa para Rato?

Eliminaré de este libro en las ediciones posteriores al 9 de marzo, si las hay, la alusión a esa fecha. La suerte del país, para entonces, estará echada y yo andaré, supongo, muy lejos de él.

¿Qué será, será? ¿Quién sucederá al César? ¿Marco Antonio o Bruto, que según el primero era un hombre honrado? Lean a Shakespeare. Es instructivo.

Memoria histórica: entre las elecciones del mes de febrero de 1936 y el 18 de julio del mismo año —echen cuentas: cinco meses— hubo en España 170 iglesias destruidas y 251 agredidas, alrededor de 300 muertes violentas y 1.287 heridos en reyertas callejeras, 133 huelgas generales y 218 parciales, numerosas —imposible es contarlas— ocupaciones de fincas, infinitos allanamientos de morada y miles de motines. Para remate, nunca mejor dicho, el jefe de la oposición fue asesinado no por una partida de terroristas o una pandilla de pistoleros, sino por agentes de las fuerzas del orden. ¡La policía, vaya!

Imaginemos que algo así —aunque sea, gracias a Dios, inimaginable— le sucediera a Rajoy.

¿Inimaginable?

Luego, entre el 18 de julio de 1936 y el 1 de abril de 1939, vino una guerra civil cuyo número de víctimas en los dos bandos, y en el de los neutrales, indiferentes, pacifistas y terceristas, que era el más cuantioso, no es menester ponderar.

Gil Robles había dicho: «La mitad de la nación no se resigna impasiblemente a morir.»

Amós Salvador, que llegaría a ser ministro de Interior de la República, cargó la suerte y remachó: «Las izquierdas están dispuestas a ir al Frente Popular para implicarse en una lucha a muerte con las derechas. Si ellos vencen, que nos exterminen, y si nosotros vencemos, los exterminaremos a ellos.»

Tuvo razón.

Así estaban las cosas cuando la Segunda República —ésa que Zapatero quiere refundar— llegó a su apogeo.

Espigo estos datos, que corroboran muchos otros esgrimidos y escrupulosamente verificados por mí en la novela *Muertes paralelas*, al sesgo de la lectura de un artículo publicado el día 8 de febrero de 2006, en el periódico *El Mundo*, por esa mujer fuerte de la Biblia, hoy difunta, que fue Loyola de Palacio. Honro con ello su memoria, que también es, por cierto, debido a las tareas que en vida acometió y a las funciones de gobierno que en España y en Europa desempeñó, inequívocamente histórica.

Se titulaba ese artículo «1936-2006: honrar a todos los muertos». Ya nos vale.

¿De verdad quiere usted que hagamos memoria, señor Zapatero? ¿Sabe algo de mitología? ¿Ha oído hablar de la caja de Pandora? Ande, consulte el Espasa y rece luego un padrenuestro laico por todos los caídos: los de la República y los del Movimiento, los legales y los ilegales. Durruti, José Antonio, mi padre y su abuelo se lo agradecerán.

Alguien lo dijo, no soy yo quien lo invento, por más que a pie juntillas lo haga mío: el problema de España a lo largo de todo el siglo XX (y de lo que va del XXI, añado) tiene nombre. Se llama Partido Socialista Obrero Español.

¿Cien años de qué?

De fratricidio. Su rosa nos tiene a todos metidos en un puño.

Mariano José de Larra: «Aquí yace media España; murió de la otra media.»

Azorín: «¿Es que el espíritu del antiguo tribunal del San-

to Oficio continúa rigiendo en España? [...] Si en los siglos
XVI y XVII había un tribunal feroz, ahora [...] sin ese tribunal,
persiste el odio de unos españoles contra otros y siguen las
mismas implacables persecuciones.»

Pío Baroja: «En el salón donde entramos están los ocho
asientos ocupados... Nos miramos todos con el odio característico con que nos miramos los españoles.»

Antonio Machado... «Españolito que vienes al mundo».

Larra, no, pero Machado, Baroja y Azorín forman, junto con Unamuno, que murió cuasi asesinado por los franquistas en Salamanca, y Maeztu, que murió asesinado del
todo por los frentepopulistas en Paracuellos, el núcleo de la
generación del 98. Por algo será, de algo vendrá la citada convergencia de actitudes. Los cinco fueron, en su juventud rebelde e iracunda, reaccionarios: *reaccionaban*... Cuatro de
ellos, en su madurez, rindieron viaje ideológico en posturas
conservadoras, derechistas, ambiguas (en el caso de Unamuno), nihilistas —en el de Baroja— o, incluso, como en el de
Maeztu, abiertamente retrógradas. Sólo de Antonio Machado, cuyo hermano Manuel acabó donde acabó, cabe decir
que era rotundamente republicano y, con algún que otro ti-
tubeo y apostillas a pie de página, hombre de izquierdas. La
muerte, lamentable y prematura, lo congeló para siempre y
petrificó su posible deriva. Lo mismo cabría decir de García
Lorca y José Antonio. Los tres eran —fueron— españolitos
de corazón helado.

Recojo las citas del parágrafo que precede a éste en el
frontis del *Cuarto domingo* —tal es el criterio de ordenación
del texto al que el autor recurre— de la obra, colosal por su
aliento, alcance y nervatura, del filósofo Luis Martos que an-

tes mencioné, elogié y anuncié. Ya es hora de decir su título: *En el umbral del universo invisible.*[50] Vamos con él, atravesémoslo...

La cita es larga y sé que abuso, con ella, de la amistad que profeso a su autor y que él me devuelve con creces, pero no me siento capaz, por su interés y el interés de todos, también el mío, a condensarla, peinarla o afeitarla. Lo que en ella dice Luis Martos es descripción certera, minuciosa, dolorida y, por desgracia, irrebatible del mal de España y de los españoles, de su genoma moral, de su secreto inconfesable (aunque de continuo, por sus gentes, exhibido), del porqué de su psicopatología, de su cainismo, de sus guerras civiles, de su encanallamiento, de su vulgaridad, de su inelegancia, de su aversión a la excelencia y de la implacable aristofobia —ya saben: odio a los mejores— que exuda, transluce y explica la sanguinaria historia del país convirtiendo éste, a pesar de las virtudes que simultáneamente adornan a quienes en él nacieron, en un lugar inhabitable.

Y todo ello —insisto e insiste Luis Martos— por culpa del peor de los pecados capitales: la envidia.

A saber...

Existe un país sobre la tierra —dijo Aurelio a Dalmacio—[51] que fue dominado por cierta iglesia cristiana durante

---

50.   Editorial Letra Clara, Madrid, 2006. No es fácil dar con él en las librerías. Lo venden, que yo sepa, y por lo que hace a Madrid, en la Casa del Libro y, quizá, en Crisol (el de Juan Bravo). Dudo de que pueda encontrarse en provincias. Lo más seguro es encargarla, contra reembolso, en www.herbolarium.es. Es obra de lectura amena, pero que exige atención, intención y dedicación. No hay en ella pensamiento débil. Ya dije antes que es alta filosofía y, en cuanto tal, como la de los estoicos, epicúreos y taoístas, aplicable a la vida cotidiana.

51.   *En el umbral del universo invisible* está escrito, a la manera de Platón, en forma de diálogos.

muchos siglos y que en realidad fue obra de esa misma iglesia, de esa misma Organización, puesto que se formó durante ochocientos años en guerras de religión azuzadas, avivadas y resucitadas continuamente por ella. Cuando esas guerras (llamadas, en su conjunto, de Reconquista) terminaron y el país se unificó, se embarcó casi inmediatamente después, en Europa, en muchas otras guerras de religión por influencia de la misma Organización, que dominó en él todavía unos cuantos siglos más; en rigor hasta hace muy pocos años, y yo diría que quizá hasta el día de hoy.

Durante mucho tiempo, los habitantes del país creyeron firmemente lo que se les enseñaba: es decir, que su religión era sin la menor duda la única verdadera, y que no debían considerar siquiera la posibilidad de que alguna otra lo fuera; que no debían pensar por su cuenta, ya que la Organización era la única que podía hacerlo; que debían obedecer sin rechistar a la Organización y a la autoridad constituida (constituida, por supuesto, con el respaldo de la misma Organización); que lo único importante era la vida futura, y que, sin embargo, en la presente podían hacer todo el mal que quisieran, porque sus efectos podían ser borrados por la Organización muy fácilmente con una simple fórmula. Bajo la férula de algo que se llamaba *Santa Inquisición* o *Santo Oficio*, estuvieron varios siglos denunciándose unos a otras, pues era obligado hacerlo. No denunciar a los herejes, o no comunicar a la denominada *Santa* Inquisición las sospechas que se tuvieran sobre la posible herejía de otros, o *simplemente no tener esas sospechas cuando podían haberse tenido*, eran delitos que se castigaban igual que la herejía misma. Todo esto se grabó en su cerebro a sangre y fuego para siempre, y moldeó indeleblemente su modo de ser.

Más tarde, los habitantes de ese país dejaron de ser tan cristianos como lo habían sido, pero su modo de ser continuó siendo prácticamente el mismo. Los niños son como esponjas que absorben todos los gestos, palabras, hechos y pensamientos de los adultos, cuyo *modo de ser* asumen en una fase muy temprana de la vida aunque rechacen más tarde sus *creencias*. Generación tras generación, por tanto, los cauces cerebrales de los habitantes de un país siguen siendo casi los mismos, aunque ya no discurra por ellos el fluido que antaño los creara. Los *engramas*[52] cerebrales de cada nueva generación tienen, en efecto, casi los mismos ángulos, las mismas curvas, los mismos tramos rectos, los mismos recovecos, remansos y estrechamientos que los de las anteriores.

Por eso, los españoles (pues ya sabéis que de ellos estoy hablando), incluso los que han dejado de creer en Dios, siguen siendo intolerantes, agresivos, fanáticos, e incapaces no sólo de darle la razón a otro, aunque con toda evidencia la tenga, sino hasta de ponerse, mentalmente, en el lugar del otro en cualquier aspecto de la vida práctica.[53] De ahí su tosquedad,

52.   Marcas, huellas o señales físicas indelebles, producidas en el cerebro por las vivencias del sujeto, que por su carácter mnémico influyen en su conducta futura.

53.   El hábito secular de denunciarse unos a otros ante la Inquisición con efectos corporalmente letales y económicamente confiscatorios, ha dado origen a la división de los españoles en *las dos Españas*: de una parte la *eterna*, tradicional, atrabiliaria y cerrada, y de otra la moderada y relativamente abierta a lo nuevo. Pero, que se trata de un problema de *engramas cerebrales* derivados de acontecimientos históricos, se demuestra, primero, por el hecho de que la mutua desconfianza y la recíproca *feroz hostilidad de los españoles*, que Pío Baroja observaba incluso entre los desconocidos que ocupaban el mismo departamento de un vagón de tren, *a menudo no tienen ninguna causa objetiva*. Y, segundo, por el hecho de que los *contenidos ideológicos* de las dos Españas *pueden variar* (aunque siempre sean contrarios), sin que por ello los españoles dejen de odiarse con ánimo homicida. La existencia de dos Españas enfrentadas entre sí es una acre realidad que, no nos dejemos engañar por algunas apariencias, sigue siendo tan viva y operante como siempre.

Basta cruzar la frontera, incluso la de Portugal, para advertir que en otros países, en igualdad de circunstancias, no existe la *feroz hostilidad* antes mencionada. Pondré solo dos ejemplos. España es el único país del mundo cuyo himno nacional no tiene letra (en realidad no tiene himno

su individualismo a ultranza y su absoluta falta de sensibilidad en temas de convivencia. Por eso, aunque ya no sean cristianos, los españoles no suelen pensar con profundidad y perseverancia; y no ya sobre religión, sino sobre ninguna otra cosa; de modo que este pueblo, por lo demás extraordinariamente sagaz, carece de la solidez intelectual que proporciona una tra-

---

nacional, haciendo sus veces la *Marcha real*), por lo cual no se puede cantar. José María Pemán propuso (sin éxito, por cierto) una letra ensalzando la España Eterna. Pero hay otra, de origen popular, del tenor siguiente: «¡Hombre! / ¡Caramba! / ¡Qué cara tan estúpida que tiene usted! / ¡Qué bestia! ¡Qué animal! / ¡Bruto! ¡Canalla! ¡Asesino! ¡Ladrón!...», etc. (siguen horrendas amenazas).

Los acontecimientos históricos han hecho de los españoles un pueblo extraordinariamente cainita y sanguinario. Porque lo cierto es que, con la Inquisición, llovía sobre mojado. La conversión masiva de los españoles al islam sustituyó a una verdadera conquista militar musulmana; de modo que la llamada *Reconquista*, que duró ocho siglos, *fue en realidad una guerra civil* entre españoles de diferente religión, lo mismo que la posterior guerra contra los moriscos, que ya ocurrió después de establecido el Santo Oficio. A continuación habría más guerras civiles: la de Sucesión del siglo XVIII, las tres guerras civiles del siglo XIX (las *guerras carlistas*: la primera de una duración de seis años, la segunda de tres y la tercera de cuatro), y la guerra civil del siglo XX que duró casi tres. El resultado es que ahora, tratándose de matar a un ser humano, el español, frente a un extranjero, se siente incómodo, acomplejado, inepto, indeciso, tímido y semiparalizado. Porque, tratándose de matar a un ser humano, a un español lo que le gusta es matar a otro español. Lo expresó muy bien el marqués de Castellvell ante su hijo José Luis de Vilallonga, que lo cuenta en su libro *La nostalgia es un error* (Planeta, Barcelona, p. 223): «A mí la guerra me parece una salvajada. Entendámonos: no pienso lo mismo de la guerra civil. Ésta sí me parece bien, porque el que tienes frente a ti es un cabrón que conoces [...]. Matas a un tío que te lleva fastidiando veinte años...; pero eso de matar a un alemán que no conozco de nada, que nunca me hizo nada, me parece una verdadera salvajada.»

Sobre esta base, y la falta de una eficaz administración de Justicia (cada uno tiene la certeza de que, si el otro le produce un daño, no habrá justicia), ¿cómo va a existir en los españoles el *sentido de la colectividad*?

dición de pensamiento sistemático; y, habiendo perdido el hábito de pensar con rigor o sin haberlo adquirido nunca, la insensatez, la frivolidad y la torpeza, que les han hecho siempre tan vulnerables, son sus características colectivas más notorias.[54] Por eso, aunque ya no sean cristianos, los españoles sue-

54. *Como pueblo*, los españoles —me dijo más tarde Aurelio—, son muy parecidos al *bandar-log* o «pueblo de los monos» del que hablaba Kipling en *El libro de la selva*. Porque no sólo carecen de sentido de la colectividad, sino también de espíritu de continuidad. No son capaces de trabajar en algo seriamente; pero menos aún con tesón, tenacidad, obstinación, paciencia y perseverancia. (Lo primero que ordena cualquier jefecillo, aparte de hacerse un despacho nuevo, es paralizar lo que estaba iniciado, o deshacer lo que estaba hecho, porque cree que él es el único ser inteligente que ha habido en el mundo.) Así, emprenden muchas cosas, pero no acaban casi ninguna. Para ellos, lo último que han visto u oído es lo único que cuenta, y su interés por ello dura muy poco. Enseguida lo olvidan, y dejan lo que están haciendo para iniciar otra cosa o ponerse a jugar. *No tienen memoria*. En la campaña electoral de 1996, el PSOE aterrorizó a los españoles con la idea de lo malo que *podría hacer* el PP. Éste, en cambio, se empecinó estúpidamente en *pasar página*: en *no recordar* a los votantes los disparates y latrocinios que *había hecho* el PSOE, y casi perdió las elecciones. Lo que cuenta para los españoles no es la realidad, sino la *imagen* que den a los demás. Hablan y hablan; no paran de hablar con frivolidad, y eso es casi lo único que saben hacer. Por eso, se sienten inferiores a los ciudadanos de la mayoría de los países occidentales, y se ha escrito mucho sobre *el español y su complejo de inferioridad*. Pero no es que el español tenga complejo de inferioridad: es que realmente es inferior y él lo sabe. Aunque no es inferior en modo alguno por sus características individuales, sino por su pertenencia a un *pueblo que como tal* (es decir, como colectividad organizada) es inferior a otros cercanos a él. [...] España se hunde bajo el peso de sus propios excrementos, producidos por una falta de educación que desde hace mucho tiempo alcanza ya a los mismos educadores; una inapropiada selección de funcionarios que desde hace mucho tiempo alcanza ya a los mismos seleccionadores, y una falta de disciplina y de autocontrol que desde hace mucho tiempo afecta a todos. En suma: inveteradas y arraigadas faltas de inteligencia, de diligencia, de virtudes morales y de patriotismo. Sobre esta base, ¿cómo puede dudarse de que España tiene sus días contados?

len ser enemigos del trabajo, como si todavía siguieran creyendo que en esta vida nada tiene importancia.[55] Por eso, los españoles, aunque ya no sean cristianos, suelen asombrar a otros pueblos por su increíble resignación, su acusada tendencia a someterse a la autoridad, y su notable resistencia a rebelarse contra la injusticia y la opresión. Por eso, los españoles, aunque ya no crean en el fácil perdón de los pecados (no porque ahora crean que el perdón es difícil, sino porque ya no creen en los pecados; pues un pecado fácilmente perdonable deja fácilmente de ser pecado), son los seres humanos más proclives del mundo a ceder a cualquier tentación perversa. Con pasmosa facilidad pueden mentir, faltar a la palabra dada, engañar e incluso matar, pero sobre todo suelen ceder a la tentación de robar. El robo es, por decirlo así, su especialidad.

A quien se le diga que en este país la gente llega incluso a robar las flores de las tumbas para ponerlas en las de sus deudos, y a quitar el asiento en las iglesias a los que van a comulgar, no se lo creerá. Pero así es como combina el latrocinio con una arraigada religiosidad superficial, la cual se funda a su vez en otro latrocinio (éste frustrado) como es el de querer lograr la eterna bienaventuranza de una manera fácil.

Por otra parte, aunque la vida futura sea la que tenga importancia, la presente no deja de ser vida, y esta vida ha sido siempre muy difícil para los españoles. España es un país pobre (no es una Francia), y la pobreza de su pueblo ha estado siempre agudizada al máximo por la injusticia social. De ahí que, para los españoles, lo primero de todo sea *el cocido*; de ahí que su hedonismo materialista sea espeluznante, y sobrecogedora su falta de idealismo. La sociedad española escupe, rechaza, al ser humano que es idealista: al que desde joven dedica su vida a un

---

55. O, con más frecuencia aún, como si creyeran que *todo saldrá bien*, y ello *porque sí*; porque *las cosas se hacen solas*; porque ocurrirá un *milagro*; porque, lo que desean que ocurra, *Dios lo hará* sin la intervención del ser humano. Es una *Armada invencible* cotidiana.

ideal olvidándose de los garbanzos. Porque éstos son lo más importante. Otros *engramas del pasado*. Aunque ya no se pase hambre en España, *engramas heredados*. Si es hombre, las mujeres lo rehúyen porque lo consideran un chiflado, un tontilo- co candidato seguro a la miseria, y ser pobre es lo peor que puede ser un hombre. Y si es mujer, la rechazan los hombres porque la tildan de *intelectual* y de *sabihonda* insoportable. Para mujeres y hombres, lo único que cuenta es el dinero. Sin embargo, hay en el país algunos hombres y mujeres idealistas. Pero son muy pocos. Los demás aparentan leer, pero no leen; investigar, pero no investigan; saber, pero no saben.

Alguien dijo una vez: «No confíes nunca en una persona a quien su religión le diga que puede borrar cualquier falta con una simple fórmula.» No recuerdo quién lo dijo, pero tenía toda la razón. Los que profesan cualquier otra religión, sean hinduistas, budistas, animistas, negros africanos, pieles rojas o esquimales, saben que ningún entuerto, ningún acto de mal- dad se puede borrar, sino que inexorablemente se han de sufrir las consecuencias de él, en este mundo o en otro. Lo cual, aun- que cometan desafueros, les inhibe de cometer otros muchos. Pero los pertenecientes a cierta iglesia cristiana (o el incons- ciente de los mismos) creen que pueden cometer impunemen- te toda clase de desmanes en el plano moral; pues les bastará con acudir a un sacerdote y que éste pronuncie una simple fór- mula (como quien aprieta el botón de una máquina), para que su falta quede completamente borrada. Y aunque consciente- mente ya no sean cristianos, siguen teniendo este desenfreno moral quienes tengan un inconsciente moldeado por esa igle- sia, ya sea directamente o a través de sus antecesores o, en ge- neral, de la sociedad en la que se han criado. El producto social más directo y probable de esa iglesia es el *pícaro*.

No es una casualidad que los países donde esa iglesia cris- tiana ha arraigado más profundamente, sean precisamente aquéllos en los que menos moralidad existe, tanto a nivel in- dividual como social. La amoralidad que se observa en los países que poseen una tradición enraizada en esa iglesia, es sobre-cogedora. Cada uno hace lo que físicamente puede hacer,[56] sin trabas morales de ninguna clase. En España se valora so-cialmente más al pillo, al pícaro que sin reparar en medios ha logrado el éxito económico o político, que al hombre honra-do y trabajador. Es cosa sabida que, en la Alemania hitleriana, las mayores atrocidades, crímenes y actos de sadismo fueron cometidos, sobre todo, por los naturales de territorios donde esa iglesia seguía siendo dominante. El mismo Hitler pertene-ció a esa iglesia en su infancia.

Pero no hay ningún pueblo en el mundo con unas carac-terísticas eclesiógenas tan acusadas como el español. Desde luego, el que más se le parece es el pueblo ruso, ya que vivió una experiencia histórica muy semejante a la nuestra. Pero su Reconquista duró solamente cuatro siglos en vez de ocho, y estuvo alentada por una iglesia más humana y más próxima a Cristo Jesús; menos autoritaria, agresiva y fanática; menos je-rarquizada y monolítica también. De todos modos, el pareci-do psicológico entre ambos pueblos es asombroso. Tanto, que, sin necesidad de palabras, siempre se han entendido per-fectamente por encima de Europa (desde luego, ninguno de los dos es europeo), o quizá por debajo.

—¿Nosotros no somos europeos a pesar de nuestras igle-sias románicas y nuestras catedrales góticas? —objetó sarcásti-camente Carlos—. ¿Y qué me dices de los portugueses? Por-que los portugueses no son así.

—Aparentemente no. Pero ellos tuvieron una Recon-

---

56.   En otra ocasión me dijo Aurelio que se había alarmado cuando una amiga alemana, que le había invitado a visitar su país, conducía su coche a toda velocidad por el carril derecho de una autopista envuelta en la niebla. Aurelio temía que pudieran chocar con otro vehículo parado en el carril, pero la alemana le dijo que eso era imposible *porque estaba prohibido*. En España tenemos que mirar para cruzar la calle, aunque luz-ca el sol y esté verde la luz del semáforo. Como dijo Quevedo, aquí hay que estar siempre «con la barba sobre el hombro».

quista, macho, más cómoda y rápida que la nuestra; y, quizá por eso, sus reyes se resistieron más que los nuestros a entregar a su pueblo en manos de la Organización. Nosotros no tuvimos la suerte de tener un Enrique VIII de Inglaterra, y ésa fue nuestra mayor desgracia.

Aunque a veces pienso que el problema de España tampoco habría tenido solución con un Enrique VIII. Porque se formó precisamente en ocho siglos de guerras contra el islam, impulsadas por la Iglesia católica montada a caballo sobre el pueblo español, de modo que el catolicismo ha marcado para siempre a los españoles aunque no sean católicos, y sus defectos son los de toda educación en la religión católica. Sin el trasfondo católico, España no sería nada. Y entiendo aquí por *España* la *Hispania* de los romanos, o sea, la península Ibérica entera. Lo mismo entendía Camoens cuando dijo: «No se diga españoles y portugueses, sino castellanos y portugueses, porque españoles somos todos.» Pues España siempre ha sido un *proyecto*. Un proyecto fundado en la *Hispania* de los romanos, que los visigodos y Felipe II hicieron realidad, y que, después de 1640, es ya imposible que vuelva a hacerse realidad.

Es cierto que los españoles tenemos esos defectos. Pero también es cierto que el pueblo español tiene un enorme corazón. En España, en proporción a su población, hay más donantes de sangre y de órganos corporales (y más adoptantes de niños extranjeros de naciones desdichadas) que en cualquier otro país del mundo, y cualquier causa noble moviliza rápida y masivamente a los españoles en ayuda de los que sufren. En el pueblo español la solidaridad es algo natural (y que se practica con la mayor naturalidad) no menos que una resignación, una paciencia profunda y tranquila, que causa asombro aunque tiene límites.

Antes, también se practicaba un valor sencillo y sin alharacas (no al estilo francés) que a veces conmocionaba porque no parecía cosa de este mundo: un valor que solía robustecerse con el tiempo, haciéndose fatalista, desesperado, frío, terco e ilimitado. Viriato, Numancia, Sagunto, los hispanos de Aníbal haciendo estragos en las legiones romanas en Italia; ochocientos años de combates con el obsesivo designio colectivo de reconstruir el reino visigodo; las Navas, el Salado, Guzmán el Bueno; las conquistas de Cerdeña, Sicilia, Nápoles, Atenas y Neopatria; el descubrimiento, conquista y colonización de América, Pizarro y los Trece de la Fama, Cortés y la quema de las naves, Alvar Núñez *Cabeza de Vaca*, Aguirre, Orellana, la primera vuelta al mundo; Filipinas, Pavía, Lepanto, «no se pone el sol en mis dominios»; la guerra contra Napoleón, Bailén, Zaragoza, Gerona, la guerra contra Estados Unidos de América... No son relatos de libros de caballerías (como los que leía don Quijote), sino hechos reales. Un pasado glorioso. Probablemente más lleno de gloria que el de cualquier otro pueblo viviente. Y constelado de una valentía asombrosa que nadie ha puesto en duda jamás. Pero estoy hablando del pasado. En la actualidad, ya en vísperas de su desintegración final, es evidente que la mayoría del pueblo español se ha hecho cobarde, y así ha quedado demostrado en las elecciones de marzo de 2004. Los sociólogos tendrán que decir por qué se ha producido ese cambio indudable. Probablemente se deba al apego del pueblo español a un bienestar económico al que no estaba acostumbrado.[57]

57. Refiriéndose a los tiempos actuales, José Perona, en su prólogo a *El capitán Alatriste*, de Arturo y Carlota Pérez-Reverte, habla de «esta España de horteras satisfechos». La cobardía del pueblo español empezó a verse hace pocos años, cuando soldados que partían para el extranjero, en misiones humanitarias sin peligro, se despedían de sus familiares en medio de escenas lamentables, lacrimosas, histéricas y, para decirlo de una vez, vergonzosas. Pero hay otra interpretación posible. Parece ser una constante en la historia que un país que ha padecido enormes sangrías acaba perdiendo el valor. Y en la última guerra civil española se produjeron esas sangrías. Recuerdo que un amigo comentó en una tertulia, hablando de la última batalla de esa guerra (una batalla *de desgaste* en la que él había participado; una carnicería espeluznante en la que hubo una mortandad horrorosa), que «en la batalla del Ebro se acabaron los c...».

La verdad es que, después de semejante roción, poco me queda por añadir. Las páginas recién transcritas, que suscribo holográficamente (o sea: línea a línea y, a la vez, en su totalidad), resumen al dedillo cuanto pienso acerca de las causas y los efectos de lo que vengo llamando *mal de España*, esa extrañísima y funesta dolencia del espíritu que sólo existe en nuestro país. De ella, y sólo de ella, trata, en definitiva, este libro, que no habría podido escribirse a cuento de ningún otro lugar del mundo.

Repaso —releo— uno por uno los hechos, palmarios, y los argumentos, incontrovertibles, esgrimidos por Luis Martos, y vuelvo a darle la razón en todo.

O en casi todo, porque sólo Dios, si existiera, sería infalible.

Veamos...

¿Es la Iglesia, como el filósofo sostiene, el vector histórico que lo explica todo, el único o, cuando menos, el principal factor del salvajismo, la incompetencia y la aristofobia hispánicas?

Ahí, seguramente, mi más significativo punto de disenso, pues catolicismo hubo, a granel, en otras partes, y en ninguna de ellas —toda Europa— causó el estropicio ético y político, tierra quemada, que aquí dejó tras de sí.

Cierto es, y también Luis Martos lo apunta, que la Iglesia española fue, por así decir, casi cismática, heterodoxa, rebelde, crudelísima, esquinada, distinta a todas y más papista que la del Papa, a quien muy a menudo, rebasándolo por elevación y pecando por exceso, desobedeció, pero es precisamente ahí, mi querido Luis, donde está el intríngulis. ¿Por qué, te pregunto, pasó eso? ¿Por qué el catolicismo español marcó territorio propio, tomó distancias respecto a Roma, se excedió en la dosis del dogma, la Inquisición y el tentetieso, se erigió en brazo armado (¡y tan armado!) de la cristiandad y desencadenó, frente a las razonabilísimas disidencias de Lutero y los apacibles argumentos del erasmismo, una Contrarreforma brutal que nos arrojó a las cunetas del fecundo proceso de ilustración emprendido (o reemprendido) en el Renacimiento por Europa? ¿Por qué el Santo Oficio, que nunca entre nosotros persiguió a brujas, hizo suyas aquí —adelantándose a todos los demás— las nauseabundas operaciones de limpieza étnica que luego practicarían los totalitarismos de uno u otro signo y se convirtió, de por vida, que fue larga, en esa Organización con mayúscula que tu libro, Luis, denuncia y que tanto se parece a la que inventara Orwell en su novela *1984*? ¿Por qué —todo eso— aquí y sólo aquí? ¿Por casualidad, por capricho, por mala pata? Esa receta no cuela, y tú lo sabes. Todo, así en la historia como en la naturaleza, es causalidad. Las cosas siempre tienen un porqué. El azar sociológico no existe. Tampoco el antropológico. El principio de indeterminación sólo rige, si es que lo hace, en el ámbito de la física, no en el de la psicología, sea ésta freudiana, adleriana, junguiana o lacaniana. Algo —algo raro— pasaba aquí, en la península Ibérica, antes de que llegara el cristianismo, pues éste, de no ser así, no se hubiera transformado en lo que se transformó ni hubiese dejado la funesta, nítida e indeleble impronta que dejó.

¿Era ese virus, por desventura, *altamirensis*, congénito, paleolítico, prehistórico, insoslayable, cultivado *sub specie aeterni* y anterior, por ello, a Gárgoris, a Fenicia, a Grecia, a Cartago, a Roma?

Apaga, en tal caso, y vámonos con la murga a cualquier parte, porque con tal esencialismo o brujería no sería serio ni posible lidiar.

¿Lo trajeron los bárbaros?

Cristianillos eran éstos, aunque de Arrio, y los visigodos se avinieron después a pasar por el aro de Nicea, de modo que...

¿O no sería más cierto atribuir el *engrama* de la protervia ibérica al líquido amniótico del monoteísmo de raíz mosaica (otro no hay) que por judío, por musulmán y por cristiano fue en España tres veces más fangoso, caudaloso y pegajoso que en cualquier otro sitio?

Si eso no es ya, en sí mismo, una guerra civil, interior, endógena, fraterna, que bajen los tres dioses y lo digan. ¿Trinidad? Sí, la que forman Yavé, el Páter Nóster (y no putativo) de Jesús y Alá, y milenario odio entre hermanos, aunque no lo fueran de sangre éstos, en España, ni hubiesen mamado todos la misma leche. O lo que tanto monta (o, si se me apura, peor aún): odio entre correligionarios, entre cofrades, entre vecinos, entre socios del mismo club y jugadores del mismo equipo, entre costaleros que llevan en andas diferentes advocaciones de la misma Virgen e ídolos o fantoches sustancialmente idénticos, pero vestidos con distinta ropa. El monoteísmo es centrípeto, agresivo, posesivo, celoso, apostólico, excluyente, ladrador y mordedor. Infinitas son las guerras absurdas, carentes de causas concretas, que se han desencadenado en su nombre. Las de Sudán, Iraq y Afganistán son, de momento, las últimas, pero vendrán otras. Esa fe, la monoteísta, es pensamiento único, sordo a la verdad ajena, matriz de los llamados *delitos de opinión*, que son barbarie jurídica, y quienes, blandiendo la Biblia, los Evangelios o el Corán, la profesan, arremeten no tanto contra los politeístas, a los que miden con la vara de la indiferencia y arrinconan con una sonrisilla de superioridad, cuanto contra quienes adoran a su mismo y único dios, pero le ponen distinto nombre. Durante muchos siglos, en la famosa España de las Tres Culturas y también en la que dejó de serlo a partir de 1492, los cristianos odiaban a los moros, los moros odiaban a los cristianos y los judíos odiaban a los unos y a los otros y por los otros y los unos eran odiados. Zafarrancho de combate general y permanente, tres credos venidos de la misma cuna cacareando, engallando la cresta y persiguiéndose a picotazos y a hisopazos en el mismo corral desde el comienzo de la Alianza de Civilizaciones sellada por la traición del conde don Julián —reencarnado ahora en Zapatero— hasta la expulsión de los moriscos perpetrada *a contraespaña* en el siglo XVII por un rey estúpido e inane: Felipe III. Casi mil años justos no de macondiana soledad, sino de jaranera promiscuidad. ¿No vendrá de ahí, del triple monoteísmo, que incluye la Iglesia del cisma español y de la Contrarreforma, pero no se limita a ella, el *engrama* que condena al hombre ibérico a ser un lobo para sus compatriotas?

Me inclino, Luis, por esa hipótesis, aunque no puedo ni aspiro a demostrarla. Hazlo tú, háganlo otros. Yo ando ya por diferentes derroteros, distintos son mis intereses, me ocupo de otras cosas y, por edad, no me sobra el tiempo (a ti, tampoco), aunque lo haya tenido ahora para achacar de soslayo a todos los monoteísmos, y no sólo al católico, el origen de los males que ensombrecen el mundo. Aquí, en España, en Hispania, en Sefarad, en al-Ándalus, nos sirvieron tres tazas de tan dañina pócima.

Quedo a la escucha, Luis. No añado nada más a esta cuestión, no seguiré escrutándola ni haré por aventarla, pero me agradaría saber lo que de ella piensas.

Y sigo ahora repasando sucintamente lo tuyo.

¿Se transmiten los *engramas* de cerebro en cerebro, de padres a hijos, de abuelos a nietos, de generación en generación, aunque cambien, al paso de la historia, sus parámetros ideológicos, sus coordenadas sociopolíticas, la polaridad de sus referencias y el sentido de sus reflejos condicionados?

Yo, como tú, Luis, así lo creo, cualquiera que sea la razón —genética, aprendizaje, mímesis, karma, providencia, pero nunca el azar ni los dados de Dios— por lo que eso sucede. Jodorowsky, al que, como sabes, tanto aprecio, lo explica y lo aplica a la perfección en algunos de sus libros: nos movemos todos, revoloteamos siempre, dice, entre las frondas de nuestro árbol genealógico.

Sí, cierto, pero me queda una postrer e ínfima duda: si los castellanos y los portugueses son españoles de hecho, aunque no de derecho, como afirmó Camoens y tú haces tuyo, ¿por qué son los segundos gente de paz y de buen corazón, tranquila, amistosa, resignada, civilizada, sin codicia, sin acucia, sin envidia y ajena por completo a la tentación de las guerras civiles? Es un enigma. Son los portugueses tan ibéricos, sin duda, como nosotros y su historia es, en gran medida, paralela, cuando no común, a la nuestra, pero no parecen españoles. ¡Felices ellos! Y, como yo sí lo soy (español, digo, aunque también feliz), les tengo envidia.

¿Será, lo de ellos, porque su Reconquista fue, como dices, mucho más cómoda y más corta que la nuestra? Pues sí, por eso, probablemente y, además, porque su nación tuvo explícita fecha —la de 1139— de fundación, fraguó mucho antes que la nuestra y nunca tuvo que enfrentarse al comején de lo que aquí llamamos nacionalismos periféricos.

¿Españoles somos, amigo Luis, *los castellanos y los portugueses*? ¡Pues qué le vamos a hacer! Si Camoens lo dice... Pero yo, la verdad, preferiría ser portugués a secas.

Otras consideraciones...

¿Carecemos de memoria?

No sé, no sé, porque a veces pienso que la tenemos, para lo malo, demasiado viva. Y encima, ahora, quieren refrescárnosla para, aseguran, hacer justicia.

¿Justicia o sectarismo? ¿Justicia o partidismo? ¿Justicia o revanchismo?

La memoria puede dar pie a conductas repetitivas. Mejor

olvidar, guardándolas bajo siete llaves, ciertas cosas. Abrir fosas tal como se están abriendo es reabrir trincheras y, además, superstición de vivos que en nada ayuda a los muertos. Descansen todos —*todos*— en paz, aunque sea la de las tumbas sin nombre. España, cuando vivían, se la negó. Vuelve ahora a hacerlo. Nauseabunda es la guerra civil de las esquelas. Españoles, y sólo españoles, tenían que ser quienes la han declarado.

¿Mentimos y robamos? ¿En España?
¡Qué pregunta más tonta!

¿Confiamos sólo en la divina Providencia y en la lotería, a ser posible, del sorteo de Navidad?
El 23 de diciembre es el día en que más periódicos compran los españoles. Sociología de andar por casa. ¡Y tanto!
Curioso, ¿no?

¿Tenemos que estar siempre, por si acaso, «con la barba sobre el hombro» para ver quién nos sigue los pasos con el propósito de ponernos la zancadilla, birlarnos la cartera o asestarnos una puñalada a traición?
No seré yo, aprendiz de plumilla, quien le enmiende la plana a todo un Quevedo.

¿Somos tan cobardes, tan chillones, tan faltones, tan amigos de lo ajeno, tan aprovechados, tan volubles y tan pícaros como los *bandar-log* de *El libro de la selva*?
No es mal retrato ése. ¿Quién dijo que ya no hay monos, aparte de los que brincan por el Peñón, en la península Ibérica?

Los del Proyecto Simio, sin ir más lejos.

¿Se acabaron los cojones en la batalla del Ebro?

Según para qué. Los del alma, si es que alguna vez los tuvimos, se habían acabado mucho antes. En cuanto a los otros, no voy a pronunciarme, pero le preguntaré a Arturo Pérez-Reverte o a su prologuista José Perona si los horteras satisfechos poseen o han oído hablar de esas glándulas.

Me imagino la respuesta.

Lean a Luis Martos. Yo no voy a sacarle más jugo.

¿Me estaré volviendo loco? Lo digo porque desde hace unos meses tengo la constante e inquietante sensación de que todo lo que leo sirve a los fines de este libro. Hay junto a la pila de folios en que lo escribo una carpeta atiborrada de recortes y fotocopias cuyo grosor crece de día en día.

No sé ya qué hacer con ella. La abro, empero, una vez más y extraigo de su panza —al azar, a ciegas y con mano inocente de niño de buena familia que juega a las prendas— un artículo publicado por Andrés Ibáñez en el suplemento cultural de *ABC*. No sé la fecha. Habla de lo que mi libro habla, se titula «España o yo» y dice, entre otras cosas...

> Sé que nunca me va a ir bien en España. España, sin embargo, es mi fatal destino. Como aquel personaje de zarzuela, y aunque no tenga un cuerpo serrano, he nacido en España y soy español. Nunca me ha parecido que esto sea una virtud o una ventaja especial. No sé muy bien qué es España, porque tengo una mente visual y una cierta dificultad para las abstracciones.

No tengo una sensación clara de lo que es España. Amo la tierra, y los árboles y las flores que brotan de la tierra en que nací, que era tierra asfaltada al fin y al cabo, la tierra asfaltada de la calle O'Donnell.

Interrumpo un instante la cita. Yo nací en una casa que hacía esquina a esa calle y allí viví hasta los veintiséis años. Mi desazón aumenta. ¿Es Andrés Ibáñez o soy yo quien ha escrito este artículo?

Me salto unas líneas —sólo por abreviar— y sigo con él.

Es difícil no amar el lugar donde uno ha nacido, donde ha sido niño, donde ha aprendido a hablar. Pero ¿es esto España?

Yo sé que amo apasionada, devoradoramente, la lengua española. Amo su sonido músico y peregrino y sus palabras largas e intensas, amo su prosodia de barcarola y el laberinto diamantino de su sistema verbal, amo sus ambigüedades y sus precisiones, su materialidad y su transparencia.

Vuelvo a interrumpirme para exclamar: «¡Caramba! ¿Soy Ibáñez? ¿Ibáñez es Dragó?»

Regreso a él. O a mí.

Hay algo en España que me da miedo. Algo brutal, violento, solar, cruel. Algo que golpea y que insulta y que ríe. Una pasión por lo vulgar y lo grosero, por lo bajo y lo soez. Los que no participan de eso son ridículos, cursis, pedantes y se sienten superiores a los demás. ¡Pero yo no quiero ser así, no quiero ser cursi ni pedante ni sentirme superior a nadie! [...] España siempre me ha parecido un lugar feo y desagradable. Esto es algo completamente evidente si comparamos cualquier pueblo de España, al azar, con cualquier pueblo al azar de Inglaterra, Francia o Austria [...]. No entiendo a mis compatriotas. No entiendo su sistema de valores. Esto me sucede desde que tengo memoria. No entiendo, por ejemplo, esa pasión tan española por reírse de todo y buscar debajo de cada rosa una mierda de perro, como si la mierda de perro fuera más verdad y más real que la rosa. Nunca he entendido esa pasión española por no creerse nada y no creer en nada, esa visión fatalista que afirma «en el fondo, todos son iguales, todo es mentira», que aquí pasa por una muestra de gran sabiduría. Nuestra cultura es de burlas, de fantoches y de crueldad. Éste no es un país de hadas.

La belleza, lo sublime, la delicadeza, la magia, la música... No, nada de eso es España [...]. Marco Aurelio dice que hay una belleza en la aceituna podrida y en las babas del jabalí. Sí, también ahí hay belleza, pero ¿por qué sólo ahí? ¿Por qué siempre ahí? [...]

A lo mejor eso que yo llamo España no es en realidad España, sino yo. A lo mejor todo el mundo entiende lo que pasa menos yo. O a lo mejor nadie entiende exactamente lo que pasa. Como yo.

Y como yo.

¿Me estaré volviendo loco?

Andrés Ibáñez tiene la respuesta.

Otro recorte extraído de mi carpeta al tuntún. Será, espero, el último, porque no sólo estoy cansado, como Ibáñez, de ser español, sino que también lo estoy de escribir sobre España. No veo el momento de poner punto final a este libro.

Juan A. Herrero Brasas, del que sólo sé, porque el recorte lo dice, que es profesor de ética en la Universidad del Estado de California, escribía en *El Mundo* del 18 de diciembre de...

¡Atiza! ¡De 2003! Mi locura no empezó, como creía y dije, hace unos meses, sino que viene de mucho más largo. ¿Será posible? ¿Andaba yo ya, en tal fecha como la mencionada, culebreando alrededor de este libro cuya primera piedra no puse hasta julio de 2006?

Sea como fuere, el profesor Herrero Brasas publicó aquel lejano día un artículo sobre «El fascista que todos llevamos dentro» del que extraigo los siguientes párrafos:

> Es en el contacto directo con la Administración —alude el autor, como habrá de verse, a la española en general (aunque no sólo a ella), cualquiera que sea el color ideológico del gobierno de turno— donde el ciudadano siente de modo más crudo la inflexibilidad y la cruel indiferencia de las instituciones que supuestamente están para servirle. ¡Cuántas gestiones se podrían eliminar por inútiles, o bien se podrían hacer por correo o por transmisión electrónica! Pero la lógica dominante en la cultura del poder burocrático impone sobre el hombre pequeño, por usar la conocida expresión de Bertolt Brecht, el gran estrés y sacrificio de tener que viajar de un lado para otro y hacer colas aquí y allá [...]. Todo para que, en la mente de los paranoicos que han diseñado esas regulaciones, no quede ningún cabo, absolutamente ninguno, sin atar, ninguna posibilidad, ni remota, de que el ciudadano estafe al Estado.
>
> Son más los recursos que desperdicia la sociedad para satisfacer tantos requisitos innecesarios que los que perdería el Estado (es decir, la sociedad, en última instancia) con el puntual engaño de algunos. Así es como se entiende el asunto en otros países que funcionan mejor que el nuestro. Pero en España todo ciudadano es tratado por la Administración como un estafador en potencia. Y la consecuencia —no hace falta ser doctor en psicología para saberlo— es que la gente asume por intuición el papel que se le asigna.

En efecto: a tal señor, tal deshonor, porque quien roba a ladrones...

En Italia sucede lo mismo y supongo, aunque nunca me

he visto obligado a ir allí de ventanilla en ventanilla, que lo mismo sucederá en la dulce Francia: legado, en los tres países, de lo que algunos, en el mío, se atreven a llamar, con gracejo, *peste borbónica*.

Y napoleónica, habría que añadir, pues de esos dos regímenes viene el vicio contra natura del funcionariado. Durísimo es, por culpa de éste y de los políticos que por activa o por pasiva lo permiten, ser español en España.

Luis Martos también menciona el asunto.

¿Algo que objetar?

Adivina adivinanza: ¿quién y qué representa mejor, con más propiedad y autoridad, la España de nuestros días?

—¿La de los horteras satisfechos y desprovistos de atributos?

—Ésa.

—¿La del pelotazo y el ladrillazo?

—La misma.

—¿La de la telecaca y la caspa en los sobacos?

—Sí, pero no me la eche encima.

—Me lo pone usted muy fácil. Nadie más español que el Pocero. Nada más representativo de España que Marina d'Or.

—¡Premio! Ha ganado usted un pisito en Seseña y un vale de *vacaciones todo el año*.

—¿Puedo disfrutarlas en chancletas?

—Son preceptivas.

«¿Arriba España?»

Acerté poniendo el epígrafe de la tercera parte de este libro entre signos de interrogación. Y es que, por más esfuerzos que haga, y créanme si les digo que los hago, no consigo verle la gracia a mi país. ¿Será que no tiene ninguna? ¿Estoy ciego? ¿Es culpa mía? ¿Carezco de sensibilidad, de empatía, de chispa, de sentido del humor? ¿A qué podría agarrarme?

Y el caso es que hubo una época en que España no sólo me gustaba, sino que me fascinaba: la del exilio. Pero puse fin a éste, regresé, recorrí el país, escribí su historia mágica, hice programas de radio y de televisión, tuve éxito, me convertí en escritor por todos conocido y por muchos reconocido, recibí premios y palos, subió la izquierda al poder, pasó éste a los ordenadores, se modernizó vertiginosamente España y, poco a poco, el hechizo inicial por ella suscitado fue trocándose en lo que ahora siento y este libro expone: aversión, antipatía, cólera, pesimismo, descorazonamiento, vergüenza de ser español y ganas de coger el portante, poner distancia por medio y volver, ya para siempre, al exilio.

Son éstas, lo sé, palabras duras, que ojalá pudiese retirar o, por lo menos, mitigar. Lo intento. Miro a mi alrededor, busco y rebusco dentro y fuera de mí, husmeo, revuelvo, escarbo y llego, por fin, a la conclusión, simultáneamente esperanzadora y desconsoladora, de que en la España de hoy sólo hay dos cosas que tiran de mí, que me atan, que me envuelven, que me cierran el paso y me impiden, ya con el pie en el estribo, la fuga definitiva, aunque no el recurso a períodos de descompresión y recuperación, y que me constriñen, por mucho que reniegue, forcejee y patalee, a seguir sintiéndome español.

Español que habla mal de España, pero español.

Español al que le duele España, pero español.

Español a quien España le disgusta, pero español.

Español que prefiere vivir en el extranjero a vegetar, renegar y languidecer en su país, pero español.

Español que se siente egipcio, japonés o hindú, pero español.

Español que no soporta a sus paisanos, pero español.

Español como Unamuno, como Ortega, como José Antonio, como Luis Martos, pero español.

Español de buena voluntad, no *de puro bestia.*

Español sin envidia ni aristofobia.

Español con cojones: los de la batalla del Ebro y los del Alcázar, los de Viriato y los de Hernán Cortés. Son los mismos.

Español, sin embargo, de la tercera España: la que no desencadenó la guerra civil ni intervino en ella, la que se lavó las manos sin tenerlas sucias.

Español deseoso de escuchar las viejas palabras, de resucitar los antiguos modales y de recuperar los eternos valores de la verdadera condición humana.

Español castizo e ilustrado.

Español culto, pero no multiculturalista.

Español singular y múltiple, español de Soria, español de los barrios madrileños de Maravillas y Salamanca, español catalán, español vascongado, español gallego y andaluz, español de España.

Español sin himno y sin bandera, porque la una y el otro son tontunas, pero español.

Español que se pone camisetas de apátrida, pero español.

Español con tierra, con padres e hijos, con antepasados y descendientes, con costumbres, con *genius loci.*

Español de una patria con vértebras y sentido común.

Español de una España que no sea problema, sino hogar.

Español inteligible y razonable.

Español amistoso.

Español que no se sienta obligado a escribir *a contraespaña.*

Español capaz de escribir *Loor de España.*

Español que se atreva a escribir *Arriba España,* sin que por ello lo llamen falangista, entre signos de admiración y no de interrogación.

Dos ataduras, dos anclas, dos raíces, dos vínculos, dos adicciones, decía...

O mejor: dos sacramentos que imprimen carácter, como al cristiano el bautismo y el sacerdocio, y que por ello me obligan, quiéralo o no, a ser español hasta el día de mi muerte, y aun después de ella, ante los ojos vivos de cuantos de mí guarden memoria.

Una nación lo es sólo por sus fronteras geográficas, por estar sometida a organización, administración y leyes propias, porque sus ciudadanos se sientan partícipes de un proyecto más o menos sugestivo de vida en común y porque las demás naciones, mayoritariamente, aunque alguna salga a veces por peteneras, la reconozcan como tal.

Una patria, en cambio, lo es sólo por lo apuntado más arriba: por sacramentalidad o sacralidad y esencialismos que le impriman carácter inherente, substancial, patrimonial e intransferible y confieran, por ello, voluntaria o involuntariamente, a sus habitantes rasgos de identidad distintos —no mejores ni peores... *Distintos*, digo— a los del resto del mundo.

Por eso hay menos patrias que naciones, pues muchas, entre estas últimas, carecen de sello personal —de garantía de origen— y en nada se distinguen de las que les son cercanas.

¿Spain is different? El eslogan no tiene buena prensa entre quienes lo asocian con el franquismo, lo que es absurdo, porque sólo fue turismo (ramplón, pero el turismo siempre lo es, sobre todo cuando viene, como era el caso, y lo sigue siendo, en alpargatas) y entre quienes confunden, para ponerse moños cosmopolitas, la modernización con la homologación y la honorabilidad con la uniformidad.

Guste o no, España *fue* diferente, y como tal la sintieron, y por eso la visitaron y buscaron en ella inspiración pictórica, musical y, sobre todo, literaria, los viajeros románticos, los de la generación perdida, los de la guerra civil y las Brigadas Internacionales, y muchos otros, pero luego, poco a poco, aún en vida de Franco, y torrencialmente a partir del mismo día en que murió, hizo cuanto pudo, que fue mucho, para dejar de ser lo que había sido y llegar a ser lo que sus vecinos del norte y el resto del mundo desarrollado, con sus luces y sus sombras, eran.

En ese proceso de convergencia con lo foráneo y despersonalización generalizada, que no voy a valorar en lo que tuvo de bueno ni de malo, pues no es ése el asunto de este libro, desapareció casi todo lo que de casticismo, tradición y *diferencia* nos quedaba, pero algo, por los pelos y entre magulladuras de desigual cuantía, sobrevivió. Ese algo —la España Eterna, en definitiva, aunque alicorta ya, despeluchada, acoquinada, acogotada y reducida a la raspa— es lo que nos permite (o *me* permite) seguir sintiendo como patria un país que todavía es nación, pero que en un futuro no muy lejano podría dejar de serlo.

Lo uno —patria— y lo otro: nación.

¿De qué hablo? ¿A qué o a quiénes aludo? ¿En qué somos, aún, *esencialmente* distintos? ¿Por qué me siento, pese a todo lo que *a contraespaña* llevo dicho, español? ¿Por qué me contradigo hasta tal punto? ¿Qué es para mí, sacramentalmente, identitariamente, ineluctablemente, la patria?

Para mí, digo, y lo recalco, porque sospecho que para nadie más lo será, al menos por el segundo motivo de los dos que me dispongo a aducir.

El primero es de cajón, y no requiere, por ello, de comentario alguno. Me refiero a la lengua, de la que siempre se ha dicho que es la verdadera patria del escritor.

Del escritor y del hombre.

Lo es, en efecto, y aunque la mía, la española, se hable también en otras patrias —o sólo, quizá, naciones— y ande, la pobre, adentellada y maltratada, es para mí un sagrario y a él me acojo. Bastaría con eso, con la españolidad del idioma en el que escribo, para que me sintiese español. Como decía Dámaso Alonso, del que fui alumno, en un soneto que cito con la veneración que su autor se merece, «yo hice el mundo en mi lengua castellana».

De ella he hablado ya, con pesadumbre, por su mala salud, en otras partes de este libro. No añadiré nada. Sería superfluo. Volvería a decir lo que antes dije y lo que cualquier otro escritor diría.

El segundo sacramento es la Tauromaquia.

—¿La tauromaquia, Dragó? ¿He oído bien?

—Ha oído usted perfectamente, pero escríbalo, por favor, tal como yo lo he escrito, con mayúscula.

—¿Se refiere a los toros?

—Así los llama el pueblo.

—¿De verdad es ése el único motivo, aparte de la lengua, por el que sigue usted sintiéndose español? ¿Habla en serio o lo dice de coña?

—Coñón, en efecto, soy, pero hay cosas con las que nunca jugaría, aposentos del alma inviolables, tabernáculos. Sepa usted que soy hombre religioso, que lo fui ya de niño, que lo he sido siempre y que sólo en ese ámbito interior, ajeno a las Iglesias y a las Escrituras, he sabido y sentido a veces, sólo a veces, lo que es la dicha absoluta, la suprema felicidad, el éxtasis, la revelación del Conocimiento, la embriaguez de Dioniso, el sonido de la flauta de Pan.

—Frene, frene, Dragó, no se dispare, vuele a ras de suelo y responda a mi pregunta.

—Ya lo he hecho. La religión, practicada como el místico la entiende, es el único norte de mi vida, su trama oculta, su clave, su secreto. Sume lo que acabo de decirle a lo que antes escribí y tendrá la respuesta a su pregunta.

—¿Se refiere a lo de la Tauromaquia entendida como sacramento?

—Sí. A eso aludo.

—¿Se da usted cuenta de que muy pocos aficionados, si es que hay alguno, suscribirían tan peregrina opinión?

—Lo sé de sobra.

—¿Y no le inquieta?

—No, porque no es asunto mío. Allá ellos. Cada uno ve en las cosas lo que él es y no lo que las cosas o los demás hombres son. La mirada siempre es interior. Por eso decía el Principito que lo esencial es invisible a los ojos. Yo no busco prosélitos ni cómplices. Siento en los toros lo que siento, que es inefable, inexpresable, y ya está. A nadie quiero convencer de nada.

—Tampoco habrá, supongo, muchos toreros que piensen como usted.

—Ninguno, que yo conozca. Pero lo de *pensar* lo dice usted. Yo he hablado de *sentir*. La vida es una emoción que se experimenta, pero que no se explica ni se comparte.

—¿Sienten, entonces, los toreros, al torear, lo mismo que usted, al verlos, siente?

—No lo sé. Son cosas íntimas. Nunca me han hablado de eso ni yo se lo he preguntado. Tiendo, en su presencia, a enmudecer. Los toreros me imponen y son, además, gente de pocas palabras. Lo suyo es torear, no reflexionar sobre el toreo ni, menos aún, explicárselo a los pelmas y seres inferiores que mosconeamos a su alrededor y no somos capaces de plantar cara, alma, taleguilla, paquete, valor y muleta a los pitones de un cuatreño. Los pájaros, amigo mío, no son ornitólogos. Saben volar, pero no tienen por qué saber lo que es el vuelo. Esperar de ellos eso sería como pedir a los críticos literarios que fueran escritores. *Age quod agis*, decían los romanos, y déjate de historias.

—No me líe, Dragó. Déjese usted, más bien, de filosofías, no se arrope en la mística, salga de ese burladero, pise la arena y cíñase al burel. Si se cerrasen las plazas de toros por decisión gubernativa, por deserción del público, por extinción de la especie, por invasión de los ultracuerpos —sé que a usted se lo parecen— antitaurinos o por lo que fuera, ¿dejaría de sentirse español?

—Ipso facto. Y, además, me enfadaría mucho, me deprimiría, pensaría en suicidarme y me iría definitivamente de España con todos mis diccionarios y máquinas de escribir a cuestas.

—¿Y su gato *Soseki*?

—Me lo llevaría. Yo nunca abandono a los míos.

—Cosas que se dicen y que el viento se lleva.

—¿Lo del gato?

—No. Lo otro.

—Puede. Admito que lo del suicidio es una exageración y que lo de irme de España para nunca más volver es cosa que no está a mi alcance, ni al suyo, ni al de Naoko, ni al de *Soseki*, porque nadie puede irse de un lugar que ha dejado de existir.

—¿Habla usted en serio?

—Más que nunca.

—¿Cree de verdad que el país se extinguiría si desapareciesen de él las corridas de toros?

—El país, no, y la nación, tampoco. Se extinguiría la patria.

—¿La patria? ¿Qué patria?

—La mía. La suya, guárdesela.

—¿Qué sería a sus ojos, en tal caso, España?

—Un topónimo, una península, un solar baldío, un lugar sin genio, un *flatus vocis*, un globo deshinchado, un mustio collado, un mito, una leyenda, un bulo, una piel flácida de toro manso, emasculado, degollado y abierto en canal.

—¡Caramba! Pues sí que se lo toma usted a pecho...

—Ya ve.

—¿Qué les diría a los antitaurinos?

—Nada.

—¿Le increpan?

—Sí.

—¿Y qué hace cuando lo hacen?

—Sonreír y contemplar el espectáculo. Nunca discuto con nadie, y menos con quienes creen que insultar es razonar.

—¡Pero dicen que de la discusión nace la luz!

—Discutir es opinar, y yo soy demasiado viejo para esa brega. A mi edad no se tienen opiniones, sino convicciones.

—¿La convicción, por ejemplo, de que la Tauromaquia es en sí misma algo tan singular y tan importante como para convertir una nación en patria?

—Usted lo ha dicho.

—Deme razones.

—¡Y dale!

—¡Qué difícil me lo pone usted, Dragó!

—Insista. El que la sigue...

—Me conformo con que me responda a una sola pregunta.

—Soy todo oídos.

—¿Le parece la Tauromaquia un proyecto sugestivo de vida en común?

—Eso, justamente, es la *afición*: hermandad, sentimientos afines, valores compartidos... Mire, ya que me tira de la lengua, voy a darle pan para sus dientes y pienso para que piensen los antitaurinos antes de embestir y sepan, al menos, por qué lo hacen, por qué no nos entienden, por qué nos insultan, por qué nos odian, por qué, si pudieran, nos llevarían al paredón, por qué es la envidia, la aristofobia, españoles al cabo, lo que los mueve y por qué nosotros al verlos, al oírlos, nos limitamos a sonreír, a entrar en la plaza y a buscar acomodo en sus tendidos.

—Tome aliento.

—Me sobra.

—¿Qué pintan la envidia y la aristofobia en todo eso? ¿Son ustedes, los aficionados, superiores al resto de los mortales?

—Somos distintos, somos náufragos de la Edad de Oro, somos la disidencia, la resistencia, los últimos emboscados, los francotiradores, los que no humillan el testuz ante la mugre de la corrección política, los supervivientes del mundo arcaico y heroico de los titanes y los dioses, los mitos y los ritos, Dionisio, Baco, la libertad de costumbres, la embriaguez sagrada, el espíritu de aventura, Jasón, Teseo, Eneas, Orestes, Sinuhé... ¡La afición, señor mío! Un cuerpo de almogávares, los de Baler, los de El Álamo, el coro de la tragedia griega, los compañeros de Ulises, los que con fiebre en el alma y el hálito en suspenso presenciaron, desde los muros de Troya y los cuarteles de los aqueos, el combate entre Héctor y Aquiles. ¿No cree usted que con todo eso basta y sobra para hacer patria y sentirse parte de un proyecto sugestivo de vida en común?

—Dragó...

—¿Sí?

—Nadie diría, escuchándole, que es usted viejo.

—No lo soy. Los toros dan energía. Son un elixir.

—Antes dijo que lo era.

—Por edad, pero no dije que me sintiese viejo. Stevenson sostenía que siempre se muere joven.

—¿Cómo los toreros lo hacen en la plaza?

—Por ejemplo. O como lo hizo el propio Stevenson, corriendo su última aventura en una isla de los mares del Sur.

—¿Dónde vio usted su primera corrida de toros?

—Fue en Las Ventas.

—¿Quién le llevó?

—Hemingway.

—¿En persona?

—¿Son personas los libros?

—A veces, sí.

—Tiene razón. Me llevó una de sus novelas.

—*¿Fiesta?*

—*Fiesta.*

—¿Fue aquella corrida un flechazo?

—No. Fue algo más. Fue una semilla.

—¿De qué?

—De todo lo que le he dicho: de embriaguez sagrada, de lucidez, de fraternidad, de felicidad, de éxtasis...

¿De éxtasis?

Lo aclaro:

En griego de nuestros días éxtasis significa *parada*... De autobús, incluso, o de lo que sea. A su conjuro se detiene el tiempo y los usuarios se suben a un vehículo que los conducirá a un lugar lejano: el del arrobo o estado de conciencia alterada y situada fuera del mundo sensible en el que se sumerge el aficionado cada vez que el torero cita, para, templa, manda, liga y carga la suerte, respetando los cánones y, a la vez, reinventándolos, frente a los pitones de un toro bravo.

Ése es, de todos los momentos y emociones que la vida me ha ofrecido, el que yo prefiero, el más estimulante, el más revelador y embriagador, el más excelso, el que más felicidad me ha dado, el que más me dolerá perder cuando la muerte se me lleve.

«Y yo me iré —decía Juan Ramón— y se quedarán los

pájaros cantando», y José Tomás, o el que lo herede, seguirá toreando al natural, de frente y por derecho con el alma puesta en el punto de la plaza donde otros sólo ponen la muleta y, si acaso, que no es poco, la mirada, la femoral y los testículos.

A nadie quiero convencer de nada. El apostolado, en el toreo, es ocioso. Dirijo sólo este cantar a quienes conmigo van. Las emociones no se explican: se sienten, y quien no sienta en la plaza lo que sentimos los aficionados, jamás lo sentirá ni lo entenderá. Déjenos en lo nuestro, dedíquese a otras cosas.

La Tauromaquia es —por encima de cualquier otra definición o comparación posibles, y son muchas las que le cuadran— un sacramento. Vale decir: la manifestación de algo visible que provoca en quien lo ve (y más aún en quien lo genera) un estado de gracia procedente de lo invisible. El torero es un místico que al torear levita, el espectador es un devoto y la faena es un trance.

Echemos mano del catecismo, repasemos —aunque cabría irse a otros ámbitos, pero con éste basta— la lista de los sacramentos que la Iglesia de Roma nos propone.

Bautismo: el torero borra el pecado original —que es el de la cobardía, el de negarse a admitir que toda vida es, por definición, *pericolosa* y no tiene más horizonte que la muerte— y busca, como lo hizo Teseo al perderse en el laberinto de los lances, los terrenos y los tercios del Minotauro, su propio centro de gravedad. Es la apuesta y la ruta —la tentativa del hombre infinito— del *nosce te ipsum* («conócete a ti mismo») y del *ne te qaesiveris extra* («no te busques fuera de ti») para no haber vivido en vano.

Confirmación: el novillero es sólo un catecúmeno. Hay que tomar la alternativa y confirmarla después en la basílica del Vaticano de Las Ventas y ante un obispo de Roma —el que la preside— para llegar a ser torero de verdad.

Sacerdocio: a partir de ese instante —el de la alternativa y su confirmación— ya no hay vuelta atrás. Se ha cruzado el Rubicón, la suerte está echada, la ceremonia imprime carácter y el torero es ya, y lo es para siempre, del mismo modo que el cura sigue siéndolo aunque ahorque los hábitos, matador, maestro, sumo sacerdote, *pontifex maximus*, hierofante.

Penitencia: el torero se confiesa —revela su personalidad— en público, y frente al público, y éste lo perdona con el *ego te absolvo* del silencio, lo premia con los olés y los pañuelos o, cuando a su juicio peca, esto es, cuando conculca los cánones de la doctrina, del dogma o del devocionario de la Tauromaquia, le impone la penitencia del silbido, del abucheo, de la bronca, y le niega —impidiéndoselo— hasta el saludo.

Matrimonio: el torero es *yin*, mujer, cuando hace el paseíllo y se pavonea, cuando se adorna, cuando embarca al animal en el vuelo —verónica o no que sea— de su falda, cuando ofrece la taleguilla y abre el compás de sus piernas para que el toro —macho, varón, *yang*— se encele, acuda al reclamo de la hembra y embista su ingle con el falo de los pitones. Luego, a lo largo de la corrida (¿*corrida*?), van cambiándose las tornas por contacto, por ósmosis, por empatía, por trasvase, por contagio, por restregón y achuchón, hasta formar —el torero y el toro— volcándose, recibiendo o al encuentro, lo que el latino llamaba *monstruo de las dos espaldas*. ¿Tercio de muerte o tercio de cópula? El estoque, erguida verga de curvo bálano, se hunde hasta la cruceta en el hoyo o coño de las agujas, *golfo de sombras* éste (lo dijo Alberti) que tiene, como el pubis femenino y el símbolo del feminismo, forma de triángulo isósceles.

El torero, tras consumar así el matrimonio, se yergue, jaquetón, y el toro, convertido en esposa desflorada, se derrumba con las patas por alto mientras los ojos se le vidrian al sentir que lo inunda el orgasmo de la muerte. De la herida, por cierto, brota sangre: la del himen.

Eucaristía: a las cinco de la tarde (a las siete hoy, pero sigue siendo la hora lorquiana de Ignacio Sánchez Mejías), cuando el sol inicia el declive del crepúsculo y con él se retira la energía de esa metáfora del mundo que es el ruedo, la sangre derramada actúa como savia sabia que mantiene la vida del planeta durante el letargo nocturno. Y así la Tauromaquia, transformándose en Pascua de Resurrección, nos redime como la comunión al feligrés e impide la muerte de la naturaleza y la extinción del ser humano.

Por cierto: la carne del toro —rabo, por lo general (va con segundas... ¡Curiosa felación!)— se come, convertida en sagrada forma y acompañada por copiosas libaciones de vino tinto, que parece sangre, altera nuestro estado de conciencia, nos ayuda a encontrar y proclamar la verdad —la *veritas* del borracho— y, para colmo, como el grial, se sirve en cáliz. ¿Dije eucaristía?

Embriaguez divina, religión, sacramentalidad, éxtasis... Nadie, en consecuencia, se extrañe si añado ahora que la reaparición de José Tomás el 17 de junio de 2007 en Barcelona fue para la afición algo similar a lo que la parusía —la segunda venida— representa para los cristianos. El regreso del Redentor, el retorno del Jedi, la llegada del Reino prometido, la Resurrección de la carne y de la idea de España allí donde ésta corre más peligro. ¡Toree luego don José —el Mahdi, Kalki, Maitreya, Quetzalcoátl— en la Maestranza, en Bilbao y en Las Ventas como sólo él sabe torear, y el milagro se habrá consumado!

Y, por último, *extremaunción*... Encontrábase cierto día José Tomás en el domicilio de Joaquín Sabina, haciendo sobremesa y velada, cuando a uno de los contertulios se le ocurrió lanzar la pregunta de cómo y dónde preferiría morir cada uno de ellos. Fue pasando la vez y la voz, llegó el turno del torero, reflexionó éste, abrió una pausa con orla fúnebre y, recreándose en la suerte de la respuesta dijo:

—En la plaza.

Ante eso, por mi parte, sólo cabe una reacción. La de exclamar lo mismo que exclamó Dalí cuando, al volver a España tras la guerra, se enteró de la muerte de su amigo Federico y, consciente de que aquella estocada asesina era el perfecto remate de la extraordinaria faena compuesta por la vida y obra de Lorca, apostrofó:

—¡Olé!

La Tauromaquia como sacramento: aquí lo tienen, y por partida séptupla. Quizá no esté yo tan loco como a mi imaginario interlocutor, hace unas páginas, se lo parecía, al menos en lo relativo a la sacramentalidad de las corridas de toros, aunque seguro que se lo seguiré pareciendo en lo concerniente a la identificación de éstas con España.

Pero, ¿no son ocho, en realidad, ahora que lo pienso, los sacramentos del cristianismo, única religión mayoritariamente profesada por los españoles desde que España existe, si incluimos en la lista el sacrificio de la misa?

Leamos lo que a propósito de ella, y de los toros, escribí en el último capítulo de *Gárgoris y Habidis*. Eso fue hace más de treinta años, pero no quitaría una coma a lo que entonces dije...

> Las corridas de rumbo coinciden con efemérides cristianas de solemnidad y las de ordinaria administración suelen celebrarse en domingo. El animal de lidia tiene que ser físicamente perfecto —tal como se exigía en los sacrificios de las antiguas religiones— y de ahí la contumaz querella del *afeitado*, en cuya prohibición nadie busca más peligro para el torero ni vindica a favor del toro un *fair play* absolutamente desprovisto de significado en el contexto de una ceremonia donde las cosas transcurren y se contemplan *sub specie aeternitatis*. El matador o *maestro* alcanza dicha condición después de cubrir un

arduo itinerario iniciático y de someterse a un protocolo de investidura: *dar la alternativa* equivale a una transmisión de los poderes detentados por los miembros de una casta inaccesible, cuya insignia es la coleta. El traje de luces no persigue la geometría de la funcionalidad, sino la sutileza antieuclidiana del adorno. Y únicamente la indumentaria del torero lleva metales nobles (como la ropa talar de quienes en redondel harto distinto perpetran la liturgia de la misa), mientras los capotes de paseo reproducen por su forma e intención las capas pluviales de los canónigos. El matador, por añadidura, se viste paladinamente y de acuerdo con las exigencias de un intrincado ritual, y después, ya en la plaza, se descubre como lo haría cualquier varón católico al entrar en una iglesia (me pregunto si las *toreras* de hogaño repetirán mecánicamente el gesto o, con mejor lógica y mayor modestia, llevarán velo de tul). *Olé* viene de *Alá*. El público, a lo largo de la corrida, guarda silencio en determinadas ocasiones, interviene ruidosamente en otras, exige que la función transcurra por sus pasos, monta en cólera cada vez que se conculcan los cánones y exterioriza su reprobación por medio de un lenguaje gremial inasequible al profano. Los matadores rezan antes de salir al albero y en su linde se santiguan mascullando el augurio de *que Dios reparta suerte*. El paseíllo configura la solemne procesión de sacerdotes y monagos que descorcha (o descorchaba) las misas de postín. Hay lances que se ejecutan genuflexos. El brindis remite el toro a un numen hoy desconocido, pero representado a tal efecto por la autoridad laica de quienes en esta centuria de irreligión ocupan a los ojos del vulgo la cátedra de los dioses o se sientan (por lo que hace a la corrida) sobre el pedestal de un palco con perifollos. Y viene el primer tercio. O sea: la *probatio*. El animal, cuya solvencia física se ha medido en la prueba de la capa y la garrocha, adquiere el irreversible derecho a figurar como cabeza de turco en la hecatombe. El *ofertorio*, indispensable en las apoteosis propiciatorias, se produce cuando el matador, antes de recurrir a la muleta, solicita la venia del presidente. Los clarines, a todo esto, anuncian y escanden los capítulos del ritual como lo hacen las campanillas en la iglesia. La concesión de orejas y rabo corresponde a la costumbre pagana de entregar los despojos de la víctima expiatoria al sacerdote que la degolló. Y mientras tanto, los espectadores ocasionales (verbigracia: un japonés provisto de cámara y prismáticos) no sólo desentonan como un orzuelo en la policromía de los tendidos, sino que además exasperan e insultan a la *parroquia* (locución, por cierto, que sola se encarece). Salta a la vista —dicen los hermanos Holguin, en cuyos escritos bebí bastantes de estas correlaciones—[58] que «la corrida no es una diversión sino algo tremendamente serio». Y apuntan, con justicia, que ese espectáculo no divierte a nadie, pero interesa y apasiona a muchos.

Dice *El libro negro* de Papini: «El triunfo sobre la fiera sensual y agresiva es la proyección invisible de una victoria interior. La corrida constituye, por lo tanto, el símbolo pintoresco y emocionante de la superioridad del espíritu frente a lo material, de la inteligencia frente al instinto, del héroe que sonríe frente al monstruo de espuma en el belfo o, si así lo preferimos, del sabio Ulises frente al cíclope ignorante. De ahí que el torero actúe como ministro en una ceremonia de inequívoco saber religioso. Su espada no es otra cosa que la última descendiente del puñal cultrario esgrimido por los antiguos sacerdotes.»[59] Desde esta perspectiva no pueden sorprender las coincidencias entre la misa y la Tauromaquia (como no sorprende el sacrilegio de que se hayan lidiado toros en el interior de las catedrales). La de Palencia suministra un ejemplo clásico: en ambos convites se trata de organizar una apoteosis litúrgica en torno a la muerte de un dios. «Y así como también el cristianismo enseña a los hombres a liberarse de los instintos bestiales que en ellos sobreviven, nada hay

58.   Andrés y Carlos Holguin, *Cultos religiosos y corridas de toros,* Bogotá, 1966.
59.   Giovanni Papini, *El libro negro,* Luis de Caralt, 1967.

de extraño en que un pueblo católico como el nuestro concurra a este juego sacro incluso sin comprender a las claras su íntima significación espiritual.»[60]

En los dos textos transcritos —el del toreo entendido y practicado como éxtasis, que se escribió para este libro, pero que apareció hace unos meses en *El Mundo*, y el fragmento de mi *Historia mágica de España*, que se publicó en 1978— se mencionan y proponen, directamente o entre líneas, todos los viejos *valores* que Sarkozy se ha atrevido a proponer y mencionar en Francia, que lo han llevado a la presidencia de su país, que le han permitido reinventar la República y la política, que han desaparecido de la España Hortera y Zapatera, y que todos los españoles —socialistas, izquierdistas e independentistas incluidos— dicen echar de menos.

Si la Tauromaquia es escuela de valores éticos, y no sólo, como muchos piensan, estéticos, y si la idea de patria —en cuanto proyecto sugestivo de vida en común— también lo es...

Sume el lector ambas premisas y llegue por su cuenta a la conclusión del silogismo.

Quizá no esté yo tan loco como lo parezco ni siquiera en lo concerniente a la afirmación de que, en España, los toros son cuanto nos queda de una patria que lo fue por tener carácter propio y ser diferente a todas.

Pero sé de sobra que, esté o no esté yo loco, locura, en efecto, es la de atreverse a decir en la España de Zapatero, de Carod Rovira y de Otegi que el toro bravo es nuestro animal totémico, el torero nuestro héroe genesíaco y arquetípico, el ruedo nuestras Cortes y la Tauromaquia nuestra única religión verdadera.

Suspiros de España.

60. *Cultos religiosos y corridas de toros*, p. 104.

De España y, como de costumbre, de las dos Españas, que entre españoles son siempre de recibo.

¿De las dos Españas? ¿Pero no estábamos hablando de toros? De toros o de lo que sea... Da lo mismo. «Aquí pasó lo de siempre. / Murieron cuatro romanos y cinco cartagineses.»

ABC, 4 de agosto de 2007, titular: «Un grupo de independentistas derriban el último toro de Osborne de Cataluña.»[61] Y debajo:

> MARÍA JESÚS CAÑIZARES. BARCELONA. Bajo el absurdo nombre de Hermandad Catalana La Bandera Negra, un grupo de jóvenes reivindicó ayer el derribo de la silueta del toro de Osborne instalada en el municipio de El Bruc (Barcelona), el único que quedaba en Cataluña y que para los grupos independentistas radicales es uno de los principales símbolos de «españolidad».
>
> No es la primera vez que esta silueta, emplazada en el kilómetro 576 de la autopista A-2, ha sido objeto de un acto vandálico. El 30 de junio de 2003, unos desconocidos serraron la mitad de la silueta de forma que sólo quedaron las dos patas. Previamente, el 12 de octubre de 2002, coincidiendo con el Día de la Hispanidad, dos jóvenes derribaron la figura. El toro volvió a ser instalado hace una semana. En esta ocasión, fuentes del Ayuntamiento de El Bruc advirtieron de que no la retirarán del suelo porque se trata de una propiedad privada. El dueño de la finca ha anunciado que presentará una denuncia, mientras que los Mossos d'Esquadra han abierto ya una investigación.
>
> Los autores de esta acción emitieron un comunicado en el que se jactan de haber limpiado la montaña de Montserrat de

---

61.   Fue ese día cuando decidí incorporar su efigie a la cubierta de este libro.

«la inmundicia cornuda española que pretendía ensuciarla». Añaden que «después de tres horas de buen y duro trabajo, a las seis de la mañana, el toro de Osborne de El Bruc ha caído vergonzosamente como un gigante con pies de barro». Tras el derrumbe, el conocido logotipo de la casa Osborne, que mide catorce metros de altura, fue «pisado, ultrajado y humillado por los patriotas que lo han vencido mientras por el horizonte salía un sol de justicia». Y advierten de que «cada vez que un símbolo español sea alzado, será abatido sin contemplaciones por los patriotas catalanes como muestra de nuestra voluntad irreductible de defender a ultranza nuestros derechos nacionales».

La conocida valla publicitaria, utilizada por Osborne desde 1954 y que se exhibe en ochenta y nueve puntos de España, se ha convertido en los últimos años en objetivo de los ataques de grupos radicales y protagonista de una surrealista pugna con el «burro catalán», una especie autóctona que los jóvenes independentistas utilizan como réplica al toro. Entidades como Liga Anticolonial o el Movimiento de Defensa de la Tierra están detrás de las pintadas que, en julio de 2005, aparecieron en el toro situado en L'Aldea (Tarragona) —hoy desaparecido— con la frase «puta España». En esa acción, la cabeza del animal fue decapitada.

¡Qué valientes son algunos! En la taberna, claro, y entre las faldas de sus mamás, catalanistas todas. A toro muerto, gran lanzada, y si es en efigie, aún mayor.

Y la Policía, y la Fiscalía, y los jueces, ¿dónde están?

Allanamiento de morada, delito contra la propiedad, injuria, calumnia, blasfemia, ultraje a los símbolos, atentado contra el patrimonio artístico, destrucción del mobiliario rural, delito ecológico, conspiración, alevosía, mal gusto, ignorancia y, sobre todo, idiotez.

Sólo cabe un comentario, por ellos mismos servido: ¡qué burros!

¡Qué burros, qué vacas y qué ovejas o borregos, cuadrúpedos todos, habría que añadir!

No es metáfora. Lo aclaro porque tengo otro recorte delante. Es una plana entera de *El Mundo*, publicada el 22 de agosto de 2005. Dos años y dos meses han llovido desde entonces. Supongo que las bobadas a las que alude habrán ido a más y a peor.

Me limito a reproducir el recuadro de cabecera, que sólo se alaba y no necesita adjetivos. Dice así:

> La vaca gallega, la oveja *latxa* vasca y el burro catalán luchan por desbancar al toro de Osborne en una pugna contra el «centralismo uniformador» a la que ya ha llegado el *merchandising*.

¡Y tanto! El mundo está lleno de mamíferos dispuestos a comprar cualquier cosa y a sumarse a cualquier sandez. Pocos eran y parió hasta Galicia.

¿No decía Aznar que España iba bien?

Sí, hay dos Españas, querella antigua, conflicto eterno, pero ya no son las de antes, las de siempre, las de la rabia y la idea, las de los rojos y los azules, las de Frascuelo y Paquiro, las del Madrid y el Atleti... ¡No, no, qué va! Ahora hay una España taurina y otra antitaurina. La primera no se mete con nadie, está siempre de buen humor y sabe de lo que habla. La segunda...

La segunda hace todo lo contrario. Dejémoslo así. No quiero ensañarme. Que se ensañe ella.

Pero hablemos un poco, ya que el asunto ha salido a relucir, de toros y de política, de la España taurina y de la España que se le opone y quiere dejar de serlo: la antitaurina.

No es nada nuevo. Lo dijo Ortega, lo dijo Pérez de Ayala, lo dijo Marañón, lo dijeron muchos: en España no cabe entender lo que se cuece en el horno de la política si no se mira al trasluz de lo que sucede en el albero de las plazas de toros. «Ruedo ibérico», añadiría Valle-Inclán, en ambos casos.

Así ha sido siempre y siempre será así. Tal era el ritornelo, sapientísimo, que impregnaba el discurso de *Sinuhé, el egipcio*, en las páginas de la mejor novela escrita en el siglo XX. Razón llevaban él y sus paisanos.

Lo que el pasado 17 de junio —día de la reaparición de José Tomás— sucedió dentro y fuera de la Monumental de Barcelona, y lo que previamente había sucedido (y venía sucediendo) en las bancadas, covachuelas y poltronas del Ayuntamiento de la misma ciudad, corrobora los dos asertos: el concerniente al paralelismo e interdependencia de los toros y la política, y el relativo a la inmutabilidad de la condición humana y el funcionamiento de la sociedad que de ella se deriva.

Voy a hablar hoy aquí sólo de la ocurrencia —liberticida (y, por ello, perversa) e innecesaria (y, por ello, estúpida)— de declarar Barcelona ciudad antitaurina. Fue sólo una intentona, que no cuajó y se quedó, a la postre, en nada, pero el espíritu de aquel propósito descabellado, que lo era de toro de Miura (y perdónenme los de Izquierda Republicana que recurra, para definirlo, a dos símiles —descabello y Miura— procedentes del ámbito y léxico taurinos), sigue hoy vivo en buena parte del Gobierno de la ciudad y del de Cataluña entera.

¿De dónde salen, si no, los muchos millones de euros gastados en vísperas de la reaparición de Tomás por quienes desde las filas, mayormente anglosajonas, del llamado movimiento antitaurino coparon páginas y páginas de la prensa de Barcelona con anuncios de la manifestación que el 17 de junio iba a recorrer, desde las Atarazanas hasta la Monumental, las calles de la ciudad y a poner, como remate, cerco de histeria, amenazas, insultos y rostros desencajados por la maldad hipócritamente buenista y animalista al coso donde el torero exhalaría, y vaya si lo hizo, su inconfundible e indefinible *soplo*?

Dijo Savater por aquellos días —los de la profesión de fe taurófoba decretada *manu militari* por los ediles del tripartito— que declarar antitaurina una ciudad era chorrada *(sorry)* tan grotesca y tan mayúscula como la de declarar Sevilla, creo que fue ese el topónimo escogido para el parangón, ciudad antibutifarra a la catalana. O Madrid, añado yo, antichistorra y San Sebastián antimadroños y osos emasculados por las feministas. ¡Qué mundo el nuestro! El español, digo, no el de extramuros, que tampoco anda últimamente, a fuer de *Satiricón*, choque de culturas y fin de época, mal servido.

¡Bonita forma de entender la democracia! Creer que elegimos gobernantes para que se dediquen a la tarea redentora de cambiar un país hasta que no lo conozca, como dijo el Guerra (no el torero, sino el otro), ni la madre que lo parió es flagrante extralimitación de funciones y, por ello, despotismo sin rebozo, además de dislate manifiesto. Y quien acuñó la frase y la comparanza del parto no es, precisamente, antitaurino, dicho sea de paso.

Por cierto: me estremece la posibilidad de que mi madre, en vida, no me hubiese reconocido. Me gustaba que me conociese, y a ella que yo lo hiciera. También me gusta conocer —reconocer— el país donde he nacido gracias al mantenimiento de sus usos, costumbres y señas de identidad. No pago a los políticos para despertarme un mal día, mirar a mi alrededor, llevarme un susto y exclamar: «¡Ésta no es mi España, que me la han cambiado!» No, no, la política no está para eso, sino para administrar debidamente una finca heredada proindiviso, vinculada y vinculante.

El dilema entre la democracia liberal —*laissez faire, laissez passer*— y la liberticida —prohibir, intervenir, orientar, sermonear, multiplicar las leyes y eliminar lo que califican, con una mueca de horror, de vacíos legales— viene de antiguo... Del tercer tercio —más símiles taurinos, sin ellos es imposible hablar buen castellano— del siglo XVIII, punto de arranque ése de las dos grandes tradiciones democráticas del mundo occidental: la norteamericana y la francesa.

Los padres de la independencia de Estados Unidos, con el libertario Thomas Jefferson a la cabeza, cargaron todo el peso de las leyes por ellos proclamadas sobre la necesidad de defender los derechos del individuo en cuanto tal, como único gestor legítimo y eficiente de sus no menos legítimos y, por definición y lógica democrática, sacrosantos recursos y decisiones. La función del Estado se limitaba, de iure y de facto, a garantizar el libre ejercicio de esos derechos y a proteger al ciudadano sin inmiscuirse en su vida privada, en su conducta, en sus gustos, en sus costumbres, en sus creencias, en su modo de pensar o en su forma de hablar.

La otra tradición, la francesa, la que condujo desde el principio a la escabechina no sólo de los disidentes, sino también de los coincidentes, la que ha imperado e impera en Europa y la que ha conducido a ésta, una y otra vez, al totalitarismo, el bonapartismo, el cesarismo, el jacobinismo, el comunismo y el gulag, el nazismo y los hornos crematorios, los fascismos de derechas y de izquierdas, y las dos peores guerras de la historia, es la que alienta, hoy como ayer, excesos tan nauseabundos, y tan peligrosos por la jurisprudencia que sientan en lo relativo a problemas de mayor enjundia, como el de intentar prohibir que en un determinado núcleo urbano o rural se celebren, por ejemplo, corridas de toros enraizadas en el sentir del pueblo y por éste avaladas.

No es verdad, como aducen los taurófobos, que los taurófilos estemos hoy, por lo que hace al conjunto del país, en minoría y vergonzosa desbandada, pero tampoco sería eso argumento, si así fuera, para meterse en camisas de once varas ni en espectáculos de tres. ¿Acaso la democracia no obliga —es ése, incluso, uno de los aromas más preciosos y apreciados en su tarrito de esencias (otra expresión taurina)— a tomar en consideración, proteger y respetar la opinión y los derechos de las minorías en todos los casos y, de modo muy especial, con mayor ahínco, cuando esas minorías son numéricamente cualificadas y surgen al paso y a impulsos de una ancha y caudalosa tradición? ¿A do van, por ejemplo, los derechos históricos —adquiridos tras largo usufructo— de los aficionados en una ciudad que a sí misma, por ucase de quienes momentáneamente la rigen, se declara antitaurina? ¿O es que van a prevalecer, por la fuerza, los derechos de los animales sobre los de los seres humanos? Eso, amigos, tiene nombre. Se llama Ecología Profunda, y fueron las leyes de limpieza étnica del Tercer Reich quienes la inventaron.

Y ni siquiera, para colmo, hay unanimidad taurofóbica, ni mucho menos, en las filas de los partidos que desean y plantean la proscripción y erradicación de los festejos taurinos. Recuérdese, sin ir más lejos, el rubor que tiñó el rostro de los dirigentes de Herri Batasuna cuando alguien, no recuerdo quién, los citó de frente recordándoles la exitosa carrera como novillero de Ion Idígoras, que alcanzó cierto cartel en las plazas de Vasconia y del resto de España bajo el apodo de El Niño de Arrasate.

El otro día, en la Monumental, había, sobre todo, barceloneses, muchos de ellos catalanistas, de igual modo que en la Semana Grande de Bilbao llenan el coso los de izquierdas y los de derechas, los vasquistas y los españolistas, bilbaínos, eso sí, en su mayor parte, los unos y los otros.

¿Qué es una ciudad sino una comunión de individuos cuyo talante —ya saltó la dichosa palabreja— se va formando al hilo del correr de las generaciones y cristaliza en algo vivo, ponderable y tangible, perceptible, cierto, pero que por poliédrico, difuminado y plural escapa a toda tentativa de adjetivación y definición?

Las ciudades viejas, sin fecha conocida de fundación, y Barcelona no tiene otra que la mítica de Hércules, alcanzan su carácter por lenta sedimentación, y no es fácil que lo muden, en virtud (o vicio) de lo que hagan y deshagan los de arriba, de un día para otro.

Ninguna ciudad —por ser todas coro y asamblea de hombres libres, de gentes soberanas— puede ser taurina o antitaurina, como tampoco puede ser, pongo por caso, agnóstica o creyente. En ella deberán convivir los unos y los otros, los creyentes y los agnósticos, los taurinos y los antitaurinos, los nacionalistas y los españolistas, en medio, por lo general, de un océano de indiferentes a los dos polos de tales y tan forzadas (y forzudas) antinomias.

Vi el otro día, en la manifestación animalista de Barcelona, cuyos organizadores y animadores encarnaban a la perfección la españolísima tacha —que rima con facha, pues fascismo es eso— de despreciar cuanto se ignora, carteles que rezaban: «Con mis impuestos, no.» ¿Será posible tanta necedad, tanta incultura, tanta demagogia de todo a cien, tan cerril y sordo desprecio de la razón? Ningún Gobierno nacional o autonómico, que se sepa, subvenciona o promociona la Fiesta. Sucede más bien lo contrario: es la Fiesta la que suministra alpiste de impuestos, turismo y subasta de cosos a los ayuntamientos importantes. No así en los de escaso trapío.

Si los toros existen es porque hay gente, mucha, que acude a verlos después de pasar por taquilla. Y si esa gente —la afición— dejara de ir, las corridas también dejarían de celebrarse y la Tauromaquia moriría en el acto, fulminada, y no a volapié o recibiendo, por arte de valor y estoque, sino de muerte natural. Así de sencillo. Y como a nadie le ponen, ni en Barcelona ni en Pamplona, una pistola en el pecho para que vaya a los toros, la polémica se resuelve sola. Consiéntasenos, pues, a los aficionados celebrar en paz nuestros inmemoriales ritos, y quédense en buena hora los antitaurinos en sus casas, en los divanes del psicoanalista, en los púlpitos y confesionarios o en los lugares que apetezcan para su sanación, redención y solaz.

Permítaseme una última consideración entre las muchas que cabría formular. Es ésta: confundir taurinismo con españolismo, y no digamos con francofascismo, equivale a no discernir entre las tetas y las puñetas. Mucho antes de que Isabel y Fernando casaran sus coronas ya se corrían toros de Creus a Finisterre, de Peña Tú a las columnas de Hércules. Y hay que ser muy ignorante para no saber que en la querella de los taurinos y antitaurinos —no es de hoy, siempre la hubo— fue el pueblo llano quien una y otra vez, sin traicionarla nunca, se colocó al lado de la Fiesta y la respaldó con cañas o con lanzas, cuando fue preciso. La historia de la lidia, desde que existen datos, ha sido siempre, con alguna que otra excepción áulica o eclesiástica de escurrida presencia y poco trapío, la de los de abajo contra los de arriba, y no, nunca, ni por asomo, al revés. Si el pueblo no la hubiese hecho suya, hace ya mucho que la Fiesta —rito arcaico, sacramental, sexual, dionisíaco, pánico y mistérico que sobrevive, con bravura, a contrapelo de la modernidad— habría desaparecido.

El toreo nació a caballo y echó pie a tierra, y arraigó en ella, porque, a diferencia del rejoneo, que no es espectáculo taurino, sino circense, era voz del pueblo que exaltaba al villano frente al señor. «¡Más cornadas da el hambre!» fue el grito de dolor y de valor que durante muchos siglos —¡en pie los parias de la tierra!— sirvió al toreo y a sus maletillas de banderín de enganche. En los años de la República se celebraban las corridas con idéntico empaque al que hoy las adorna, se desplegaba y lucía la tricolor en palcos, balconcillos, barreras y burladeros, y en 1936, al amartillar sus fusiles los cuatro generales sublevados, buena parte de los diestros y casi todas las gentes de sus cuadrillas estaban inscritos en sindicatos de clase.

La izquierda española y también la —por nacionalista— antiespañola tendrán que retocar y afeitar orwellianamente los pitones y atributos de su historia si insisten en el empeño de forjarse un pasado antitaurino. Allá ellas si tal hacen: los cadáveres de sus padres fundadores y de sus antepasados y combatientes darán un respingo en sus tumbas, las abuchearán y gritarán «¡Al corral!». ¿Memoria histórica, señores? Pues empiecen por dar ejemplo y bébanse un frasco de tan contundente purga.

17 de junio de 2007: fecha no tanto para la historia, aunque también, cuanto para la leyenda. José Tomás sale del claustro en el que, emboscándose, emparedándose y enfoscándose como un lama del Tíbet y cartujo de Galapagar, ha permanecido cinco años —una eternidad para quienes lo esperábamos como se espera a una novia— y reaparece en el bastión más fiero del antitaurinismo: Barcelona. Pedro Jota y Manu Llorente me envían allí con una doble misión: la de explorar lo que acaso sólo sean campos de soledad y mustios collados —el mundillo taurino, sus antros, sus templos, sus covachas, sus tenidas— en una ciudad de los prodigios donde tanta afición a los toros hubo y la de dar cuenta de cuanto pueda contar y cantar a cuento de la Pascua tomasista de Resurrección y, posiblemente, de Ascensión en carne mortal al cielo de los apéndices por la escotadura, en la carlinga y bajo el palio de la puerta grande.

Lo segundo tendrá que ser (y no sé cómo, porque el tiempo achucha, no poseo la virtud de la bilocación y los periódicos cierran ahora el grifo del que manan las noticias al filo de las diez de la noche) a pitón pasado y a toros toreados. Dictar desde los tendidos es descortesía. Veremos.

Lo otro, lo de convertirme en explorador y cartógrafo de los santuarios *vietcong* en los que se ocultan los maquis de la furtiva, acorralada afición barcelonesa, es más hacedero, a condición de que dé con algo en lo que hincar la pluma.

Lo había.

Esto es lo que, con el título de «Barcelona taurina: la quinta columna», escribí esa misma tarde...

Mediodía del sábado 16. Llego al aeropuerto de El Prat como si fuese Hemingway a punto de pedir habitación con güisqui incluido en una habitación del hotel Florida para pasar allí las Navidades madrileñas del 36. Ser, hoy, aficionado a los toros en Barcelona es —pienso mientras aterrizo— algo similar a lo que era ser comunista bajo Franco.

Al día siguiente reaparece José Tomás donde los cánones del valor mandan y yo, *reporter* Tribulete metido a Mortadelo y Filemón, tengo que descubrir y explorar lo que de vida, ambiente y ágoras taurinas quede en una ciudad que tuvo, en otros tiempos, tres plazas de toros, pero en la que ahora sólo sobrevive, a regañadientes y duras penas, una: la Monumental.

Tótem y tabú. El toro de lidia sustituido, como emblema de identidad y fraternidad, por el burro manso. ¿Matar al padre emasculándolo, vasectomizándolo, privándolo de su fiereza, su solemnidad, su autoridad y su mando en plaza? Pues sí. De eso, en definitiva, se trata. Tal es el juego del progresismo buenista, falsamente animalista y bobalicón. Las lanzas se tornan cañas.

¿Quedará, me pregunto ya en el taxi, algo de todo aquello, de la Barcelona taurina, donde tanto hubo? ¿Habrá una quinta columna de taurinismo, subrepticia, acoquinada, clandestina, boqueante, como la había —de otras cosas— en el Madrid de Hemingway y del no pasarán? ¿Encontraré material suficiente para llenar dos páginas del periódico?

Me temo lo peor, pero pronto mi aprensión se volverá esperanza, primero, y después, casi en seguida, euforia, entusiasmo, burbujas de champán —¿de champán? ¡Qué coño! ¡De chute y subidón de sol y sombra!— inyectado en vena. En la femoral, por supuesto. Los toreros no tienen otra.

Paso, de hecho, a la media hora, nada más llegar al hotel y encontrarme con la cuadrilla de aficionados que allí me espera, del temor a no encontrar consonante suficiente para cinco folios a la congoja de cómo diantre encajar en ellos todo lo que mis anfitriones y cicerones me tienen preparado.

Ofensa e ingratitud sería no citar aquí sus nombres. Son Joan Segura Palomares, presidente de la Asociación de Peñas Taurinas de Barcelona, su amigo —y aficionado a la antigua usanza— Jaume Josa y Antonio Moreno, fotógrafo de *El Mundo*, que jalonará con sus imágenes nuestra aventura.

Lo saben todo. Con guías así no le habría sido difícil a Colón descubrir América. Disponemos de muy pocas horas antes de que me ponga a aporrear la Olympia. Manos a la obra. Chispea, calles vacías, un taxi, otro, porque mi mujer nos acompaña y en uno no cabemos, y ya estamos frente a la Monumental, donde un par de horas antes se han puesto a la venta, por ley, las últimas cuatrocientas andanadas.

A los quince minutos ya no quedaba ninguna. Todo el papel vendido y revendido, a precios estratosféricos el segundo. Las taquillas, cerradas. Merodeo de curiosos. Guiris. Cinco o seis vendedoras ambulantes —mañana serán legión— ofrecen camisetas en cuyas pecheras se certifica que el comprador estuvo allí ese día, el 17 de junio, el del retorno del Jedi, el de la segunda venida del Mesías, el de la reaparición de José Tomás.

En un esquinazo, a tiro de piedra de la plaza, el bar Bretón. Fue de riojanos, ahora es de chinos que no hablan ni papa de español, pero que a veces cruzan la calle, van a los toros y se rascan, perplejos (o *pelplejos*), la mollera.

Dos cabezas de astado presiden la planta principal, que es

chiquita pero matona, por las muchas fotos de matadores y acólitos de matadores que asoman en sus paredes y detrás del mostrador. Una escalera de hueco angosto y angustiosamente vertical conduce a la cripta en la que todos los jueves, a eso de las ocho de la tarde, o de la noche, si es invierno, se reúnen las peñas de El Pizarral y de José Tomás. Ajuar y cromos taurinos. Carteles de ayer y de hoy. El más antiguo se remonta a 1890. Mobiliario que no le va, en veteranía, a la zaga. Sabor de época, un poco tristón, un mucho cutre, como corresponde.

Pátina de colores, imágenes, lugares, personas y objetos que ya no volverán. Camarón, Pozoblanco, Paquirri, Dalí vestido de Dalí, la bailaora Maruja Garrido, la rejoneadora Conchita Cintrón... Dos fotos, llamativas, portentosas, de Manolo González instrumentando un natural de rodillas con la cabeza metida entre los pitones del toro. Fue cuando reapareció Carlos Arruza.

Salimos. Se nos acerca Ramón de Pablo, veterinario de la plaza durante veintisiete años. Amistoso, gracioso, fraterno, cercano, como lo son casi siempre las gentes del toro. Un semáforo, una avenida, una especie de ensanche. Seguimos en la explanada y jurisdicción de la Monumental, vigilados por los estrambóticos, inverosímiles y colosales huevos de avestruz —entre Gaudí y Dalí— que la rematan. El restaurante La Gran Peña (Cocina de Mercado), cuyo nombre sólo se encarece y bien se lame, pero como toro y no como buey, es alargado, ordenado, espacioso.

Allí, entre imaginería, grifos de cerveza, tapas, menaje sin malaje y aromas taurinos, almuerzan o simplemente picotean muchos de los que luego, después de regodearse y recrearse, ya bien comidos y mejor bebidos, en la suerte de la sobremesa, se irán despacito y garbosos, como el Camborio de Lorca, aunque sin vara de mimbre, hacia los tendidos de la plaza para ver si Dios reparte suerte, el tiempo ayuda, los toros embisten, hay faena y pueden volver a casa dando muletazos por las calles.

Una de patatas fritas, otra de aceitunas con aliño, unas cañas, anécdotas, erudición, recuerdos, destellos del ayer —Segura Palomares lo ha visto todo, lo recuerda todo, lo cuenta todo, es como el Cossío, y Jaume Josa no desmerece— y aficionados que se nos acercan, calurosos, para echar su cuarto a espadas puestas en todo lo exacto y aliviar el gaznate, mientras la dueña, efusiva, se encuna en las tablas de la generosidad encastada de amistad y se niega a cobrarnos lo gastado. ¡Olé! Y, de propina, para que los ojos se dilaten por el asombro y a la vez se nublen por el dolor de lo perdido, ¡zas!, una foto y, en ella, Manolete (que tanto se parecía a José Tomás, o viceversa), Arruza y, de sobresaliente, Juanito Tarré. ¿Les dicen algo esos nombres?

Entramos en la plaza, porque así nos lo permite la soberana voluntad de quien controla la puerta, por donde lo hacen los toreros, reparamos en el asombroso parecido, búhos ambos, de quien nos facilita el acceso con Unamuno y, crecidos ya, por no decir agigantados, nos vamos todos a pisar el albero, a saludar, montera imaginaria en mano, a quienes —imaginarios, también, aún— se pondrán de pie el domingo, a las siete de la tarde, para recibir a los matadores y a sus cuadrillas, y nos topamos e instantáneamente amigamos con un grupo de devotos que vienen de San Lúcar de Barrameda y de El Puerto de Santa María. ¡En pie, señores! Madrileños, catalanes, sorianos, andaluces, nipones... Son las Españas. En el planeta de los toros, que va de Galicia a Japón pasando por América, todos somos paisanos.

Hay otros bares, otras tabernas, otros figones: Los Toreros, La Ruta Olímpica, Pizza di Como... O había, porque el primero de ellos, en lo que fue barrio chino y hoy es tedioso y monjil internado de biempensantes, nos recibe a cal y canto y con muy mala pinta. Seguro que ha fallecido. ¿Lo convertirán en todo a cien? Nuestro pésame, y *requiescat*.

En el restaurante Las Siete Puertas —me dicen, pero ya no queda tiempo para ir— hay, junto a determinadas mesas, placas que recuerdan el nombre de sus usuarios: Manolete,

Arruza, Orson Welles... Y en la habitación número uno del hotel Oriente, en plena Rambla, dormía, cuando toreaba en Barcelona, el hombre que murió en Linares. Pero ya ha cambiado, *sic transit,* la numeración.

Sólo falta dar lo suyo al estómago, que ya ruge, y hay que hacerlo en Leopoldo, ¿dónde si no?, legendaria, mitológica casa de comidas, y de escritores como Manolo Vázquez Montalbán y sus muchos amigachos, y de Terenci, y de Maruja, y de la peña Tendido Dos, que allí sienta gracejo, apetito y cháchara el primer miércoles de cada mes, y de franceses de Nimes, hoy comerán allí ciento y la madre, y de cualquiera, y de todos, cuya propietaria, presidenta y alguacililla Rosa Gil perdió a su marido —el torero portugués José Falcón, malamente empitonado por un toro de embestida aviesa— cuando llevaba ocho meses casada, allá por 1974, y su única hija en el vientre.

Historia dura y larga la de esta mujer formidable, hermosa, inteligente, emprendedora, hospitalaria, tierna con las espigas y las espuelas, vertical frente a sus fúnebres banderillas de tinieblas, que merecería pliego aparte, y juro que algún día se lo daré.

Es ella quien me sube a su coche y me trae, las cuatro de la tarde ya, hasta el hotel. Entro en la habitación, me pongo a escribir, Barcelona taurina, sí, me digo, pero no, de ningún modo, clandestina. Mañana, por hoy, se verá, y lo que hace unas horas tomé, burro de mí, manso de mí, por quinta columna, se echará a la calle, conquistará o defenderá, tanto monta, españoles todos, el cuartel de la Montaña, el bar Bretón, La Gran Peña y Leopoldo, entrará en la plaza, dirá, sonriendo, *no pasarán* a los manifestantes antitaurinos y será, en todo caso, columna Durruti.

Lo fue. Todo salió, aquel domingo de junio, como veinticuatro horas antes, en vísperas del suceso, lo había yo imaginado, deseado e incluso vaticinado. Y a la del alba —lluviosa— del día siguiente, lunes ya, mientras los albañiles iban al tajo y los oficinistas a sus covachuelas, con el cuerpo quebrado por la trasnochada y el madrugón, brava la pluma, de muestra y encabritado el folio, y las emociones vividas erizándome aún la piel del alma, toreé como pude el segundo toro de mi lote, macheteándolo y estoqueándolo con profesionalidad, no sé si también con arte, y di por concluida la faena literaria que el director de *El Mundo* me había encomendado.

Pero no voy a incluir aquí, ahora, esa pieza. La dejo para más tarde. Será, seguramente, el colofón de este libro. Cuando eso llegue se entenderá el porqué.

Nota al margen. Reparo, de repente, en la evidencia de que los inmigrantes no van a los toros. Los turistas, sí, aunque se aburren y suelen largarse con sus cámaras a cuestas, molestando a todos, rumbo a cualquier mesón o *tablao* de mala muerte en cuanto dobla el segundo toro. Pero... ¿los emigrantes?

Supongo que entre los iberoamericanos, pues de casta les viene a los que llegan de Perú, Colombia, Ecuador, Venezuela o México, alguno irá, si bien no abunden, pero jamás he visto en las plazas a un negro, un moro, un chino, un indio, un vietnamita, una rusa o un rumano.

Siendo eso, como es, cosa que da qué pensar, nunca había yo pensado en ello.

Cabos que se anudan: ¿por qué no encajan los toros en el, por lo demás, altamente comprensivo y, por relativista, permisivo puzle del multiculturalismo?

Misterios de la sociología, del imaginario de los pueblos, de las Tablas de la Ley de la Tauromaquia y del inconsciente colectivo.

29 de agosto de 2007, plaza de toros de Linares, sexagésimo aniversario de la muerte de Manolete, segunda corrida de feria, torea José Tomás...

Hablo de oídas y de leídas. Yo no estaba allí.

Héroe no es sólo quien alcanza gloria, sino también el que la confiere. Ese día, el del aniversario que pudo ser obituario, un cantautor de cartel, Joaquín Sabina, ascendió a los cielos desde su tierra madre: Linares, Úbeda... Jaén. Aceituneros altivos.

Pongamos que hablo del toro que le brindó Tomás y que parecía la reencarnación de *Islero*. Tus canciones, Joaquín, se quedan cortas. Torear es más que cantar, más que escribir. Las letras y los sonetos se repiten. Las faenas, no. No hay bis posible en el toreo. Nada en él se re-presenta ni se re-cita. El otro día, por obra y gracia de un amigo, alcanzaste el cenit de tu gloria. Eso, en efecto, es amistad.

El de los pies ligeros llaman en la *Ilíada* a Aquiles y así podríamos llamar también —luego diré la razón— a José Tomás, el torero de los pies atornillados en sí mismos, en el éter, en el cielo o en la nada, porque los apoya, cuando torea, en un terreno que no existe.

¿Es una revolución? No. Es otra cosa. No me pregunten cuál. Revolución fue la de Belmonte, que pisó por primera vez, adrede, sistemáticamente, el terreno del toro sin que éste se lo llevara por delante. Torear fue, después de él, más intenso, más extenso, más hermoso y más difícil, porque ya no bastaba con parar, templar y mandar. Se hizo necesario, además de eso, ligar y cargar la suerte.

Y así estaban las cosas cuando a finales del siglo XX saltó a la arena el quinto evangelista del Nuevo Testamento de la Tauromaquia y modificó las Tablas de la Ley.

Sus antecesores en la redacción del corpus evangélico de la modernidad taurina fueron Joselito, Belmonte, Manolete y Antonio Ordóñez. Curro y Paula no eran cristianos, sino pagano de Roma andaluza el uno, gitano el otro y, los dos, morenos de verde luna que iban por el monte solos.

La nueva doctrina —el sexto canon— aún no tiene nombre, pero muy pronto lo tendrá. Está al caer. Corre ya por los tendidos y las trastiendas de la afición. Será la voz del pueblo, el coro de la Fiesta, la gente del común, quien se lo ponga, porque José Tomás nos iguala a todos. Quien lo ve torear, amigo o no, y no tiene la piel y el corazón anestesiados, se da cuenta de que nadie, nunca, ha toreado así y de que con él nace y, simultáneamente, alcanza plenitud una manera distinta de entender y practicar el toreo.

Habemus Papa. Decía yo que este Sumo Pontífice cita al toro con los pies clavados en el éter, en un terreno que no es de tierra, en un punto inexistente del albero. ¿Metafísico? Quizá, porque sólo ahí, *ta-metá-ta-physiká*, más allá de la física aristotélica, en el recinto de las Ideas platónicas, en lo inmaterial, en el nirvana, cabe concebir el de otro modo inconcebible milagro que se produce cuando Tomás cita al toro y éste pasa a través de él.

A través, digo, y lo subrayo, pues ése es, a mi juicio, el quid y el quicio de la buena nueva tomasina, del quinto Evangelio de la Tauromaquia, de lo que Tomás añade a la preceptiva de Belmonte.

Buena nueva, en efecto, es, pues le cuadra, analógicamente, lo que el ángel de la Anunciación dijo a María para explicar el portento de que con el himen intacto y sin concurso de varón estuviese encinta: «Como el rayo de sol por el cristal.» No se me ocurre, ya digo, metáfora que mejor describa lo que sucede en el ruedo cada vez que la mole de un cuatreño en puntas atraviesa el cuerpo de José Tomás como los fantasmas atraviesan las paredes.

Joaquín Sabina, que es ateo, no lo sabe, pero por eso tituló y vistió *De purísima y oro* la canción de dos carriles dedicada a Manolete y Tomás.

¿Buscábamos un nombre? Pues ya lo tenemos: torear *al través*, torear *por entre* el cuerpo del torero, poner ese mismo cuerpo —como tantas veces, de José Tomás, se ha dicho— donde otros ponen la muleta, pero poner también el alma donde otros tan sólo ponen el cuerpo. Torear así: con el alma. Cambiar por ésta el capote, la muleta, la seda, el percal y la espada. Convertir en Jesucristo el toro, el torero en ángel, el toreo en Anunciación y la arena en mujer preñada. Dar *travesinas*.

Travesinas... Dirá algún día el Cossío: «Lance de muleta y modo de torear inventado por el matador José Tomás que consiste en hacer pasar el toro a través del cuerpo del torero sin romperlo ni mancharlo, como el rayo de sol por el cristal. Algunos cronistas lo llaman pase de la Purísima Concepción.»

Amén.

Sé lo que el lector está pensando... Si lo que digo es cierto, si los pitones no hieren el cuerpo glorioso de Tomás, ¿por qué la carne mortal de éste acaba en la enfermería tan a menudo?

Rezongo justificado. José Tomás, desde su reaparición, sale casi a cogida por corrida. Empezó la cuenta atrás de ese rosario de misterios dolorosos en Barcelona, el día de su regreso, siguió en Burgos, en Ávila, en San Sebastián y en Málaga, y el miércoles 29 de agosto estuvo a punto de pasar en Linares lo que por fin no pasó.

No pasó, y la afición, estremecida, pudo entonar el *Deo gratias* después de haber temblado, pero no nos engañemos. Él tampoco lo hace. Lo que no pasó podría pasar en cualquier momento. Cuando José Tomás torea, el ángel de la muerte está en la plaza.

Ser matador de toros obliga a vivir matando, pero también puede obligar a matar muriendo.

Albert Boadella ha escrito: «La fiesta de los toros es un rito didáctico, el arte más moral que existe, en el que se dan todos los valores humanos y todos los elementos que configuran nuestra naturaleza: la vida y la muerte, el valor y el miedo. Y como hoy en día la sociedad se empeña en esconder la muerte y el sufrimiento, los toros nos sirven para recordar lo inexorable y aprender a vivir con ello.»

Morir como el toro, Albert, o morir como torero: tanto monta.

Y tú sabes, como lo sé yo y como lo sabían Bataille, Montherlant, Leiris, Dominique Lapierre —franceses todos— y Hemingway, y aunque José Tomás no lo sepa, que ese matador quiere morir en la plaza,[62] aunque ni yo ni tú lo queramos. Otra cosa es que lo consiga, porque los médicos, observantes del juramento hipocrático y por él constreñidos, se lo impiden, pero los evangelistas de la Tauromaquia suelen morir con la taleguilla puesta. Así lo hicieron dos de los cuatro que antes mencioné: Joselito y Manolete. Otro —Belmonte— se descerrajó un tiro porque ya no era capaz de pasarse por la faja los pitones de la chiquilla cortijera que sin pasar por el aro lo enconó. Fue ese suicidio, y deicidio, otra forma

---

62. Ya conté ese lance (v. p. 321), que dentro de unas líneas volveré a contar, pero reparen el lector y el propio José Tomás en lo que luego (v. pp. 350 y 351) diré en relación a esta frase apresurada, aventurada y equivocada.

de morir en el ruedo. Sólo Antonio Ordóñez, entre los ases de ese póquer (y, con José Tomás, repóquer), más cuco, pero no peor torero, supo encontrar un rincón —al que dio nombre— fuera del hoyo de las agujas, hurtó el cuerpo al destino aciago y murió en la cama.

Lo sé. Este artículo suena a crónica de una muerte anunciada y podría llevar orla de luto: la de las misas de réquiem. Pero no me carguen ese segundo *llanto* de Lorca en cuenta, porque no soy yo quien lo escribe. Fue el propio José Tomás quien un día puso letra a su oración póstuma en son de juego, en charla de amigos y en casa de Joaquín Sabina. «¿Cómo te gustaría morir?», le preguntaron. Y él, tras una pausa, lacónico, senequista, con los ojos perdidos, dio la única respuesta posible. «En la plaza», dijo.

Y cayó, y calló, el silencio.

No galleaba. No fardaba. Era, sólo, fiel a sí mismo, y congruente, porque ya antes, en muy distinto escenario, había dicho que, para él, «vivir sin torear no es vivir».

¡Fantástica ambivalencia e implacable misticismo! Petrarca: *Un bel morir tutta una vita onora.* Teresa de Ávila: «Vivo sin vivir en mí / y tan alta vida espero / que muero porque no muero.» E incluso, cargando la suerte, Jesús de Galilea, con *gal* de Galapagar, que como Hijo de Dios y Dios encarnado debía morir, y como Hijo del Hombre y de María, y amante, acaso, de la Magdalena, prefería vivir.

Pero lo uno y lo otro, vivir y morir, toreando. Pasión, Crucifixión y Resurrección: tal es el ciclo. Y sospecho que José Tomás no puede ni sabe, aunque su instinto de conservación lo quiera, escapar a él. La muerte, como al jinete fugitivo de *Las mil y una noches*, lo espera en Samarra. Para vivir se ve forzado a torear y para no traicionar lo que él entiende por toreo, rayar en lo más alto y ser el quinto evangelista sólo tiene un sendero, que es atajo, horóscopo, tentación diabólica y, quizá, mortaja: el de pisar siempre la delgada línea roja que el destino traza entre la aventura y la desventura, entre la valentía y el punto de no retorno, entre el ya citado instinto de conservación y el de inmolación.

Por eso corrió el albur de torear tocando pelo el 29 de agosto en Samarra, digo en Linares, y por eso estuvo a punto de pasar allí lo que no pasó. Insisto: la escapatoria es difícil. Sólo renunciando a ser quien es tendrá José Tomás seguro de larga vida, calor de hogar, amor de esposa y de hijos, y nietos a los que contar lances de torería, llevar a los toros, hacerles destripar balones para que no caigan en la tentación del fútbol y pasar, acaso, el testigo y el bastón de mando en plaza que a él le pasó su abuelo.

Es el dilema de Aquiles. Por eso llamé antes a Tomás *el de los pies ligeros.*

La primera corrida de la que guardamos recuerdo se celebró ante los tendidos de las murallas de Troya —su foso era el callejón y no tenía burladeros—, y el primer cronista taurino de la historia fue un vate ciego.

Aquiles había nacido para vivir guerreando y morir joven, pero su madre, Tetis, lo vistió de mujer y lo recluyó en un gineceo para impedir con lo que ella creía ingeniosa artimaña que sucediese lo que estaba escrito. De nada, sin embargo, sirvió el ardid, porque si astuta era Tetis, aún más astuto era Ulises. Acudió éste —¿Salvador Boix?— al refugio del torero travestido, lo llamó a batalla con el clarinazo que anuncia los cambios de tercio y lo convenció de que el sentido del deber, la afición y el karma lo obligaban, como explicase Krisna en la *Gîta* a Aryuna, a recuperar su condición viril, empuñar las armas, entrar en lidia y combatir en Troya, que sin su ayuda, según el Hado, jamás sería conquistada.

Aquiles escuchó el reclamo, mordió en el cebo, se vistió de coraza y oro, empuñó el estoque (que no era simulado), toreó a gusto en la plaza de Ilión, inspiró la *Ilíada*, se lució en todas las suertes, se enceló con Héctor —el de los pitones tremolantes y la bravura sin tacha—, lo mató al encuentro, arrastró su cadáver por el coso, se arrepintió de haber dado, a toro muerto, tan alevosa lanzada, rindió honores a su enemigo, devolvió su despojo a los troyanos y murió, a verso seguido de poema homérico, también él, joven, apuesto, belígero, centelleante, de resultas de una cornada traicionera recibida en la femoral del talón. No tenía ningún otro punto vulnerable, pero bastó con ése para que el destino se cumpliera. El cuerpo exánime del héroe fue llevado a hombros entre aclamaciones por los aqueos, dio la vuelta a Troya, en cuyos muros los pañuelos flameaban, y salió por la puerta grande de la leyenda, la mitología, la hagiografía y la historia.

Yo no invento nada. Fue Homero quien compuso ese Génesis de las Sagradas Escrituras de la Tauromaquia.

En el principio fue Aquiles, y luego llegó José Tomás.

Cada aficionado ve en el ruedo lo que quiere ver: arte, espectáculo, *panem et circenses*, deporte, liza, caza, alarde, ritual, entretenimiento, agnición, catarsis, danza de la muerte... Yo veo religión: un sacramento.

Dice Villán que hay dos sectas, la de los tomistas y la de los tomasistas, y que el tomasismo es subversión y el tomismo religión.

Sea. Aprovecho, Javier, el viaje de ese toro y me apunto a las dos sectas. Soy tomista y tomasista. A un torero de esa índole, que en el orbe y en la urbe es Papa, como a Roma, poeta, por todas partes se va.

Y otro periodista de este periódico, David Gistau, que sí

estuvo en Linares, escribió a cuento de aquello: «José Tomás desborda los cauces taurinos y tiene encaprichados a escritores que lo inventan de un modo al cual él no solamente es ajeno, sino que incluso puede llegar a convertirse en víctima.»

Tocado, David. Me doy por aludido. Pertenezco, supongo, a ese grupo de escritores tomistas que esperan de José Tomás lo que tú, en tu crónica, llamabas toreo *bonzo*. ¿Sacralizo en exceso? Mea culpa. Me remuerde la conciencia. No quiero ser instigador de un suicidio ni cómplice de un magnicidio. Y tienes, además, razón. Seguro que José Tomás vive ajeno a todas estas pajas mentales y elucubraciones de filósofo barato que se retrata en taquilla y ve los toros desde los tendidos. Lo suyo, simplemente, es torear.

Lavo en público mis vergüenzas y mis culpas. El día 16, Dios mediante, estaré en Nimes. Confío en que José Tomás haga allí, recuperado, el paseíllo, y salga, ileso, por la puerta grande.

Eppur...
Explíquenme Villán y Gistau por qué José Tomás se hospeda, cada vez que va a Linares, en la misma habitación del mismo hotel en la que se hospedó Manuel Rodríguez aquel día fatal del mes de agosto de 1947.

Eso dicen. Quizá sea un bulo.

¿Lo es?

Iré para terminar, más lejos. Sumaré, en mis fantasmagorías, a la religión la patria. Ha bastado con que José Tomás vuelva a los ruedos para que éstos también vuelvan al imaginario colectivo de los españoles. La llamada *fiesta nacional* resucita. Todo el mundo, ya sea taurófilo, ya taurófobo, ya catalán o vascón, habla ahora de toros. Tomás es el personaje del año: torero de cartel no sólo en las dehesas y los ruedos, sino también, como lo fuese Paquiro al salir del Café de Chinitas, en la calle. El otro día, el del cogidón de Linares, recorrió el último tramo de ella, antes de entrar en la plaza, a pie, mientras el gentío lo aclamaba. Llevábamos mucho tiempo sin ver cosas así. España, al paso de ese torero, se despereza, presta atención y grita olé. Quizá se levante. Es el cuento del Príncipe y la Bella Durmiente, la segunda venida.

Será por lo que sea: por duende, por ángel, por misterio, por *soplo*... Por todo eso, tan fácil de percibir, tan difícil de describir, que sólo los evangelistas del toreo tienen. Asegura Boadella, hombre de teatro, que ni en el mejor *Hamlet* ha sentido lo que se siente viendo dos buenos pases de José Tomás. Yo diría lo mismo, extendiéndolo a cualquier otro lance de emoción estética, ética y, sobre todo, religiosa —religiosa, sí— que la vida me haya deparado. Lo que más me gusta en ella, en la vida, son los toros, y nadie, hoy, en ellos, me gusta tanto como José Tomás. Su capote, su muleta y su espada son arte, cultura, rectitud moral, pedagogía, emoción, religión y... ¿Patria?

Ese torero es, Federico, cuanto nos queda de ella.

Otra nota al margen...

10 de octubre de 2007: José Tomás, en contra de su costumbre, rompe el silencio en el que por lo general se envuelve, entreabre un poco los postigos del misterio que lo arropa y concede en México una larga entrevista a no sé qué medio de comunicación.

En ella, entre otras cosas tan interesantes como —sólo algunas— sorprendentes, comenta: «Se ha llegado a decir que salgo a la plaza para que me mate un toro y ésa es una de las barbaridades más grandes que he escuchado. Yo toreo para vivir y no para morir. Pero lo que tengo claro es que para vivir te tienes que poner en ese sitio concreto, y ahí los toros cogen y pegan cornadas. Eso lo tengo asumido y estoy dispuesto a ello.»

Pues llámelo usted hache, don José, porque lo que dice en la segunda parte de ese párrafo niega la anterior y es, en definitiva, versión en prosa del verso de santa Teresa —«vivo sin vivir en mí / y tan alta vida espero»— que yo citaba hace un rato.

Me doy, sin embargo, por aludido, pues barbaridad, seguramente, es —si se toma al pie de la letra y no como metáfora, más filosófica que lírica, de un modo de entender y practicar la vida— decir que tú, José, «quieres morir en la plaza».

No, no... También yo me llevo las manos a la cabeza, exclamo *¡qué barbaridad!*, busco otro terreno literario menos hiperbólico y corrijo la frase —la posición de la muleta— dejándola así: «José Tomás *no* quiere morir en la plaza, pero sabe que toreando, *para sentirse vivo*, del modo y en el lugar en que lo hace, es posible y hasta probable que muera por asta de toro.»

Arriesgar la vida porque la vocación y, por lo tanto, la coherencia, el deber, la lucidez, la serenidad y la dignidad lo exigen no es desear la muerte, sino llevar el vivir a su expresión más alta.

Así lo hace José Tomás, así lo hacía, por ejemplo, en lo suyo —literatura, caza, pesca y periodismo— aquel aficionado que se llamaba Hemingway.

Fue éste, desde que leí *Fiesta* y por obra de ese libro (ya lo dije) empecé a ir a los toros, mi primer maestro y mi constante modelo. A ningún otro escritor he querido, seguido, leído, admirado, estudiado y, vanamente, imitado tanto. Sírvanle estas líneas de homenaje paralelo al que también rindo, en los mismos términos, aunque en distinto ámbito, a José Tomás, pues nunca torero alguno me ha conmovido tanto como conmueve él.

Dos días en otra ciudad: 16 y 17 de junio de 2007, Barcelona. Ya he hablado de ellos. Naoko, mi mujer, que es japonesa, pero a quien los toros emocionan —arrebatan— tanto como a mí, y yo volvimos a casa diciendo que habían sido las jornadas más felices de nuestra, por otra parte, siempre feliz existencia.

¿Exagerábamos?

Quizá, pero por algo sería.

José Tomás se nos había metido en las venas. Era una adicción. Fuimos a verlo torear en Ávila: otra jornada feliz, por los amigos, las anécdotas, las categorías, los festines, comidas y las especias que la salpimentaron, aunque ese día, en la plaza, no rayase el torero —sí lo hizo el Juli— a la altura de sí mismo. Lo de Linares nos pilló muy lejos, a contramano, y andaba yo, encima, metido hasta el pescuezo en los ímprobos trajines de este libro. Hubo luego, en la feria de Nimes, que José Tomás cerró con mando en plaza, nada menos que cinco corridas, todas de lujo, saboreadas a fondo, mañana y tarde, en fantástica compañía, también de lujo, al hilo de setenta y dos horas de belleza, reencuentros con amigos, nuevas amistades, diversión, emoción y ventura. Estaba siendo el 2007, para Naoko y para mí, como para Hemingway lo había sido, allá por julio, el de 1922 en Pamplona, lo que se dice un buen año...

Aquél —apostillaremos algún día parafraseando el título de una película célebre— en que José Tomás vivió peligrosamente mientras nosotros, siguiéndole, lo hacíamos feliz y taurinamente.

Interpolación añadida, ya en galeradas, a este libro después de leer en *Adiós Cataluña*, de Albert Boadella, aún fresca de tinta, lo que sigue...

El anfiteatro romano de Nimes se halla repleto como casi siempre; la gente está tan comprimida que las gradas parecen llenas de un denso caldo en ebullición y a uno le asalta el temor a que si se remueven en exceso se desbordará el recipiente por la parte alta del edificio. Quizá se han embutido más espectadores que en la época romana, porque veo a muchos aficionados en arriesgados equilibrios sobre los muros más altos de la plaza. Esta visión de un monumento antiguo que recupera su misma función dos mil años después me causa una indescriptible euforia que comparto con Dolors. Ella siente especial fervor por toda conciliación armónica del pasado con el mundo contemporáneo; y aquí, en Nimes, igual que en el Duomo de Siracusa, que conserva las columnas del templo griego entre las paredes cristianas, el paso del tiempo parece no contar. Si no fuera por el vestuario del público y algún móvil que suena impertinentemente, lo que ocurrirá dentro de pocos instantes en este lugar no diferirá en nada de lo que ocurría en la Roma antigua.

Siempre he compartido con Dolors unos gustos muy parecidos, entre los que la Tauromaquia figura en lugar destacado. Si encima el ritual taurino se celebra en este impresionante anfiteatro, entonces a los privilegiados asistentes de aquende los Pirineos no nos queda más que lanzar un entusiástico *chapeau!* a estos franceses que una vez más han conseguido una *mise en scène* incomparable, capaz de inducir a emociones de una intensidad fuera de lo común.

Resulta prodigioso que un rito ancestral como los toros haya conseguido llegar hasta nuestros días aguantando todos los envites puritanos que a lo largo de siglos clamaban por su prohibición. Si hoy se presentara por vez primera ante la Administración alguien proponiendo celebrar un espectáculo de esta naturaleza sería encerrado en un manicomio. Los tiempos corren en dirección contraria a la Tauromaquia, pero milagrosamente hay todavía miles de extravagantes que seguimos gastando fortunas para asistir a un rito incierto que la mayoría de las veces no alcanza su cenit, e incluso a menudo causa cierta decepción. También es verdad que el desengaño nos provoca mayores deseos de volver, animados por la quimera de alcanzar algún día apenas unos minutos fascinantes. Sabemos que sólo serán unos instantes, pero unos instantes cuya intensidad no se da hoy en ningún otro arte.

Cuando se abre el portón de cuadrillas para el paseíllo y la masa del anfiteatro acompaña con palmas los primeros compases de *Carmen*, de Bizet, las lágrimas me emborronan la imagen. Nunca he sabido exactamente por qué los toros me han proporcionado las mayores emociones artísticas de mi vida. Seguramente tiene que ver con las primeras impresiones de la infancia, cuando mi tío Ignacio me llevaba a las corridas de Barcelona. Observar de forma directa y también metafórica la vida, la muerte, la belleza, la sangre, el valor, el miedo, la crueldad, la astucia, la prudencia o el arrojo es para un niño de pocos años la mejor, más veraz y más completa explicación de la vida.

Todo ello convierte los toros en un espectáculo didáctico y moral, por más que hoy tenga prohibido por ley llevar a mi nieta a la Monumental. La ignorancia de los inquisidores de la secta regional considera la Tauromaquia una tradición del enemigo español, y semejante discernimiento lo encubre bajo la máscara de los buenos sentimientos hacia los animales. No nos engañemos: la exhibición de piedad es menos altruista de lo que pretende aparentar, porque su auténtica intención es acusar implícitamente de salvajes torturadores al resto de los españoles con los cuales no desean tener nada en común.

[...]

Vuelvo a la plaza. Todo Nimes es una fiesta. El gran productor Simón Casas es, desde hace muchos años, el artífice del exitoso evento en el cual implica a la ciudad entera. Este hombre apasionado, que con su feria de Nimes se ha convertido en el mejor embajador de España en Europa, nos invita a su madriguera. Se trata de un lugar discreto detrás de una de las dos puertas del anfiteatro desde donde se puede observar atentamente el desarrollo de la lidia. Allí coincidimos con amigos franceses de Simón, venidos expresamente de París para deleitarse con las sublimes evoluciones ecuestres de Pablo Hermoso de Mendoza.

Los franceses son menos sectarios con el tema del rejoneo; en España, quien es aficionado a los toros no soporta el juego del caballo. Es como si estuviéramos convencidos de que amar alguna cosa profundamente implica la imposibilidad de expresar una sola apreciación positiva en otra variante de lo preferido. Siempre hay que odiar algo para sostener la razón de lo estimado. Sin duda, esto es un incentivo para la pasión, pero que en contrapartida borra con su mismo ímpetu irracional los matices de la vida. Es un sentimiento sólo de utilidad práctica para organizar guerras carlistas. En ese aspecto y en muchos otros siempre he comprobado que lo más parecido a un español es un catalán.

Cuando la corrida funciona bien, Simón Casas reparte entre los amigos *champagne*, acompañado de unas criadillas de toro.[63]

Pasmoso. Lo que Boadella cuenta es, exactamente, lo que Naoko y yo hemos vivido y sentido este año —el de 2007— en Nimes. Todo coincide punto por punto. Fue Simón Casas, por cierto, quien nos invitó y trató por todo lo alto. Estuvimos en

63. Albert Boadella, *Adiós Cataluña*, Espasa Calpe, Madrid, 2007, pp. 185-187 y 192-193.

su búnker, conocimos a sus amigos, asistimos a las sublimes evoluciones ecuestres de Pablo Hermoso de Mendoza, bebimos champán, comimos criadillas de toro, nos emocionamos con la *Carmen* de Bizet y, encima, vimos torear a José Tomás.

Afinidades, Albert, no sólo electivas, sino también selectivas.

Nuestra temporada se cerró el 23 de septiembre en Barcelona. ¡Tontos hubiéramos sido de no estar allí en semejante fecha!

Verano indio... Así, por cierto, se llama uno de los cuarenta y nueve relatos que nos dejó Hemingway.

José Tomás se despedía de la afición española y se iba a hacer las Américas.

Y ese día, a uña de caballo *sioux* —lo digo por lo del verano indio— y acodado, al final, en uno de los repechos de las dependencias de la plaza, mientras el tercer matador despachaba en el ruedo al último de la tarde, saqué recado de escribir (para *El Mundo*) y...

Fue en Sevilla, el 28 de abril de 2001. José Tomás cogió la muleta con la mano izquierda y citó de largo a un toro de Núñez del Cuvillo. Silencio sideral en la Maestranza. Un grito —certero, oportuno, jondo— lo rasgó: «¡Viva el Rey!» Dos orejas, otra en su segundo y Puerta del Príncipe abierta a la inmortalidad.

El círculo se cierra: noventa y ocho días que conmovieron España. Los que van desde el 17 de junio hasta el 23 de septiembre del año en curso. José Tomás —*Yo, el Rey*— reapareció en Barcelona una semana antes de que los barcloneses encendieran las fogatas de San Juan y ha puesto fin a su verano peligroso la víspera del día de la Merced, fiesta mayor de la ciudad. ¿Significa eso algo? ¿Es azar? ¿Es estrategia? ¿Es desafío, adorno, desplante, símbolo?

Imposible saberlo. Tomás es una esfinge. Mira, escucha, sonríe poco y calla. Es como Manolete: un torero *seco*. Sabe que no hay autoridad sin laconismo (lo dijo Saint-Just), ni grandeza con grandilocuencia, y él las tiene —grandeza y autoridad— ganadas a pulso de capote, muleta y acero. Es el Rey, y todos lo saben. Todos, incluso los cronistas cicateros que lo acusan de no torear toros que lo sean de verdad (¡pues si llegan a serlo! Málaga, Linares...) y de no haber pisado ni una sola vez en la temporada de su reaparición el ruedo de las grandes plazas. Tranquilícense, mis cuates, que todo se andará. Tranquilícese también Ruiz Quintano, picaflor y camorrista de la pluma que no toca pelo y que con su segundo apellido desmiente el dicho de que no hay quinto malo. No se ganó Troya en una hora. Dentro de unos meses, cuando toque, Valencia, Sevilla, Madrid, Bilbao... serán clamor, escollera de emociones y rompeolas de ovaciones.

Verano peligroso, *The Dangerous Summer*: ése fue el título que don Ernesto puso a la serie de crónicas escritas para *Life* el año en que Antonio Ordóñez y Luis Miguel Dominguín, recorriendo España mano a mano, cara a cara (de perro) y de poder a poder, también vivieron peligrosamente. Hemingway se suicidó un año más tarde y yo, in memóriam del escritor al que tenía y tengo por maestro, me fui flechado a correr por primera vez los sanfermines y conocí, nada más llegar, al otro maestro, al de Ronda, a Antonio Ordóñez.

Sí, precisamente a él, lo juro. Y fue como una eucaristía, porque todas las cuentas y mis cuentas, de repente, cuadraban: vejez y juventud, vida y muerte, heroísmo, literatura, aventura, magisterio, aprendizaje, amistad... Los toros son así: un *aleph*.

Pensaba yo hoy, penúltimo domingo de septiembre, fiestas de la Merced, cielo ayer enfurruñado y hoy soleado, en todo eso, y en el excelente librito de Jacques Durand —José Tomás Román («novela», lo de *Román*, segundo apellido del torero, en francés)— que acababa de leer y que me había sugerido algunas de las consideraciones que aquí desgrano, mientras iba despacito, con tiempo, recreándome, hacia la Monumental de Barcelona para ver torear al Rey.

Era ya eso, para mí, como para Joaquín Sabina, Vicente Amigo, Jorge Sanz, Albert Boadella, Simón Casas, Sophie Calle, Pierre Giacometti, Matías Antolín, Anya Bartels, Gonzalo Santonja, Ruiz Portella y tantos otros, casi una costumbre, una adicción. Lo habíamos hecho ya, y yo lo conté aquí mismo, tres meses antes, el día en que su serenísima majestad regresó del destierro para recuperar el trono que desde su marcha permanecía vacante.

Y lo recuperó en el acto, con unánime aquiescencia, desde el mismo momento en que su capa acarició por primera vez el aire, porque cuando el león sube a la horquilla del árbol o baja al abrevadero y ruge, la selva, sobrecogida, enmudece.

Pensaba, ya digo, en esas cosas, en Hemingway, el Partenón y *Las meninas*, que a todo el mundo —entendido o no, aficionado o no— conmueven, y en las treinta y siete cornadas recibidas por Antonio Ordóñez, un torero rayano, pese a ello, en la perfección, y en las muchas que otro matador pluscuamperfecto —José Tomás— había sufrido a lo largo del *dangerous summer* que ya tocaba a su fin, y en la posibilidad de que ese torero fuera un ángel y su cuerpo, glorioso, porque torea siempre en vertical, sin arrodillarse nunca, sin dar zapatazos en la arena, sin dejar rastro de su pisada en el albero, con los ojos vueltos hacia el alma y con las alas de ésta —perfil, figura, empaque, gesto, capote y muleta— permanentemente desplegadas.

¿Un ángel? Más. Un arcángel fieramente humano.

Iba yo, en consecuencia, hacia la plaza, rumiando pensamientos, buscando símiles, acuñando tropos e hilvanando trozos de memoria, pero sobre seguro, pues tal es el privilegio de los ángeles: no defraudar nunca a los humanos.

Y así fue. José Tomás nunca defrauda a nadie. No sabe, no quiere, no puede. Don de majestad, don de santidad: con verlo, con que esté, con que exista, con que pise la plaza, vale.

Y si además torea... Eso es el cielo. No me pregunten la razón. Yo no lo entiendo ni falta que me hace. Lo *siento*, y basta, porque vivir es sentir y sentir es saber. Y quien no lo *sienta*, entendido o no, aficionado o no, acongójese y vaya al psicoanalista, a urgencias o al confesionario, porque carece de sensibilidad y su dolencia es grave.

Estábamos todos allí y todos nos queríamos. Virtudes teologales: fe (la teníamos), esperanza (la albergábamos) y caridad, que es amor. Salió Tomás a la plaza y el mundo hirvió, se volvió sartén, crepitó el entusiasmo, estalló el silencio, se detuvo el aire... Permítanme que insista: con ver al Rey, con *sentirlo*, bastaba. Momentos como ese valen por toda una vida. ¿Qué otra cosa es lo sublime?

Pero hubo más, mucho más, y no lo puso sólo el Rey, sino también el césar: Rincón (que toreaba por última vez en España). Palabras griegas —carisma, catarsis, apoteosis, *paideia*, logos, psique— y algo rabiosa, intransferiblemente español: toreo, toreo de ése que no se puede aguantar, *deseo de lo imposible* (Bataille). Busque sus pormenores y pormayores el lector en las crónicas de la corrida, en el decir del pueblo, en los cafés de Chinitas, en las coplas de cordel, en las gargantas de la leyenda. Yo no voy a contarlo, porque no sé levantar acta de lo inefable.

El césar se ha ido, pero la monarquía sigue. El Rey no ha muerto. ¡Viva el Rey!

José Tomás, en México (fragmento de la entrevista a la que antes me referí):

No toreo bajo ninguna bandera, aunque hay gente que me ha querido utilizar políticamente con mi presentación en Barcelona, por ejemplo. Yo no toreo para luchar contra el nacionalismo, sino para hacer disfrutar a la gente que me va a ver a la plaza y mi reaparición en Barcelona fue una recompensa para ese público que tanto ha dado al toreo en general y a mí en particular, y que tan mal lo estaba pasando. No toreé para nadie en concreto. Ese día había en la plaza gente de derechas, de izquierdas, nacionalistas, no nacionalistas... Todos ellos pueden emocionarse de la misma forma con lo que hago.

Así es, así debe ser. La belleza no tiene color político, y lo sublime, menos. En el ruedo no hay banderas. Hay muletas y capotes, hay banderillas y espadas, hay puyas y petos, y hay bravura, arte, inspiración, valor, pundonor y vergüenza torera. Todo lo demás sobra. Ni dos ni dos mil Españas. El Rey tiene que estar siempre por encima de las partes.

Extraña sincronía. Hoy, día en que pongo fin a este libro, es viernes 19 de octubre. Estoy en París, pero alguien me llama y me cuenta que un grupo de diputados —todos de izquierdas, mayormente socialistas— y un pintoresco corrillo de escritores, cineastas, cantantes, ecologistas, *ecoalarmistas* y cosas así han presentado en el Congreso una grotesca soflama que solicita la prohibición de todos los festejos taurinos en nombre de la defensa de los derechos humanos de los animales. No descarto la posibilidad de que el móvil del manifiesto sea la defensa propia de quienes lo firman.

¡Pobres toros, en cualquier caso! Quieren negarles el derecho a la bravura, condenarlos a morir como judíos de Auschwitz en los mataderos o, lo que todavía es más cruel, impedirles venir al mundo. Los *verdes* apoyan la propuesta. No parece importarles mucho la extinción de la especie animal más hermosa del planeta ni la transformación de las dehesas en urbanizaciones de chalés adosados, centros comerciales, parques temáticos y campos de golf.

Ez posible, zi Zapatero gana con zu zonrizilla laz eleccionez de loz iduz de marzo, que loz animaliztaz, antitaurinoz y émuloz de loz zimioz ze zalgan con la zuya.

¿Cómo diablos quieren que yo o cualquier persona sensata, respetuosa, liberal y libre vote a la izquierda?

Mal se ponen las cosas. Nos niegan hasta el aire. Tendré que ir encargando otra partida de camisetas de apátrida.

Luis Cernuda: «¿España?, dijo. Un nombre. España ha muerto.»

¡Arriba España! *¡Puta España!*

Colorín colorado: se acaba este libro, y yo, exagerado que soy, tengo que ponerle no uno, sino tres finales...

El primero viene de la España Mágica. Fue en ella donde comenzó —hace ya de eso más de siete lustros— mi azaroso viaje literario por el país en el que había nacido y del que había estado ausente casi un septenio. Su último capítulo, como ya he dicho, trataba de «Los toros» (tal era su título) y terminaba con estas líneas, proféticas en lo que a mí se refiere, que hoy sigo dando, al pie de la letra, por buenas y vuelvo a hacer mías...

Las cuentas ha mucho que terminaron. Mi deuda, como la de Sócrates con Critón, está saldada. No así (espero) nuestra suerte colectiva. Ni el futuro.

Para enfrentarnos a él, para corregir aquélla, tenemos hoy por hoy un último y solitario caudal: el toro. Si yo cupiese en tus zapatos, español, no lo desperdiciaría. Pero qué importa. Quizá tu camino y el mío estén a punto de bifurcarse.

Lo dije entonces, cuando, joven aún, insolente, sobrado y eufórico, me sentía más español que nadie, y vuelvo a decirlo ahora, *solo, cansado, pensativo y viejo*, con una minúscula, pero significativa modificación. Quito el *quizá* de la última frase.

Vaya España adonde vaya, yo no iré con ella. Eso es seguro. Adiós, amigos.

Segundo final: el mismo, más o menos, que puse a mi incursión novelesca en la España Trágica. Ese libro —*Muertes paralelas*— lleva un epílogo en el que parafraseo, sustituyendo un topónimo y tres nombres de pila, las dos últimas páginas de *Sinuhé, el egipcio*. Compruebo, por segunda vez consecutiva, y sin poder reprimir un gesto de sorpresa, que vale también aquí, y ahora, lo que al término de la segunda etapa de mi viaje literario por el extraño país que tiene forma de piel de toro dije. Anillos eslabonados.

Ése, puesto en mi boca y no en la de Sinuhé, mi héroe, mi matriz, mi arquetipo, mi álter ego, es el segundo final que propongo a los lectores como remate de esta tercera y última entrega de mi largo folletín ibérico...

Yo, el apátrida, el errante, el trasterrado, he escrito este libro no para cantar las alabanzas de los dioses de España, porque estoy cansado de los dioses, ni para alabar a sus reyes, porque estoy cansado de lo que hacen. Escribo para mí solo. No por halagar a los dioses, no para halagar a los reyes, ni por miedo del porvenir, ni por esperanza. Porque durante mi vida he sufrido tantas pruebas y pérdidas que el vano temor no puede atormentarme y cansado estoy de la esperanza en la inmortalidad como lo estoy de los dioses y de los reyes. Es, pues, para mí solo para quien escribo, y sobre este punto creo diferenciarme de todos los escritores pasados o futuros.

Porque todo lo que se ha escrito hasta ahora lo fue para los dioses o para los hombres [...] y cuanto ha sido escrito lo ha sido por orden de los reyes, para halagar a los dioses o para inducir fraudulentamente a los hombres a creer en lo que no ha ocurrido. O bien para pensar que todo ha ocurrido de manera diferente de la verdad.

[...]

Todo vuelve a empezar y nada hay nuevo bajo el sol; el español no cambia aun cuando cambien sus hábitos y las palabras de su lengua. Los españoles revolotean alrededor de la mentira como las moscas alrededor de un panal de miel, y las palabras del narrador embalsaman como el incienso, pese a que esté en cuclillas sobre el estiércol en la esquina de la calle; pero los españoles rehúyen la verdad.

Yo, el apátrida, el errante, el trasterrado, en mis días de vejez y decepción, estoy hastiado de la mentira. Por eso cuento, sólo para mí, lo que he visto con mis propios ojos o comprobado como verdad.

[...]

En su maldad, el español es más cruel y más endurecido que el cocodrilo del río. Su corazón es más duro que la piedra. Su vanidad, más ligera que el polvo de los caminos. Sumérgelo en el río; una vez secas sus vestiduras, será el mismo de antes. Sumérgelo en el dolor y la decepción; cuando salga, será el mismo de antes. He visto muchos cataclismos en mi vida, pero todo está como antes y el español no ha cambiado. Hay también gente que dice que lo que ocurre nunca es semejante a lo que ocurrió, pero esto no son más que palabras vanas.

Yo, el apátrida, el errante, el trasterrado, he visto a un hijo asesinar a su padre en la esquina de una calle. He visto a los pobres levantarse contra los ricos, a los dioses contra otros dioses. He visto a un español que había bebido vino en copas de oro inclinarse sobre el río para beber agua con la mano. Los que habían pesado el oro mendigaban por las callejuelas, y sus mujeres, para procurar pan a sus hijos, se vendían por un brazalete de cobre a negros pintarrajeados.

No ha ocurrido, pues, nada nuevo ante mis ojos, pero todo lo que ha sucedido acaecerá también en el porvenir. Lo mismo que el español no ha cambiado hasta ahora, tampoco cambiará en el porvenir. Los que me sigan serán semejantes a los que me han precedido.

Me he tomado la licencia —lo aclaro, aunque sea evidente, por prurito de exactitud epigráfica— de aludir en la transcripción de este texto a *España* y a *los españoles,* y no, como lo hacía Mika Waltari, autor de la novela de la que procede, a *Egipto* y a *los hombres.*

Tercer y definitivo punto final: quedó anunciado al término de la crónica de mi cabalgada por la Barcelona taurina. Recuérdelo el lector: plaza Monumental, 17 de junio de 2007, fecha de la reaparición del quinto evangelista, *el de los pies ligeros.* Estaba a punto de doblar el quinto toro de la tarde, del que suele decirse que nunca es malo, y de repente...

Un momento. Me interrumpo y cedo la palabra, escrita, a Albert Boadella. La literatura y la vida son así: imprevisibles. Las velas proponen y el viento dispone.

París, 19 de octubre de 2007. Tengo una apetitosa taza de café delante y estoy de excelente humor. Hace sol fuera y dentro de mí. Faltan sólo unas horas, si todo va como espero, para que este libro llegue a su fin, pero cedo a la tentación, antes de aplicarme a la tarea, de echar un vistazo fugaz y voraz a otro libro, que anoche —enésima sincronía, prodigiosa sintonía, novena sinfonía— llegó a mis manos. Es el último de Boadella. Ya lo he citado aquí,[64] *¿Adiós Cataluña? ¿Crónica de amor y de guerra?* La cosa promete. Recorro su índice, paso y repaso apresuradamente sus páginas, y me topo, en las últimas, con los párrafos que ahora voy a reproducir. Lo que dice en ellos su

---

64. Ob. cit., en las pp. 353 a 355. Se escribieron y transcribieron esas páginas con posterioridad a éstas.

autor, al que tanto estimo y respeto, y con el que tantas cosas comparto, coincide hasta tal punto con lo que yo iba a decir que no puedo ni debo evitar la tentación de citarlo, sin su anuencia, aquí. Da gusto comprobar que ciertas cosas generan —matemáticamente, con pasmosa exactitud— las mismas reacciones y los mismos sentimientos en personas distintas...

Lo que ocurrió la tarde del 17 de junio de 2007 en la Monumental de Barcelona no lo olvidaré en lo que me resta de vida. La tan cacareada catarsis que siempre citamos los del gremio escénico y que ha llenado innumerables páginas de especulaciones puedo afirmar que existe. Lo podemos afirmar todos los que estuvimos presentes en el rito que se desarrolló aquella tarde en la Monumental entre el silencio de muerte y el rugido conmocionado. Público y oficiantes estuvimos ligados por unos lazos tan profundos que no existe en el mundo occidental ninguna ceremonia capaz de conmover y elevar con semejante fuerza al ser humano. Quizá las misas lo habían conseguido en el pasado con su poético y experimentado protocolo romano; lamentablemente, ahora se han convertido en la parodia de un sacrificio. A lo largo de mi vida he gozado de las mejores expresiones del arte, en música, danza, ópera y teatro, pero nada es comparable al ritual taurino en el que participamos las dieciocho mil personas allí presentes. Es indudable que los ingredientes externos actuaron como sustancias indispensables para que se conjugaran todos los factores que acabaron provocando finalmente la explosión.

Al finalizar la corrida tampoco faltaron lo que se describe como efectos terapéuticos de la catarsis. Un sentimiento de fraternidad general invadía la muchedumbre que abandonaba las gradas mientras el cuerpo experimentaba las sensaciones curativas del acto. Efervescencia, relajo, nostalgia de la belleza esfumada, gran placidez... En el epicentro de la putrefacta majadería regional había brotado un hálito de vida inteligente. No importa que la estulticia de mis ex conciudadanos lo vilipendiara después con los subterfugios del racismo étnico: «La mayoría era gente de fuera», «eso nada tiene que ver con la cultura catalana», «esta brutalidad impropia de un país civilizado no la podemos tolerar en casa»; pero lo esencial es que el acto se había celebrado y nadie lo puede desahuciar ya de nuestra mente.

Al salir abandoné por unos momentos la animada tertulia de entrañables amigos y con la excusa de una entrevista radiofónica a través del móvil entré de nuevo en la plaza ya vacía. Lo hice por una de las andanadas altas, donde hace casi sesenta años mi tío Ignacio me tenía sentado en sus rodillas.

—¿La corrida ha estado a la altura de la expectación creada?

Mientras me deshacía en adjetivos laudatorios del evento para los andaluces de Canal Sur Radio, mi mente rondaba por otros derroteros. Aquella arena ahora revuelta, después del gran combate entre la inteligencia y la ferocidad, era la misma que de niño, sólo al verla, me hacía palpitar el corazón intuyendo las emociones que viviría durante la tarde. En mis delirios infantiles pensaba que la vida auténtica tenía que ser aquello y lo que sucedía fuera de la plaza era algo extraño e incomprensible.

[...]

—Boadella... ¿me escucha?

El locutor de Canal Sur estaba algo desconcertado por mi larga pausa.

—Le decía... que, a pesar de las arduas maniobras de los políticos para introducirse en el ámbito moral de los ciudadanos, hoy en esta plaza, y en muy pocos minutos, unos artistas, con sólo un trapo, lo han desbaratado todo, ja, ja, ja...

> Empezado en Jafre (España) y terminado en un pueblo
> francés del Languedoc a orillas del Mediterráneo.
> Junio de 2007

Así acaba el libro de Boadella. Se titula, lo reitero, *Adiós Cataluña*, y también el mío —éste, cuyo epílogo es en todo y por todo paralelo al de Albert— podría haberse titulado así: *Adiós España.* Sopesé, incluso, esa posibilidad mientras lo escribía, aunque luego la descartase. De hecho, hace muy pocas páginas, tan pocas que el lector no habrá tenido tiempo de olvidarlo, cerré el primer final posible de este libro diciendo: «Vaya España adonde vaya, yo no iré con ella. Eso es seguro. Adiós, amigos.»

¿Por qué Boadella y yo hemos llegado por distintos caminos a conclusiones, posiciones y decisiones tan parecidas, doloras y tajantes en lo relativo a nuestra relación con el terruño? ¿Qué está pasando en él? ¿Qué *nos* está pasando? ¿Qué sucede en Cataluña, en Vasconia, en España?

¡Dramática, desconcertante y apabullante crisis de identidad la nuestra y, seguramente, la de tantos otros españoles! ¿Siempre, Albert, nos quedará Madrid?

Ni siquiera de eso estoy seguro.

Da qué pensar también otra sincronía o sintonía: la de que el punto final de los dos libros se haya puesto en Francia, fuera de aquí, pero también cerca de aquí. Boadella terminó el suyo en un pueblo de Languedoc; yo, el mío, en París... ¿Significa eso algo? ¿Es casualidad, es causalidad o es —neologismo que ni pintiparado para tales fenómenos de convergencia— *causualidad?*

Yo, definitivamente extranjero ya en los campos de mi tierra, me siento mucho más a gusto en Francia que en España, en París que en Madrid, en Nimes que en Soria...

Y, por fin, esta vez de verdad, mi última palabra, la que anuncié antes de que el libro de Boadella se me cruzara y me inspirase el último quite.

Estábamos, recuérdelo el lector, en la Monumental de Barcelona, a 17 de junio de 2007. Salió el quinto de la tarde y...

«¡Gracias por volver, maestro!»
Ése fue el grito que restalló en la plaza cuando el segundo

toro de José Tomás se iba, exhausto, hacia las dehesas del sueño eterno. Quien lo lanzó puso definición exacta, certera, al sentimiento unánime de veinte mil personas. Acabábamos de asistir al acontecimiento estético, ético, político y religioso más importante del año. Quizá de la década.

Escribo a borbotones. Tuve de mi parte, el domingo, al Hado. Será exageración, pero mentiría si no dijese que muy pocas veces —si alguna hay— he vivido una jornada de tanta emoción, exaltación, plenitud y gloria, no por ajena, esta última, menos mía. Y de todos.

Cuando José Tomás, vencida ya su última fiera, saludó a la ciudad y al orbe desde el centro de la plaza con una oreja en cada mano, pensé y dije a quien conmigo iba que aquel hombre con hechuras de semidiós helénico nunca podría jugar más fuerte, ni llegar más lejos, ni rayar más alto. Su victoria era homérica y el tributo que la afición, puesta en pie, le rendía, era análogo al que las tropas aqueas ofrecieron al cadáver de Aquiles frente a los muros de Troya.

Más y mejor, aquí abajo, no cabe. Cargado de razón y de pasión había dicho Hemingway, en su día, que cambiaba el Premio Nobel por una oreja en Las Ventas. José Tomás cortó tres, y la Monumental de Barcelona fue, ese domingo, la capital del mundo, y en ella estaba Madrid, y estaba España, y estaban Cataluña y Ronda, y Curro, y la Duquesa, y Gimferrer, y Serrat junto a Sabina, dos pájaros de un tiro, y doscientos cincuenta corresponsales extranjeros, y la derecha y la izquierda, y Wall Street, y el ángel, y el duende, y el soplo, y estaba el pueblo llano.

¿Tres orejas? Yo le habría dado cuatro, regalándole una, pues regalo habría sido la segunda de su primer toro, fallecido de estocada aviesa y sangrante bajonazo, en atención a razones de oportunidad y alta significación histórica concernientes al regreso de José Tomás, en el momento y lugar en que lo hacía, y al futuro de la Tauromaquia.

Hice, incluso, cuanto pude para convencer al presidente, con la debida humildad, pues el Hado, siempre el Hado, quiso que mi asiento estuviese a treinta centímetros escasos de su cátedra —sentía, palabra, el aliento de la autoridad competente en mi plebeya nuca—, pero no hubo forma. Se atuvo el hombre a lo que los cánones mandaban y no se avino a mi desafuero. Bien está, vale así, no tengo queja.

Y a santo de qué demonio voy a tenerla si luego —otra vez el Hado— salí de la plaza tan contento como debió de estarlo Jesús el día de su Ascensión, ni que lo hiciera yo por la Puerta Grande y a hombros de los mismos entusiastas que cargaron con el peso amigo de Cayetano y Tomás, y me fui a tomar una caña al Bretón por entre los escombros del paisaje posterior a la batalla de los antitaurinos, y en su terraza me topé con Jorge Sanz, y me dijo éste que nos fuéramos al hotel Arts, porque allí se desvestía el maestro, y le dije *no saldrá*, y dijo Jorge que saldría, y fuimos, y salió, caramba, vaya que si salió, contuso aquel cuerpo glorioso por el arreón que en la costilla de Adán le había endiñado su primero, y pensé yo que se me iban a ir a hacer puñetas por la emoción los tres *by-passes* de las coronarias, pero no, aguantaron, y el médico dijo que el maestro se tomara un Voltarén para bajar los humos del golpe, y hubo que salir a buscarlo, domingo por la noche, en las quimbambas, y lo hicimos, y a portagayola, aún en el vestíbulo del hotel, de nuevo el Hado, nos lo dio, el Voltarén, una chica que andaba por allí con la ilusión de ver y tocar al hombre que se llama como el apóstol que tocó y vio a Jesús, y que lo llevaba, lo juro, en el bolso, y salió también el padre del matador, y otros miembros de su familia y su cuadrilla, y Salvador Boix, su apoderado, y el guitarrista Vicente Amigo, y varias mujeres, propias y ajenas, y ya sólo faltaban Joaquín Sabina y Boadella, que no vinieron, pero daba igual, porque con el héroe del día bastaba y sobraba —«¡gracias por volver, maestro!»— y... Lo dicho: el Hado.

Conque nos fuimos todos juntos a cenar, allí cerquita, bajo la fresca, al aire libre, chanquetes, gambas al ajillo, gazpacho malo, jamón del bueno, jibias y chopitos, cerveza, y ya todo fue conversación, y notas a la corrida, y ocurrencias, y alfilerazos y estocadas verbales, y lances de toros y cañas, y de hazañas, sabrosamente contadas, y amistad, y alegrías por bulerías, y olés, porque la Fiesta se había salvado, había resucitado, cuando más apuradita estaba y en el lugar donde más achuchones sufría, gracias al mando en plaza —el abuelo de Tomás tiró el bastón a su nieto cuando éste daba la vuelta al ruedo, y el niño que iba con él a los toros lo empuñó, qué estampa, qué majeza— de un hombre ya legendario que no sabe ni puede ni quiere vivir sin torear. Y así, pero no me guarden envidias ni me carguen culpas, porque no fui yo, porque fue el Hado, nos dieron, aunque no estaba Sabina, las once y las doce de la noche, y la una, y las dos, y casi las tres de la madrugada.

Por eso escribo ahora a borbotones, sin concierto ni sindéresis, a ráfagas de emoción, con tres horas de sueño mal hilvanado y la formidable resaca de haber asistido al retorno del Jedi, a la parusía, a la reanimación del supuesto cadáver —*los muertos que vos matáis*— de la liturgia, ceremonia y sacramento que más devoción me inspira, de lo que más me gusta en el mundo, más que las chicas, que son los toros, y de haber pasado seis horas, cuatro de ellas mano a mano, con el maestro al hilo de una velada como aquellas que fueron, in illo témpore, y que yo no pude vivir, de Orson Welles, y de Ava Gardner y Sinatra, y de Hemingway y lady Brett, y del Niño de la Palma, y Montherlant, y Ordóñez, y los Domínguín, y Díaz Cañabate, y Álvaro Domecq, y el Pipo, y...

Y España, ¡carajo!, y ya está.

Castilfrío, Barcelona, París, 2004 a 2007.

Planeta

España
Av. Diagonal, 662-664
08034 Barcelona (España)
Tel. (34) 93 492 80 36
Fax (34) 93 496 70 58
Mail: info@planetaint.com
www.planeta.es

P.º Recoletos, 4, 3.ª planta
28001 Madrid (España)
Tel. (34) 91 423 03 00
Fax (34) 91 423 03 25
Mail: info@planetaint.com
www.planeta.es

Argentina
Av. Independencia, 1668
C1100 ABQ Buenos Aires
(Argentina)
Tel. (5411) 4382 40 43/45
Fax (5411) 4383 37 93
Mail: info@eplaneta.com.ar
www.editorialplaneta.com.ar

Brasil
Av. Francisco Matarazzo,
1500, 3.º andar, Conj. 32
Edificio New York
05001-100 São Paulo (Brasil)
Tel. (5511) 3087 88 88
Fax (5511) 3898 20 39
Mail: psoto@editoraplaneta.com.br

Chile
Av. 11 de Septiembre, 2353, piso 16
Torre San Ramón, Providencia
Santiago (Chile)
Tel. Gerencia (562) 431 05 20
Fax (562) 431 05 14
Mail: info@planeta.cl
www.editorialplaneta.cl

Colombia
Calle 73, 7-60, pisos 7 al 11
Bogotá, D.C. (Colombia)
Tel. (571) 607 99 97
Fax (571) 607 99 76
Mail: info@planeta.com.co
www.editorialplaneta.com.co

Ecuador
Whymper, N27-166, y A. Orellana,
Quito (Ecuador)
Tel. (5932) 290 89 99
Fax (5932) 250 72 34
Mail: planeta@access.net.ec
www.editorialplaneta.com.ec

Estados Unidos y Centroamérica
2057 NW 87th Avenue
33172 Miami, Florida (USA)
Tel. (1305) 470 0016
Fax (1305) 470 62 67
Mail: infosales@planetapublishing.com
www.planeta.es

México
Av. Insurgentes Sur, 1898, piso 11
Torre Siglum, Colonia Florida, CP-01030
Delegación Álvaro Obregón
México, D.F. (México)
Tel. (52) 55 53 22 36 10
Fax (52) 55 53 22 36 36
Mail: info@planeta.com.mx
www.editorialplaneta.com.mx
www.planeta.com.mx

Perú
Av. Santa Cruz, 244
San Isidro, Lima (Perú)
Tel. (511) 440 98 98
Fax (511) 422 46 50
Mail: rrosales@eplaneta.com.pe

Portugal
Publicações Dom Quixote
Rua Ivone Silva, 6, 2.º
1050-124 Lisboa (Portugal)
Tel. (351) 21 120 90 00
Fax (351) 21 120 90 39
Mail: editorial@dquixote.pt
www.dquixote.pt

Uruguay
Cuareim, 1647
11100 Montevideo (Uruguay)
Tel. (5982) 901 40 26
Fax (5982) 902 25 50
Mail: info@planeta.com.uy
www.editorialplaneta.com.uy

Venezuela
Calle Madrid, entre New York y Trinidad
Quinta Toscanella
Las Mercedes, Caracas (Venezuela)
Tel. (58212) 991 33 38
Fax (58212) 991 37 92
Mail: info@planeta.com.ve
www.editorialplaneta.com.ve

Grupo Planeta   Planeta es un sello editorial del Grupo Planeta   www.planeta.es